U0824774

普通高等教育“十四五”规划教材
广播影视类一体化实用教材

一体化节目制作

主　编　赵耘曼　王苗苗　王孟广
副主编　刘蔚然　莫诚成　金煜斌　王佳丽

中国传媒大学出版社
·北　京·

目录

第一章 演播室系统

第一节 演播厅制作系统概述

从电视面世到当下视频内容类型和制作方式多元化发展的时代，演播厅一直都是可视化节目制作的主要场所。在当前的视频节目中，超半数的节目是以演播厅为主要制作场所的，演播厅对于视频节目产业的重要性由此可见一斑。

一、演播厅的概念

演播厅(Studio)，全称“电视节目制作演播大厅”，是整合兼容了视频制作全流程硬件设施进行多讯道摄制，可供多种艺术形态演绎的综合性空间。

演播厅(图 1-1)由三个部分组成：一是节目演绎场地，二是节目候演场地，三是录制技术场地。

演播厅的一个非常明显的特征是采用“多讯道摄制”的制作方式，也就是电子演播厅制作方式(electronic studio production，ESP)。所谓讯道(channel)，就是在演播厅当中从信号源(摄像机、现场视频资料播放设备等)到导播控制台的音视频信号通道。一般指的是连接演播厅摄像机和导播台的通道，一台摄像机与导播台之间的连线就是一个讯道。多讯道制作，就是指多台摄像机连接导播台进行摄制切换并录制的方式，这是演播厅节目制作方式的一个很突出的特征。

另外，电子场地制作(electronic field production，EFP，与演播厅多讯道制作类似，但它是以室外非封闭环境为特征的制作方式)也采用的是多讯道摄制方式。

所谓视频制作全流程硬件设施，是指视频节目制作所需的前、中、后期硬件设备。

视频节目制作的前期设备包括：摄像机及其周边辅助套件(如三脚架、摇臂、轨道、监视器、提词器、稳定器、摄像机控制单元等)、灯光(演播厅灯光系统相对复杂，不仅灯

图 1-1 常见的演播厅形态

光系统的类型很多、灯光设备的数量也较为庞大，而且架设和固定设施较为复杂)、录音设备等。

中期设备包括：视频现场切换导播设备、矩阵、音视频回放设备、音视频信号接收设备、调音设备、内部通信设备等(图 1-2)。

后期设备包括：现场字幕及特效设备、录制设备、音视频信号发送传输设备等。

图 1-2 演播厅导播间

除上述为现场视频节目制作提供技术支撑的设备外，演播厅还有供各种艺术形态展演的场所，也就是舞台（图 1-3）。现代演播厅舞台的一大特征是舞美背景的数字化。另外，不同于一般剧场式舞台，为了适用于不同类型艺术形态的展演，演播厅舞台空间的设计更注重多功能及模块化（便于快速更换空间布局及舞美细节）。

图 1-3　演播厅舞台

二、演播厅的不同类型及其用途

视频节目制作演播厅的类型可按面积大小、讯道数量、布景方式三个指标进行分类。

首先，演播厅按面积大小，可分为大型、中型和小型演播厅。

大型演播厅一般指的是使用面积在 600 平方米以上的演播厅，一些超大型演播厅的使用面积甚至可以达到 2,000 多平方米。如从 1998 年开始启用的中央电视台一号演播大厅，也就是每年央视春节联欢晚会的录制现场，其使用面积为 1,600 平方米；湖南卫视用于录制《快乐男声》《快乐大本营》等大型综艺节目的演播厅使用面积为 1,200 平方米。

大型演播厅一般被用于规模较大的综艺类（如央视或各个卫视的春晚等）、歌舞类（如《中国新说唱》《舞林大会》等）或是室内竞技类节目（如《中国诗词大会》等）的录制。

中型演播厅一般指的是使用面积 300—600 平方米的演播厅，这是最常见的一种类型，不管是央视、省级卫视、地级市电视台还是视频节目制作公司，都会将这种规模的演播厅作为主流建设标准。

中型演播厅主要用于绝大多数小型综艺类节目、语言类节目的录制，比如《鲁豫有约》《对话》《奇葩说》等。

小型演播厅一般是指面积在 300 平方米以下的演播厅。

小型演播厅一般用于小型语言类节目（如没有现场观众互动需求的访谈节目）、新闻播报类节目的录制。

其次，演播厅可以按照讯道数量进行分类，讯道数量越多，表示演播厅可以使用的摄像机数量越多，其可拍摄制作的节目规模也就越大。换言之，演播厅讯道数量决定了其产能大小。一般来说，演播厅面积大小与其讯道数量（也就是演播厅产能）是呈正比关系的。也就是说，演播厅越大，讯道数量越多，其可拍摄制作的场景和规模也越大。如央视春晚，就可以使用 15 台以上摄像机进行多讯道摄制。

最后，演播厅按照布景方式进行分类，可以分为实景演播厅和虚拟演播厅。实景演播厅指的是以实物或 LED 大屏搭建节目演出区域舞美背景的演播厅；虚拟演播厅指的是利用绿布或蓝箱搭建演出区域背景，供现场或后期抠像制作数码虚拟舞美的演播厅。实景与虚拟这两种背景呈现模式在现代演播厅类型中的界限日益变得模糊。也就是说，实景演播厅也可以运用虚拟技术在实景的基础上增加更多的舞美表现元素，而虚拟演播厅也可能会采用一些实物来增强节目现场的视觉丰富度。实景演播厅一般用于文艺晚会、歌舞类节目或其他规模相对较大的谈话类、竞技娱乐类节目等，而虚拟演播厅更多地运用于规模相对较小的谈话类、新闻播报类节目。

三、演播厅制作系统的特征

演播厅制作系统的第一个特征是“多讯道”制作方式，如前所述。

演播厅制作系统的第二个特征是，该系统能够进行“多讯道画面的现场导播切换”。即这个系统必须有能够对现场多个画面进行实时选取、采用并录制（或直播）的设备。在一些视频节目的制作中，也会采用多台摄像机同时进行拍摄，如一些电视剧、真人秀节目或是纪录片等，但这些拍摄并没有进行现场的画面切换导播，因此它们的拍摄方式虽然是多机位的，但拍摄体系并不属于“演播厅制作系统”。

演播厅制作系统的第三个特征是“全面性”，即演播厅制作系统具备了满足视频节目制作、录制和传输要求的所有硬件类型，覆盖了服（服装）、化（化妆和造型）、道（道具和舞美）、摄（摄像）、录（录制和存储）、照（照明）、演（演出）、播（播控、切换以及视频内容传输）、特（特效制作）等视频节目制作生产的全流程。从某种程度上来说，演播厅制作系统就是一个完整的视频内容制作生态圈。

演播厅制作系统的第四个特征是“模块化”，该系统像乐高玩具似的被拼接组建起来，其中的某一块“积木”是可以在特定技术标准范围内被随时替换升级的，而这样的小范围替换升级不会影响其他系统组件的使用和功效。比如该系统中的摄像机在相应指标范围内更换或升级（如高清数字摄像机的像素升级），不会影响其他系统组成的使用和效能。

四、演播厅与影视摄影棚的异同

演播厅与影视摄影棚的相同之处在于：

第一，二者建筑形式相同，都属于大空间的框架式建筑，建筑布局也基本相同。

第二，二者的基本功能都是满足影视内容拍摄制作的需要。

第三，二者都需要人工照明才能正常工作。

演播厅与影视摄影棚的区别在于：

第一，演播厅内部功能区域更多且划分更明晰。演播厅严格地划分出了演出区域、后台区域、拍摄和播控区域，很多演播厅还有专门的观众互动区域，这几个区域界限分明，功能互不交叉；而影视摄影棚的功能区域相对较少，其主体功能区域只有演出区和后台区域，并没有导播区，更不会有现场观众区域。另外，影视摄影棚的拍摄团队是可以根据拍摄需要渗透深入到演出区域的，但演播厅却必须尽力避免拍摄团队出现在演出区域当中。

第二，演播厅与影视摄影棚的灯光系统有一定的差别。演播厅的灯光系统更为庞杂，它会根据录制的节目类型而进行灯光造型设计，其灯光效果也更为丰富和多样化；而影视摄影棚因其拍摄的内容较为单一，灯光系统也相应单一许多。

第三，演播厅与影视摄影棚的摄制系统有所不同。演播厅有着复杂的摄制系统，包括了全体系的拍摄、录音、现场切换和存储发送等设备，是系统的摄制生态，同时，演播厅必然是多讯道摄制的（也就是多台摄像机联机摄制）；而影视摄影棚则只需要具备相对单一的拍摄条件即可，单机位拍摄是影视摄影棚拍摄制作的常态。

第四，演播厅与影视摄影棚制作的内容类型有所不同。演播厅主要制作各种综艺娱乐、谈话访问、新闻播报、竞技游戏等视频节目，而影视摄影棚则主要制作影视剧以及各类广告等视频内容。

第五，演播厅与影视摄影棚的舞美背景使用率不同。演播厅的舞美背景（不管是虚拟背景还是实景）使用相对固定，一种背景可以满足一个栏目中若干期节目录制的需求而无须改变，但影视摄影棚的舞美背景只能用于某一个场景的拍摄，拍摄完成后就基本不再重复使用。

五、ESP 与 EFP 的异同

ESP 与 EFP 的相同之处在于：它们都采用多讯道摄制的方式进行制作，也就是现场都采用多台摄像机与导播台相连，现场拍摄、切换、存储或直播的方式。

ESP 与 EFP 的不同之处在于：ESP 是在演播厅封闭空间中进行摄制的制作方式，

这样的制作方式适合在室内环境中生产的节目形态，如谈话类节目、综艺娱乐类节目或晚会类节目等；而 EFP 是在相对开放或半开放的环境（如体育馆、户外运动场所等）中进行的摄制方式，如足球、马拉松等体育比赛，或者户外演唱会等。

六、演播厅生产体系分工

演播厅的节目内容生产是一个流程化、版块化体系，因节目形式不同，其具体工位分配有细微差别，但如下基础工种是通用的：

一是导播。由于演播厅节目生产是多讯道拍摄、现场切换的模式，其讯道信号的选择、使用、处理的工位——导播就是不可或缺的。

二是摄像。这是各种类型节目生产必然具备的基础工位。

三是灯光。演播厅是室内节目生产，灯光照明也是不可或缺的。

四是舞美。不管是实景演播厅还是虚拟演播厅，节目视觉效果的呈现都离不开舞台美术设计，这也是演播厅节目制作必需的工位。

五是演播厅设备工程师。这个工位负责各项技术，包括录制之前的设备调试、录制过程中的设备运行监控、录制过程中设备故障的应急处理、非录制时间的设备维护等。

六是演播厅节目生产的核心——编导。这是各种类型视频节目内容创作的灵魂所在，演播厅节目生产也不例外。演播厅节目生产中的编导不仅要负责节目内容的构思、策划、设计，还要负责协调、整合演播厅各个工位的有效协同。

第二节　演播厅的拍摄系统

演播厅是用来对各种节目内容进行拍摄记录和存储传输的场所，对节目内容进行拍摄是演播厅的第一要务，拍摄环节是演播厅节目生产链条中的第一环。摄像机是这个环节中的主体设备，演播厅摄像机自成体系，其类型和基本操作逻辑与非演播厅的其他制作方式有着明显的区别。在全球范围内可提供演播厅摄像机的研发和制造商主要有日本的索尼、松下、日立、JVC、池上、佳能、富士，以及欧洲的飞利浦、汤姆逊等，为演播厅摄像机提供镜头等主要配件的品牌商主要有佳能和富士等。

一、演播厅摄像机的特征

演播厅摄像机主要具有以下基本特征：

第一，它的机身上没有记录和存储单元(图 1-4)。也就是说，这种摄像机只由镜头、机身、监视设备和其他非记录功能辅件构成。

图 1-4　演播厅摄像机没有记录和存储单元(图片来自普象网)

第二，其技术参数的调整等工作由导播室工作人员而非摄像师完成。不同于影视剧、纪录片、新闻等类型视频产品的拍摄，演播厅摄像机的自身参数调整是一个相对复杂的过程，且由于是多讯道的制作方式，现场每一台摄像机拍摄的画面效果、风格、技术指标等需要高度统一，因此，演播厅摄像机的参数调整权被集中在导播室内。

第三，它需要和导播台进行连接。当前主流的连接方式是光纤连接，当代集成化的光纤电缆可完成供电、导播与摄像师之间的通信联络(内部闭路通话)、摄像机视频信号到导播台的传输以及导播台返送视频信号的传输等任务。

第四，技术指标要求非常高，配套设备较复杂。演播厅制作都是专业制作机构进行大投入、追求大产出的影视节目产品生产，不管是内容策划还是视听效果的技术指标，相关制作机构都是按高标准进行要求的，因此，演播厅摄像机一定是符合广播级标准的，其周边辅件为追求使用便捷、高效的目标，也会采用高标准的制造工艺和技术进行生产。

第五，体积较大。演播厅摄像机对画质的要求、对使用效率和耐用性的要求都是最高标准的，尤其因对画质要求非常高，其光学和数码器件的体积也就相应地比一般标准的摄像机更大。其中，演播厅摄像机的镜头会比其他诸如影视剧、纪录片等影视产品制作的摄像机镜头体积大很多，如某箱式镜头就是普通摄像机镜头体积的数倍。

二、演播厅摄像系统的构成

演播厅摄像系统的构成相对比较复杂(图 1-5)。因演播厅摄像机不是摄录一体的，其集成化程度极低(也就是摄像系统不是一体化的)，所以演播厅摄像系统也会显得比较复杂，其构成通常包含以下设备：

图 1-5　较复杂的演播厅摄像系统（图片来自普象网）

首先是摄像机主体，也就是机身。摄像机主体中含有光电处理元件，也就是电荷耦元件（charge-coupled device，CCD），这是一种集合了大量微型感光元件（我们通常称之为“像素”）的芯片，该芯片将其上感光元件接收到的光信号转化为数字信号，从而最终形成画面。摄像机头还含有大量数字处理元器件，这些元器件需要达到非常高的技术指标，如松下 AK-HC3500MC 演播厅高清数字摄像机，其总像素水平可达到 2,010（水平）×1,121（垂直）、高达 60 分贝的高信噪比、600％的高动态范围、F11 光圈灵敏度、14-bitA/D 转换等，这些极高的数字化处理能力都得益于这个机头中各类数字元器件的高标准技术指标。

演播厅摄像机身主要由日本的索尼、松下、日立、JVC、池上以及欧洲的汤姆逊草谷、飞利浦等公司提供。

其次是摄像镜头。演播厅摄像机和镜头之间是非一体化的挂接式连接，可根据节目类型及要求而选择不同的镜头。不管是哪一种演播厅摄像机镜头，与摄像机机身一样，镜头的技术含量都非常高，各种技术指标也需要满足最高的制作标准需求。以佳能的一款箱式演播厅摄像机镜头为例（图 1-6），其变焦倍数可以达到 100 倍，可覆盖 8.2mm—1,000mm 的焦段，最大相对光圈为 1∶1.7。

图 1-6　箱式镜头（图片来自佳能官网）

演播厅摄像机镜头主要有日本的佳能和富士等品牌。

最后，演播厅摄像系统还包括独立于摄像机身的寻像器、云台、三脚架（或其他摄像机固定器件，如斯坦尼康、摇臂等）、摄像机控制单元及控制面板、摄像机设置单元等。

三、演播厅摄像设备的使用

演播厅摄像设备的使用包含两个层面：一是导播室工作人员对摄像机进行参数调整和设置；二是摄像师对摄像机进行拍摄、构图方面的操作。

导播室工作人员对演播厅摄像机进行参数调整主要由位于导播室中的摄像机控制单元（camera control unit，CCU）及遥控操作面板（remote operation panel，ROP）来进行，摄像机控制单元及其遥控操作面板是针对演播厅中的摄像机各种拍摄参数一对一进行操作的设备，而在导播室内，还有一对多进行摄像机相关参数操作的设备，也就是摄像机的主设置单元（main setting unit，MSU），这个控制设备与 CCU 不同的地方在于，它可以对多达 12 台摄像机同时进行参数设定，它的便捷之处在于可以将其中一台摄像机的参数拷贝下来，并将这些数据复制到现场其他摄像机之上。

导播室操作人员最先需要关注的是摄像机及摄像机控制单元的连接或工作状态，这在演播厅节目录制或直播中一个非常重要的环节。导播室中的摄像机控制面板操作人员需要对面板上的三个参数显示进行高频率关注，一是 OPT（operation），这个参数显示的是摄像机通过光缆传输到导播台中的信号状态，也就是导播台所接收到的摄像机视频信号正常与否。如果这个信号不正常，OPT 显示会以黄色或是红色进行警告，工作人员就需要及时进行处置。工作人员需要关注的另外两个参数显示是 CABLE 及 FAN，前者显示的是摄像机和 CCU 之间的电缆连接情况，后者是摄像机和 CCU 的散热风扇运转情况（因演播厅节目制作时间都很长，摄像机及相关设备运转时间基本都较长，因此其散热情况会影响到机器是否能够正常运转）。

导播室工作人员操作摄像机遥控面板的主要任务是将摄像机的各项拍摄参数调整到节目画面需要的标准和画面风格设定上去，如画面的锐度、亮度、对比度等参数。在摄像机上对其参数进行设定的所有选项，遥控面板都可以实现。在导播室工作人员的统一调控下，拍摄现场所有摄像机的光圈、白电平及黑电平、快门、增益、ND（灰度滤镜）等常规数值都会被固定下来。

导播室中摄像机 ROP 上的常用摄像机参数调整项目一般用英文标注（图 1-7、图 1-8）。以下是这些参数调整功能键英文标识的含义（以松下 AK-HRP1010 演播厅摄像机为例）：

HEAD：这是遥控该 ROP 所对应摄像机电源的开关按键。在摄像机没有连接到

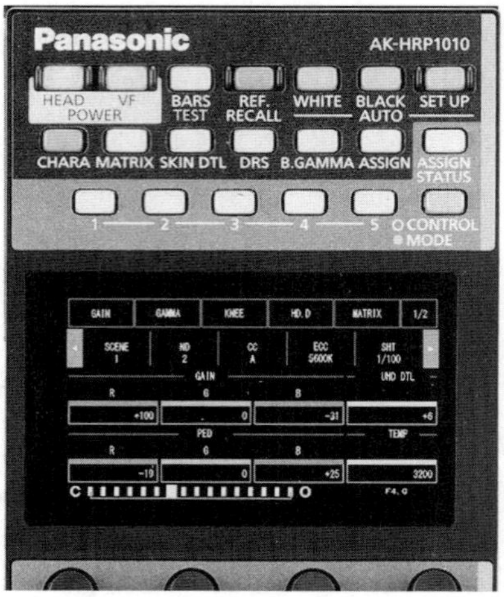

图 1-7　松下 AK-HRP1010 演播厅摄像机遥控操作面板(图片来自《现代电视技术》网站)

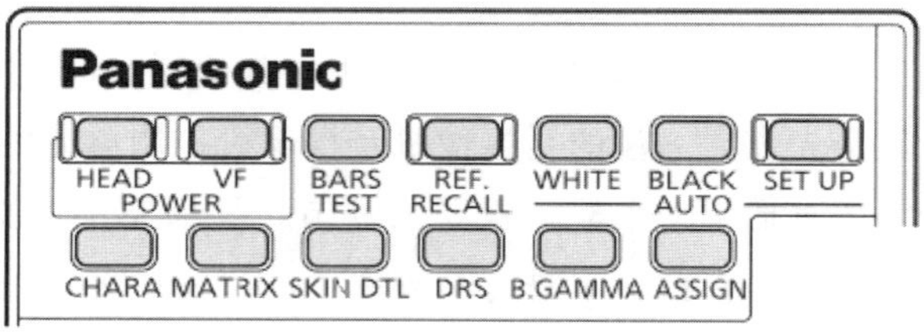

图 1-8　松下 AK-HRP1010 演播厅摄像机遥控操作面板主要功能键(图片来自松下公司网站)

本设备上时,这个按键的灯光是熄灭的。当灯光为绿色时,表明现场摄像机为开机状态;当灯光为红色时,表明摄像机处于关闭状态。

VF:这是遥控演播室摄像机外挂寻像器的按键。当本设备开启摄像机电源时,寻像器也会被同时开启,但本设备也可以单独关闭寻像器的电源。

BARS TEST:这是操控 CCU 彩条信号输出的按键。彩条是用于检测摄像机输出画面色度和亮度的标准信号,以此检测摄像机监视器或寻像器的画面标准度。

REF. RECALL:这个按键用于调用现场摄像机出厂设置中的各项用于参考设置的信息。导播室工作人员以此为标准对摄像机进行设置。

WHITE:这是对摄像机进行白平衡调整的按键。这个按键灯亮起的时候,表示摄像机开始执行白平衡操作。如果这个灯光不停闪烁,说明摄像机无法完成白平衡调整。白平衡无法完成设置的原因可能有两个,一是摄像机镜头所拍摄到的画面亮度过高,二是其所拍摄到的画面亮度过低。当这个灯光熄灭的时候,说明摄像机白平衡数值已设置完成并已完成新的白平衡数据存储。

BLACK：这是对摄像机黑平衡进行调整的按键。同白平衡调节一样，该按键灯亮起时，表示摄像机开始进行黑平衡操作；闪烁则为无法调解黑平衡；熄灭则表明黑平衡调节完成并已存储新的黑平衡数据。

SET UP：这是对摄像机进行自动设置的按键。自动设置完成后，其数据将会输出到监视器上，在本设备的菜单中选择"功能"(function)按键，再在子菜单中选择"系统摄像机信息"(system cam info)，再选择"自动设置模式"(ASU mode)，根据需要选择"标准设置"(full)或"简易设置"(easy)，然后将摄像机内置的标准推荐灰度卡放置在寻像器中的合适位置，按下这个 SET UP 按键，其灯光会闪烁。此时，摄像机上的外挂寻像器画面中心会有一个正方形标识出现，将摄像机内置灰度卡的中心部分与正方形标识对齐，再按一次 SET UP 键即可。

CHARA：这个按键可以将表述摄像机状态的各种关键信息的字符输出到监视器上，供导播室工作人员对摄像机状态进行实时监控。在没有必要进行监控的时间段，也可将此功能关闭。

MATRIX：这个按键的灯亮起时，摄像机的色度相位可根据矩阵数据(色彩分量数据)进行更正。

SKIN DTL：这是非常实用的一个按键，其功能等同于美颜软件中调节肤色的选项。演播厅摄像机的超高像素以及演播厅中灯光效果等因素使得演播厅中被拍摄者的各种细节均会非常清晰地呈现在屏幕上，一些肤色较差且不便于通过化妆等手段进行改善的被拍摄对象可能需要进行一些肤色方面的美化，导播室工作人员可以开启这个功能，以柔化或者增强被拍摄对象的肤色细节。

DRS：导播室工作人员可以启用这个按键来扩展摄像机的动态范围，反之亦然。

B.GAMMA：导播室工作人员可以通过这个按键来启用黑伽马修正，反之亦然。

ASSIGN：这个按键可以让导播室工作人员对按键的菜单功能进行分配。

导播室工作人员在导播室内借助 CCU 和 ROP 完成对摄像机各项参数的设置。摄像师负责操作摄像机，对演播厅节目现场进行拍摄。演播厅摄像机虽然没有录制记录存储单元，但有一些具有自身特色的操作方式。

演播厅摄像机需要外挂尺寸较大的寻像器(图 1-9)便于摄像师对画面进行监控；同时，寻像器屏幕上还会显示摄像机相关运行数据供摄像师对摄像机状态进行掌握。

外挂寻像器可以显示更为丰富的摄像机运行数据，演播厅摄像师需要熟知其中常见的数据标识的含义(以松下 AK-HVF100MC 液晶寻像器为例，图 1-10)：

59.94p：这是摄像机图像模式的显示项，根据不同的设置，除 59.94p 以外，该项可能会显示 50p、29.97p、25p、23.98p、120p、100p。

HDR：这是摄像机处于高动态范围格式时的显示。

图 1-9 演播室摄像机外挂寻像器(图片来自普象网)

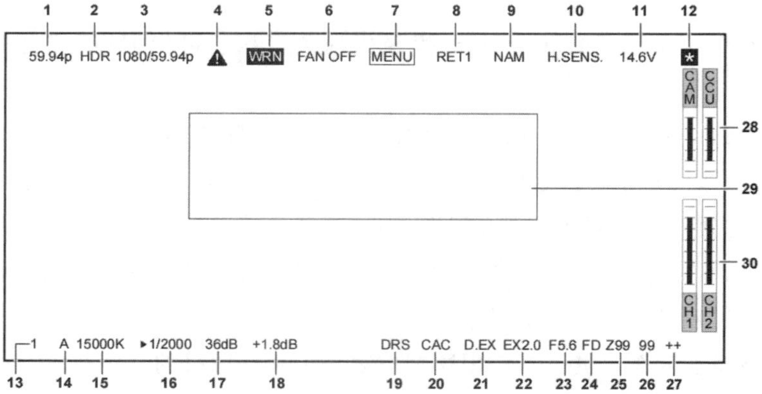

图 1-10 松下 AK-HVF100MC 液晶寻像器显示界面(图片来自松下公司官网)

1080/59.94p:这是摄像机系统频率的显示。

▲:这是摄像机系统处于预热状态的提示。

WRN:这是一个警告信息,但不具体显示警告的内容。它可能是对摄像机散热系统工作异常的警告,可能是散热系统虽然在工作但摄像机内部温度过高的警告,可能是摄像机直流输出的电压超过上限,还可能是摄像机拍摄时的照度存在问题。

FAN OFF:这是摄像机散热风扇停止工作的警告。

MENU:菜单显示,这里特指在 CCU 中显示的菜单,在摄像机上是不能操作这个菜单的。

RET1:这是显示当前的返送输出信号 ID 编号的提示。

NAM:这显示的是监视器接收到的信号类型。根据具体的接收信号类型分别显示 R、G、B 、Y/C 、NVM。

H.SENS.:当摄像机处于高灵敏度模式时,这个标识会显示出来。

14.6V:这是对给摄像机供电的电源电压状态的实时显示。

▣:这是摄像机进行对焦辅助放大时的显示。对焦辅助放大是一个常用功能,演播厅摄像的对焦精确度要求非常高。

1:这是摄像机灰度滤镜处于何种状态的显示。根据摄像师所选择的灰度滤镜类型,这里会显示相应的编号。

A:这是白平衡数据存储位置或白平衡状态显示。如白平衡存储于 A 位置,此处显示“A”;如存储于 B 位置,则显示为“B”;如白平衡处于预置状态(preset),则此处显示为“P”。

15,000K:这是摄像机白平衡调节数值的显示,也就是摄像机的色温当前值。

1/2000:这是工作摄像机当前快门速度的数值。

36dB:这是摄像机的主增益当前值。

+1.8dB:这是摄像机的偏移增益当前值。

DRS:这是摄像机的动态范围延伸功能被启动后的显示。

CAC:这是摄像机的色差补偿功能被激活时的显示。

D.EX:这是摄像机的数字化增距镜被启动时的显示。

EX2.0:这是摄像机的数字化增距镜的增距数值显示。

F5.6:这是摄像机的光圈 F 值的当前值。

FD:这是摄像机镜头的 F 下降显示,这个标注会因摄像机连接的镜头型号或品牌不同而出现显示方式不同的现象。

Z99:这是摄像机镜头变焦位置(变焦的实时倍数)的当前值。当摄像机连接非变焦(定焦)镜头时,这个数字不显示。

++:这是摄像机对焦位置的显示。

CAM.CCU:这是进入摄像机成像器(CCD 或 C-MOS)上的光信号的电平实时值。

寻像器中间最大的方框:这里会显示摄像机调节、设置或出现故障过程中的实时信息。

CH1.CH2:这里显示的是随机麦克风(两个声道)分别的音频电平。

由于演播厅节目制作的大体量和高强度,摄像机一直处于运行状态,某一指标出现问题对于摄像工作乃至整个节目制作而言都有明显的影响,因此,以上的寻像器显示信息对于演播厅节目制作中现场操作摄像机的人员是十分重要的。摄像人员需要在操控摄像机进行拍摄、艺术创作的同时,通过这些数据显示来实时监看摄像机的运行状态,以保证摄像工作的顺利进行。

不同于新闻、纪录片、影视剧等,在演播厅节目制作中,摄像师控制演播厅摄像机镜头的对焦和变焦，需要在专用的手柄上完成(图 1-11)，甚至摄像机的一些高频率操作项目(比如查看视频返送)也需要在手柄上完成。这是由节目制作对现场画面拍摄流畅度和高效率要求决定的。

图 1-11 演播室摄像机的控制手柄(图片来自普象网)

变焦和对焦是摄像师拍摄画面构图时的两大核心要素。手柄控制对焦和变焦等摄像机常用功能的优点在于，在整个摄像过程中，摄影师双手始终放在对焦和变焦手柄之上，完全不用离开这两个最核心的操作区，可以最大限度减轻摄像师的劳动强度，提升其工作效率与拍摄质量。

四、演播厅摄像设备的发展趋势

演播厅摄像设备将会朝着三个方向发展：

首先是分辨率的继续提升。当前演播厅摄像机的主流分辨率基本普及为 4K 水平，从现有摄像设备研发生产的趋势来看，演播厅摄像机的主流分辨率将达到 8K 的水平。

其次是演播厅中数台摄像机与导播室系统之间的连接方式将会全面普及 IP(internet protocol，网际互联协议)。当前演播厅各台摄像机与导播室系统是以串行数字接口(serial digital interface，SDI)方式借助缆线进行连接的，由于一条缆线只能负载一路 SDI 信号，造成了演播厅中缆线密布的现象，且缆线自身带宽问题也逐渐凸显，而运用网络化设备连接(network device interface，NDI)技术进行 IP 连接的方式已然成熟。演播厅摄像与导播设备之间实现全面 IP 连接后，设备间连接复杂的状况将会从本质上得以改善。这样的连接方式将会使演播厅摄像系统的运动空间大大拓展，运动方式更加多样化，其直接效果就是让演播厅节目的视觉效果更加丰富和更具表现力；IP 化可以使导播设备和摄像机遥控设备、摄像机之间的连接进行实时的、任意的设备指派。比如一个 CCU＋ROP 设备，可以实时地选择拍摄现场任意一台摄像机进行一对一的调控，导播台也可以将现场机位设置编号进行任意调整而不用调换摄像机位置等。

最后，演播厅摄像机将会朝着小型化方向发展。演播厅节目的类型拓展及表现力需求越来越高，摄像机拍摄的画面是视频节目视觉表现力的灵魂，摄像画面的表现力取决于摄像机拍摄方式的多寡，而摄像机拍摄方式又取决于摄像机是否能够被多样地进行调度。摄像机的体积越小，其被调度的空间和方式越多，因此，在未来的演播厅视频节目拍摄中，中小型摄像机的使用率会越来越高。

第三节　演播厅的导播切换设备

演播厅中若干台摄像机是现场拍摄、采集画面的系统，每一台摄像机采集的画面就是演播厅视频节目制作的素材，现场摄像机越多，素材也就越多。演播厅节目往往都是大体量内容，时间较长，因此，演播厅现场多机位多讯道的制作方式会使此类节目制作素材量非常大，导播切换设备是现场实时处理海量素材的基本硬件。

一、切换台的类型及特征

导播室内的导播设备包含切换台、矩阵、内部通话设备、音视频监听监看等部分，其核心是切换台。切换台的基本功能是对多讯道制作方式中的若干路音视频信号进行实时接收、处理和输出。此外，切换台对现场若干实时画面的组接可进行多样化的、丰富的艺术处理，对现场画面进行二次创作。本质上，切换台是演播室节目制作系统中对现场捕捉的若干画面进行实时剪辑和艺术表现处理的设备。

基于最基本的剪辑和画面处理功能设计，切换台有多种分类方式：

首先，可按讯道数量分类。这是切换台分类最常见的和最传统的方式，也是导播台类型最直观的分类方式。按照这个分类方式，导播台以其可承载的讯道数量来命名，如四讯道切换台、八讯道切换台、十六讯道切换台……讯道数量越多，切换台的体积越大，可连接的摄像机或者其他音视频信号源就越多，可处理的画面数量就越大，可制作的节目规模也就越大。

按照这个标准，也可以将切换台分为便携式切换台（图 1-12）和大型切换台（图 1-13）。

图 1-12　便携式切换台(图片来自洋铭公司官网)

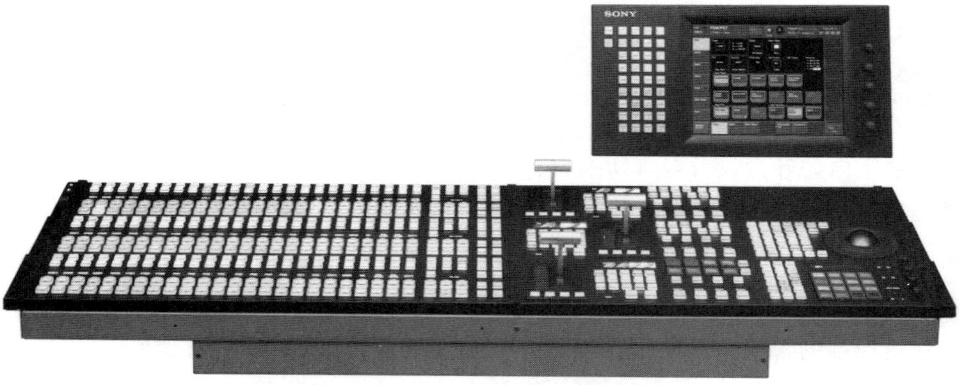

图 1-13　大型切换台(图片来自松下官网)

其次,可以按照切换台操作方式分类。过去的切换台只能人工操作,现在的切换台增添了自动化切换画面的操作功能,这一功能在很大程度上改变了演播厅节目制作流程设计的底层逻辑。

按照传统纯人工画面切换方式和利用人工智能科技进行画面切换两种不同的导播逻辑,切换台可以分为传统切换台和基于专用软件及算法的自动切换台(图 1-14)两个类型。

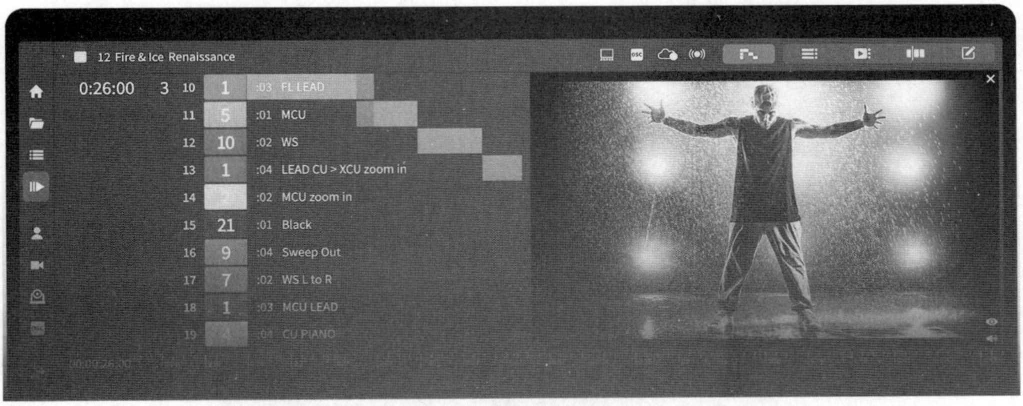

图 1-14　CuePilot 自动导播切换软件的界面(图片来自 CuePilot 自动导播软件官网)

最后,按照切换台的软硬件构建方式,可分为实体切换台、触控切换台(图 1-15)和云导播切换(图 1-16)三种类型。

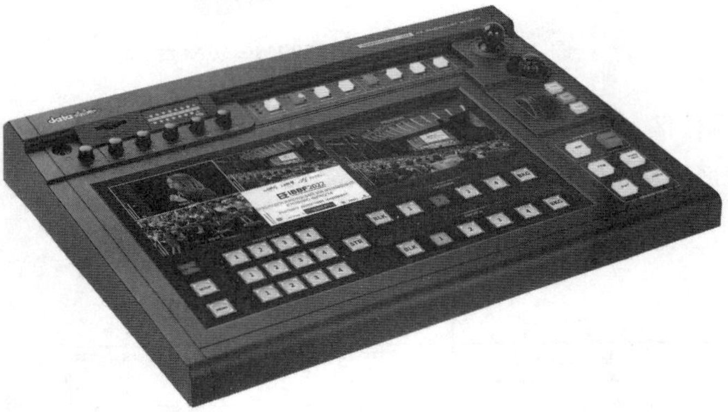

图 1-15　采用触控屏幕的洋铭便携式切换台(图片来自洋铭公司官网)

图 1-16　可对远端多路画面进行切换的云导播画面切换方式(图片来自腾视通维官网)

二、手动切换台的使用

人工操作的切换台，不管是采用实体按键还是触控面板，抑或是远程云导播切换，其用户对画面切换的操作界面布局大同小异，基本的操作逻辑也都是一样的。以松下 AV-UHS500MC 切换台（图 1-17）为例，其使用界面布局和使用方法如下：

图 1-17　松下 AV-UHS500MC 切换台

切换台的操作区一般分为交叉点区、转换区、存储器/划像图案/数字键区域、定位器区、用户按钮区、存储卡区及显示区域（图 1-18）。

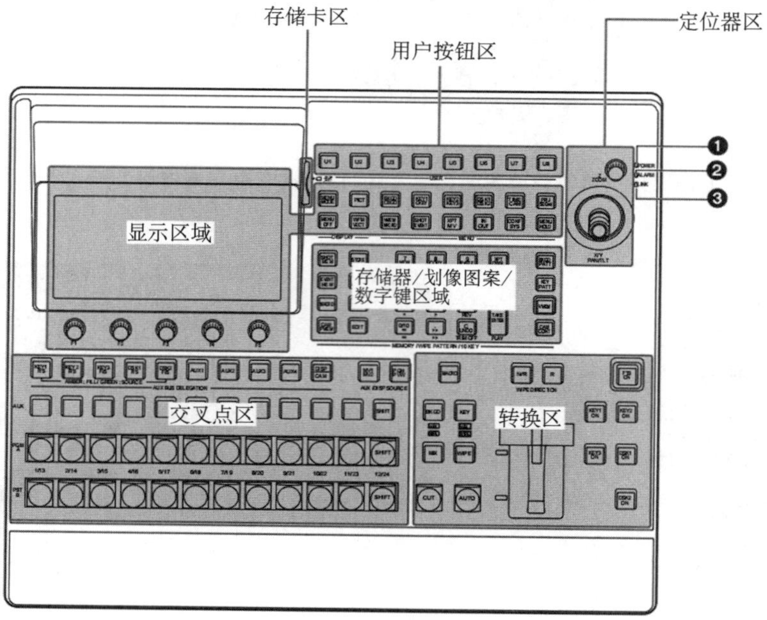

图 1-18　松下 AV-UHS500MC 切换台操作区功能布局（图片来自松下专业系统官网）

交叉点区是切换台的主体操作区域，切换导演对现场若干台摄像机所拍摄画面的选择和使用主要在这个区域内进行。这个区域的核心部分包含两排按键，两排按键上下并列的一对按键即对应演播厅中的一个摄像机位所拍摄的视频信号，如第一行上下两个按键对应一号摄像机，第二行上下两个按键对应二号摄像机，以此类推。两横排按键分别以“PGM”和“PST”标示，根据不同品牌切换台的不同设计理念，PGM 一排按键和 PST 一排按键的上下位置可能会有不同。

每一部切换台都要对应一套视频监视器，监视器可以有若干台，也可以只有一台。在有多台监视器时，每一台监视器对应一台摄像机，有多少台摄像机就必须有多少台监视器；除与现场摄像机数量相等的监视器以外，还必须为切换台输出信号（PGM 信号）以及切换台预监信号（PVW 信号）各单独配置一台监视器。如果只有一台监视器，那么，其屏幕必须进行分屏显示，分屏幕数量必须大于或等于现场摄像机数量加一个切换台输出信号屏幕和一个切换台预监信号屏幕。

以一台连接八个视频输入信号的切换台的监视画面为例（图 1-19），其中每一个以“IN-SDI”加数字进行标注的小窗口对应现场的一台摄像机或其他视频信号源（如用于播放视频文件的计算机等），这些窗口会显示摄像机所拍摄到的或者计算机所播放的视频画面供导播监看、选择和使用，如标注为“IN1-SDI1”的窗口显示的是一号摄像机拍摄的画面，标注为“IN2-SDI2”的窗口显示的是二号摄像机拍摄的画面，以此类推。其中的“IN7-HDMI7”窗口显示的是计算机播放的画面，如片头、片花或是 VCR 之类的视频文件；大屏幕右下角画面为切换台工作状态显示画面；大屏幕中上部两个

图 1-19　切换台一体化分屏显示监视画面（图片来自中帝威官方网站）

大窗口为 Program 画面及 Preview 画面，也就是预监画面和节目输出画面。从大屏幕中可以看到，Program 窗口显示的画面和下方一号摄像机显示的画面是一样的，这就说明切换台此时正在使用一号机的画面并输出到了录像机进行录制或是正在将该画面直播到电视或者网络之上，观众正在观看的就是一号摄像机所拍摄到的画面；Preview 窗口的画面则与二号摄像机拍摄到的画面是一致的，这就意味着导播在使用完一号摄像机画面后，准备使用的下一个镜头是二号摄像机拍摄的这个画面。

PGM 指的是“节目”(Program)信号，选择按下 PGM 这一排中的某个按键，就能将其对应的那一台摄像机所拍摄的画面信号显示到 Program 窗口中，此时该信号便被实时地输出到录像机或是直播设备中。直接在 PGM 这一排按键中选择所需要的摄像机位置拍摄到的画面，是切换台最简易的用法。如果一场演播厅节目的录制只需要进行镜头的硬性连接，不需要其他任何特效的处理，那么，只要掌握好镜头衔接的长短节奏，在 PGM 这一排按键中选择所需要镜头就可以进行直接切换了。

PVW 指的是“预监”(Preview)，也叫预览，一些切换台按键界面上会将其标注为“PST”。选择按下这一排中的某个按键，就能将其对应的那一台摄像机所拍摄的画面信号显示到 Preview 窗口中。导播人员将某一摄像机拍摄到的画面信号切入 Preview 窗口有两个目的：一是因 Preview 窗口面积较大(不管是一体化的分屏显示还是由若干台显示器分体组成的导播画面监视阵列，Preview 窗口和 Program 窗口都比其他显示窗口更大)，便于导播人员审看画面细节。如画面中有没有拍摄进影响美感的东西、画面构图是否需要调整、画面中是否有摄像师没有注意到的需要抓拍的细节等，经过这样的审视并确认可以采用之后，导播只要按下这个摄像机画面在 PGM 这一排按键中所对应的按键，即可将该画面切入 Program 窗口并输出到录像机或直播设备中。而将画面切入 Preview 窗口更重要的目的在于，导播人员可以结合切换台转换区中的拉杆，进行画面的特效衔接。具体的使用方法是：导播在确定好下一个准备使用的画面时，按下这个画面信号在 PST 一排按键中对应的按键，该画面被切入 Preview 窗口。经过审视，该画面符合使用要求后，拉动切换台上转换区的拉杆(拉动速度由画面衔接节奏表现需要决定)，Program 窗口中即可显示上一画面与新画面的特效过渡，切换台画面特效过渡方式会在存储器/划像图案/数字键区域提供多种选项。在演播厅节目录制中，大概率会使用的特效过渡方式是“叠划”(MIX)，这是大多数需要进行较强情绪化表现或是画面美感表现所采用的特效方式。

导播人员操作切换台进行现场导播的画面衔接切换和对现场摄像人员进行调度指挥的一般流程是：

根据上一个画面的景别、角度、运动方向或方式等特性，导播按照画面剪辑的基本规则，在若干摄像机位的画面中选择一个与上一个画面在视觉衔接上最合适、在叙事衔接上最流畅的画面，通过内部通话系统通知拍摄该画面的摄像师，一般口令为“×号机位准备”。导播按下这个画面对应的 PST 区域中的按键，该画面显示在 Preview 窗口上备用。导播对该画面进行审视，并确定该画面的使用方法(是用固定镜头，还是运动镜头；如果是运动镜头，又采用什么样的运动方式；准备采用什么样的景别；是否改变拍摄对象)，确定这些信息后，随即通过通话系统向摄像师下达相关指令，待摄像师执行该指令并达到导播要求后，导播即可将该画面以合适的方式(硬切或者通过特效过渡)切入 Program 窗口，即完成一个镜头的衔接。在这样的操作完成之前，导播还需要及时地通知下一个准备使用的画面相关摄像师做好准备。后续所有镜头的衔接切换均可按此程序进行操作。

需要特别注意的是，由于导播切换镜头往往用时较短，因此在向摄像师发出相关指令时，务必做到指令用语的“精准、精简、专业”——精准指的是需要明确向摄像师发出指令，精准地向摄像师表达其拍摄对象是什么，精准地表达拍摄的手法是什么等。精简指的是导播指令一定要言简意赅，用最少的语言表达尽量多的意图。专业指的是一定要用专业用语进行表达，因为只有专业词汇才能让导播和摄像在画面表达上的理解处于同一个层次。如“二号机，从一号嘉宾中景缓推其面部特写，准备……推！”指令包含了这些信息：一是这个指令是下达给谁的(二号机)；其次是拍谁(一号嘉宾)；再次是导播准备采用什么拍摄手法以及该手法中画面的起幅和落幅分别是什么(推摄、从中景到面部特写)；最后是什么时候开始推(根据导播指令)。

切换台的其他功能区域使用频率较低，这些区域基本与切换台设置、特效画面类型选择、抠像(监控)、画中画位置坐标等相关。

此外，利用互联网，导播切换可以实现“非实体化”切换操作，也就是基于 Web 浏览器，在计算机或移动终端的虚拟切换台界面，对若干音视频流进行线上云切换(图 1-20)。

图 1-20　腾讯云导播 App 虚拟切换台主界面(图片来自腾视通维官网)

三、自动切换软件的使用

不管是实体按键的切换台，还是采用虚拟按键的在线导播切换 App，导播切换的基本逻辑和流程大同小异，但自动导播切换软件几乎颠覆了传统人工导播切换的工作流程。

以一款名为 CuePilot 的导播切换软件为例，该软件现已广泛用于诸如欧洲歌唱大赛(Eurovision Song Contest)的大型歌舞表演类节目的演播厅制作或是 EFP 的大型歌舞表演，自动导播切换软件极大地降低了人工切换失误率，并可以大大提升歌舞类节目制作镜头切换的节奏感，从而提升画面的表现力和视觉冲击力。在录制过程中，此类软件依照全新的基本逻辑进行操作。

与导播人工切换画面时需要对每一个画面衔接进行口头指挥不同，自动切换完全不用导播实时地指挥现场各个摄像师进行画面拍摄调度，也无须再由人工掌握按动 PGM 键或 PST 键的时机。从图 1-21 可以看到，自动切换软件有一个分镜头脚本页面，在这个页面上，显示的是一个设计得细致入微的分镜头脚本，其中包含镜头顺序编号、摄像机位编号、镜头长度、镜头内容以及拍摄这个内容所采用的拍摄手法、镜头之间过渡的方式等信息，自动切换软件通过硬件控制设备让切换台依据这些预先精确到“帧”的分镜头设计进行镜头切换；同时，该软件需要通过一个实时同步系统，将若干台摄像机、现场灯光、数字舞美设备等所有与画面表现有关的设备同步起来，使得现场各个部门的工作得以完全协调同步，从而不再需要导播进行实时的指令下达和切换操作。

图 1-21 CuePilot 自动切换软件的分镜头脚本页面(图片来自 CuePilot 官网)

自动切换软件的功能实现基于完善的分镜头脚本的设计，这个设计需要导播在节目录制之前的彩排阶段完成。这是一个非常烦琐的系统工程，导播需要综合考量非常多的因素才能科学合理地完成这项工作。

在节目彩排阶段，导播需要设计好现场机位以及各机位的拍摄范围和任务，这是编制自动导播切换分镜头脚本的基础。在彩排期间，导播可以由各个机位的摄像先自行发挥创作力，对画面拍摄进行表现力设计，导播再根据自身的创作需要进行改善或调整。经过数次彩排并最终确定好各机位拍摄方案后，导播便可将每一个镜头的拍摄技巧、时长、镜头间衔接方式等信息输入自动切换软件的脚本页中。在此期间，导播还要对灯光及舞美效果进行同步设计，并将这个设计结果一并输入该软件的同步系统中。

完成并定稿自动切换脚本的设计后，导播需要将这个脚本分发给所有与画面切换效果有关的部门工作人员，这个脚本将在节目正式录制的过程中，同步呈现在相应岗位的显示器上，如摄像机位的外挂显示器、切换软件计算机界面以及灯控台的显示器等，各个岗位工作人员依据该脚本的指令，全程保持备用(standby)状态。在录制过程中，脚本页面会提前告知相应工作岗位人员何时、以何种方式配合导播切换的工作。具备这些前提后，切换台的自动画面切换就能达到高效率、高准确性、高表现力的切换效果。

需要特别注意的是，自动切换只适合严格按照彩排程序来进行的歌舞类节目录制，现场随机性较强的节目类型并不适合这样的自动切换方式。在以自动切换方式进行录制的歌舞类节目表演中，不仅所有幕后工作人员需要严格按照分镜头脚本的指令进行工作，而且舞台上的演员也必须严格按照彩排时分镜头脚本确定的走位方式进行表现，其走位不能偏离一定的范围。因此，以自动切换方式录制的节目，彩排的次数在很大程度上决定着自动切换的效果。

自动切换可以实现很多人工切换达不到的效果，如精确的节奏点控制、快速的镜头衔接效果、差错率极低、表现力丰富，尤其重要的是，如果一台歌舞类节目需要演出数场(如演唱会)，且每一场都需要进行现场直播或录制，那么，自动导播系统可以让导播团队做到一劳永逸。

四、导播设备的发展趋势

未来的演播厅节目制作，将会以网络直播或工业化节目生产为主流；同时，演播厅节目的精细化程度也会越来越高，未来演播厅节目制作的导播切换设备发展趋势将会以降低节目制作成本、提升画面切换效率及画面表现力、人工智能(AI)、系统整合化为主要方向。

以上几个导播切换设备的发展趋势，实际上是一体化的发展方向。也就是说，这几个发展方向是相辅相成的。其中，AI 的发展和运用将是这一领域取得颠覆性进步的基础。

云导播使得导播切换台从实体设备演变为以 Web 界面为操作平台，这将使演播厅节目制作的成本得到有效控制。现有的云导播 App 所能承载的视频流讯道数量还不多，无法承接规模较大的演播厅节目制作，相信在不久的将来，云导播会突破这一瓶颈，演播厅节目制作的"云端化"将会得到普及，这个发展方向必然取决于网络科技的发展和 AI 算法的进一步革命。

演播厅节目制作导播切换的工作效率、画面表现力的提升也必然取决于相应设备的自动化、智能化程度的高低，这一层面的技术也是基于 AI 算法的。在演播厅节目制作中，导播切换工作与其他各个工种之间的整合协同度将会越来越高，如导播对摄像的控制程度将会从以口头指令控制摄像机操作人员向以 AI 技术对摄像机进行直接控制发展，对灯光、舞美的控制也是一样。

第四节　演播厅的灯光设备

一、演播厅灯光设备的类型及特征

现代演播厅灯光设备主要使用 LED 光源。依据灯光的功能诉求可分为面光、眼神光、侧光、轮廓光、顶光、背景光；依据灯光硬件的类型可分为聚光灯、散射灯、特效灯。

面光，顾名思义，就是针对演出区域内人物面部进行照明的光源，这也是节目制作中的主光源，是演播厅布光的主要考量对象。眼神光是人物造型的点睛之笔，是为被拍摄人物双眼进行"光点"造型的手段。有了眼神光，人物的精神状态会有极大提升。这种光还可以将人物的眼睛位置直接"标注"为画面的焦点。侧光则是对人物或物品侧面位置进行补光的灯具。这是为了全面展示人物或物品特征而设置的照明工具，这种光线还可以消除主光形成的阴影。轮廓光则是勾勒出人物或物品轮廓的一道光线。这是一种造型光，有了它，人物或者物品的视觉效果会得到美化。顶光也可称为"发光"，这种灯光可以在人物的头发部位形成一缕光线，让人物造型更加富有神采。背景光则是对演播厅中舞美、背景进行照明和美化的灯光。从技术上来说，这种灯光可用于消除主体人物或物体因主光源照明而在背景上留下的阴影。

聚光灯的光线较强，光路聚合，其照明范围较小，是提供"点光源"的灯具，这是一种圆筒状的灯具(图 1-22)。这类灯具多用于造型,对节目中的轮廓进行照明,也可安放在合适的位置作为侧光、辅助光或背景细节造型光等使用。聚光灯是演播厅灯光系统中的主角,是灯光造型的必备硬件。散射灯的照明范围大且较均匀,这是一种平板式的灯具(图 1-23),多用于演播厅中的演出区域主光源,用于主体人物的面光,或者用于环境照明、消除主光源阴影、柔化主体照明效果等。特效灯具类型繁多,不同类型可营造不同的灯光特效,如帕灯(parabolic aluminum reflector,碟形铝材质反射灯具)可营造出天女散花般的灯光效果,电脑摇头灯和电脑扫描灯可营造出强烈的灯光节奏感,追光灯可以让演出主体人物更加突出,天幕灯和地幕灯可营造出绚丽的空间感,换色灯可营造出变幻莫测及多样化的灯光效果,定焦成像灯可制造出非常抢眼的光柱效果等。

图 1-22　演播厅聚光灯(图片来自珂玛官网)

图 1-23　演播厅散射灯(图片来自珂玛官网)

二、不同类型演播厅的灯光配置

灯光配置方案可从新闻节目制作演播厅、访谈节目制作演播厅、虚拟演播厅、综艺类节目制作演播厅四种不同的节目制作类型进行考量和设计；同时，灯光配置的数量、功率等指标还会受演播厅演出区域的面积大小的影响。

新闻节目制作演播厅的灯光配置要求相对较低，其主要目的是对新闻节目的播报人员进行照明和灯光修饰。相较于其他节目制作方式而言，其节目体量要小得多，需要进行灯光修饰的对象少得多，因此，在以这样的节目制作方式为主的演播厅中，只要采用基本的三点布光法，具备主光、辅助光、轮廓光就足够了。其灯具类型配置基本由聚光灯和平板灯组成，根据演播厅表演区域面积来决定其配置的数量。如将一个长16米、宽14米、高4.3米的空间布置为新闻节目演播厅，在此空间内的新闻播报人员最多两人，那么，其灯光配置可采用如下方案：新闻播报主持人的面光、侧光、顶光、背景光采用30—40台的平板灯（根据预算可在此基础上增减灯具数量）；而主持人的眼神光和轮廓光，则采用15—20台聚光灯。此方案可满足一般新闻播报类节目录制的照度要求。

访谈节目制作演播厅相较于新闻节目制作演播厅在灯光配置上的相同之处在于两者都是以人物照明为诉求的，不同之处在于灯具数量的区别。在新闻节目制作演播厅对于一到两人的照明需求基础上，访谈节目演播厅需要在不同的照明角度上增加相应的主光及辅助光灯具的数量。

虚拟演播厅的功能往往用于制作新闻类节目或是访谈类节目。从满足人物照明及造型的角度来看，虚拟演播厅、新闻节目制作演播厅、访谈节目制作演播厅的灯光配置在类型、数量上有诸多共同性，但虚拟演播厅有一个非常重要的特征是其背景的特殊性。虚拟演播厅往往采用绿色或蓝色背景以供抠像；虚拟演播厅的蓝箱（或绿箱）空间布局为“三墙一地”，即以三面墙和一面地板组成一个“箱”式空间，被拍摄者就处在这样一个箱式空间中，后期这个箱式空间将被抠像特效替换为其他场景。为了确保抠像效果的高质量，保证虚拟演播厅背景的色彩纯度，也就是背景上不能留下阴影，就显得尤其重要了。这需要在“背景光”这个角度下功夫，以一间60—100平方米大小的虚拟演播厅为例，其灯光配置方案如下：以16台平板灯作为背景光，分别兼顾三面蓝墙和一面蓝底；8台聚光灯作为逆光（轮廓光）；3台平板灯作为顶光；6台平板灯作为侧光；6台平板灯作为面光；3台聚光灯作为眼神光。在虚拟演播厅的灯光配置中，背景照明是重中之重。

综艺节目制作在灯光配置上的要求一般以突出绚丽的视觉效果、多样化的灯光表现手段、丰富的舞美灯光色彩为基本诉求，因此，除了演播厅基础照明外（环境亮度、人物面光及造型光等)，各种特效灯具也是综艺节目制作演播厅的必备硬件。通常来说，综艺节目制作演播厅的面积都较大，一般为中型或大型甚至超大型演播厅，以面积为400—500 平方米的中型综艺节目制作演播厅为例，其灯光配置需要分为两大类，一是基础照明配置，二是舞台效果配置。基础照明配置依然采用平板灯和聚光灯，为照顾可能处于舞台上任意位置的演员，这套灯光必须全方位兼顾，因此需要 80 台左右的平板灯、80 台左右的聚光灯，其安装位置需要环绕舞台四周。平板灯全部布置在朝向舞台一侧；三分之二的聚光灯布置在朝向舞台一侧，三分之一的聚光灯布置在舞台的反方向和侧方。舞台效果灯光采用帕灯、光束灯、扫描灯、摇头灯、染色灯、追光灯、天幕灯、地幕灯若干(根据节目导演需要)。

三、演播厅灯光设备的使用

演播厅灯光设备的使用实际上指的是灯光控制设备，也就是灯控台的使用。不同于影视剧、纪录片等类型节目制作，演播厅的灯光安装位置相对固定且较高；在节目录制过程中，灯光操控人员不会直接对灯具本身进行位置调整、照度和色温调整、角度调整等操作，而是通过灯光控制台(简称灯控台)对其进行控制(图 1-24)。

图 1-24　灯控台(图片来自 CODE 官网)

灯控台主要用于控制演播厅灯光的开启、强弱、效果编程等，以一款名为珂玛 KM-T48 的灯控台为例(图 1-25)，其使用方法如下：

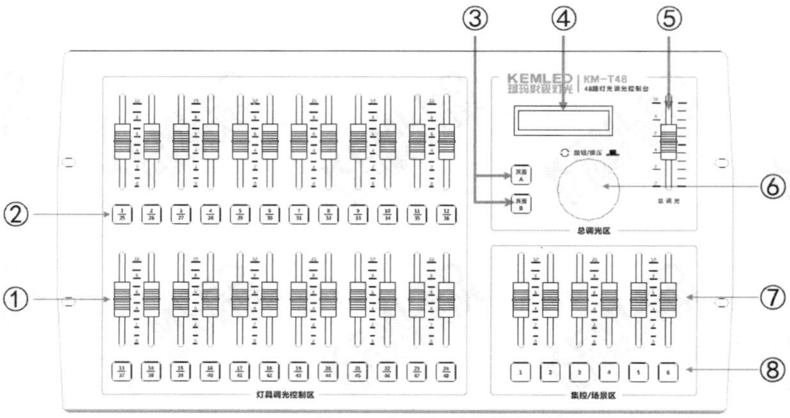

图 1-25 灯控台面板(图片来自珂玛官网)

该款灯控台分为 8 个功能区。功能区①为灯光通道推杆，用于控制所对应通道所有灯具的亮度。这一部分有两个功能页面，每一页面对应 24 个灯光通道(每一通道根据布线包含若干灯具)。也就是说，在这个功能区的两个功能页面中包含有 48 个通道，每个通道包含若干灯具，其灯光控制的规模较大。

功能区②为各通道的瞬时控制按键。选择某一个通道标注数字键，可以瞬时将该通道灯具亮度推至最大；松开该按键，其亮度回到初始设定值。

功能区③为翻页键。可对若干调光通道进行翻页。

功能区④显示调光台各项参数。

功能区⑤可总体控制全部通道灯具亮度。上推为增加全部灯具亮度，下推反之。

功能区⑥可选择、查看并确认存储(或取消)功能项目。

功能区⑦是集中控制某几个通道灯具亮度的推杆。

功能区⑧是瞬时控制功能区⑦推杆的按键。按下这个按键，对应推杆控制的那几路通道灯具会瞬间达到最大亮度值；放开该按键后，其亮度恢复到设定值。

四、演播厅灯光设备的发展趋势

演播厅灯光系统的发展必定会与导播技术的发展同步前行、相辅相成。演播厅灯光的最终目的是增强演播厅节目的视觉表现力和画面美感，这和导播控制的摄像板块的诉求是一致的。在未来，这两个演播厅节目制作分工板块的融合度必定越来越高。在当下的演播厅节目制作中，灯光会根据导演的需求进行编程，但从总体上来说，灯光板块的工作与导播板块的工作在技术上的融合度还不算太高，而在未来，尤其是在自动导播软件和体系逐步完善成熟的前提下，导播在编制自动导播分镜头脚本时，必然会将灯光系统的联动考虑在内。以此逻辑推测，将来的导播人员必将具备灯光设计艺术的基本素养，灯光师也必须具备导播的全局和整体意识。

第五节　演播厅的录音系统

演播厅的录音系统相较于其他制作硬件更简单，构成要素更单一，但演播厅节目制作在声音层面却对演播厅的另一个指标提出了更高要求，那就是演播厅的空间设计。演播厅不仅需要考虑节目制作的视觉效果，还要从技术层面考虑声音录制效果。演播厅节目制作基本采用声音的实时录制方式，现场节目内容基本不会后期配音，因此，演播厅的声学标准是非常高的。

一、演播厅的声学设计

演播厅的节目制作要求其节目内容的声音干净、淳厚，因此，演播厅的声学设计需要考虑两个层面的因素：一是如何最大限度地降低演播厅的现场噪音，二是如何最大限度地提升现场录音的音质。

演播厅的现场噪音会来自多个方面，如现场人员的走动、录制现场各种工作设备的运转、空调的运转、外界的噪音等，因此，在演播厅设计时，就需要对这些常见的噪音进行隔绝，其建筑设计标准需要遵循《广播电视中心技术用房容许噪声标准》(GYJ 42-89)、《有线广播录音播音室声学设计规范和技术用房技术要求》(GYJ 26-86)以及《广播电视录(播)音室、演播室声学设计规范》(GY/T5086-2012)的相关标准，采取相应的隔音、减震和降噪技术，同时在建筑布局上进行特殊设计来达到要求。

具体来说，措施如下：

演播厅外墙的建材材质一般为较轻质的砖墙，其隔声的量化标准可以在 35—45 分贝(按材质不同而不同)。如果外墙隔声量因建筑物本身并未考虑其用途、未采用特殊建筑材料建设而达不到相关标准，就需要对演播厅室内环境进行改造。主要措施是在演播厅内加装专业化的隔声墙，演播厅的隔声墙施工需要严格执行相关技术标准和规范，如墙体施工时，需要对砖墙进行满浆和满缝处理，也就是将一切可能存在的空腔进行填实，墙体不能遗留空洞；此外，在演播厅加装隔声墙时，不能只考虑横向空间的隔音，上下方向(如楼板)的隔音同样重要。此类后期改造的内部隔音空间(也就是内套空间)与外部主体结构不能建立直接的连接(刚性连接，如以钢构等方式建立楼梯、通道或是其他的连接性结构等)，两层结构之间的空间不能小于 10 厘米，这个空间还需要保持相对的整洁，不能够在这个空间中放置某些物品，在夹层结构中形成固态的声音传播介质(声桥)。演播厅与外界不可能没有连接,在此连接处,需要建立类似于太空舱与外界连接的“闸门”结构,在演播厅与外界之间建立一个过渡区域,该过渡区域应采取全频段的强吸引处理措施,其墙体和闸口门均应采用高标准隔音材料,配置专业级的隔音锁。导播室与演播厅之间也是隔音降噪的重点区域,墙体建造按照前述标准进行。这个区域的重点在于导播室需要与演播厅之间形成肉眼可见的视觉连接,也就是导播室工作人员需要直接看到演播厅的整个环境,因此,这两个空间之间需要用玻璃隔断,这个隔断需要采用三层隔音玻璃,各层玻璃间隔不低于 10 厘米。此外演播厅周边的候演区域、导播室、化妆间等空间,地板最好采用地毯进行减震,以尽可能减少演播厅的现场噪音,如果导播室位于演播厅的上方,则需要采用浮筑楼板设计。

除了最大限度地降低演播厅现场的噪音外,如何最大限度地提升演播厅现场录音的音质呢?

着重对演播厅内声音混响时间进行控制,这一指标在很大程度上影响着现场声音录制的质量。所谓混响时间,指的是当一个声源停止震动(也就是停止发出声音)后,声压级减少 60 分贝所需要的时间,这个声音的衰减过程就是混响过程。混响时间过短,声音便会有干涩之感;混响时间过长,声音会变得杂乱混淆,听起来不干净;适中的混响时间是保证演播厅录音质量的前提。

演播厅影响混响时间的因素主要是建筑体吸音能力的强弱以及空间的大小。体积越大、吸音能力越弱的演播厅,混响时间越长,反之亦然。混响时间可通过赛宾公式计算,也就是 $T_{60}=KV/A$,其中,T_{60} 为混响时间,K 是与空间湿度有关的常数,一般取 $K=0.161s/m$,V 是建筑物空间的容积,A 是总吸声量、赛宾值。

演播厅混响时间的标准值依据其建筑体积和声音种类而有所不同,如以 500 赫兹声音(人类语言表达通常的声音频率)为标准,其在小型演播厅中的混响时间在 0.5 秒左右为宜,在中型演播厅中以 0.6—0.8 秒为宜,在大型演播厅中以 1.4—1.8 秒为宜。

二、演播厅的音控系统

演播厅录音音质的提升,除了环境降噪、建筑物混响时间控制等被动措施外,还有利用调音设备进行主动音质提升的手段,这个硬件设备就是调音台(图 1-26)。

调音台是调节演播厅节目录制现场声音、录制声音大小值以及声音质感的设备。其使用方法如下(以雅马哈 MGP16X 16 通道调音台为例,图 1-27):

该调音台的区域 1 是单声道输入区。该区域纵向每一路若干调节旋钮和按键对应一个输入音源通道。如若干无线话筒可群设置为一个通道,也可将每一支话筒设置为一个单独的通道、其他音源可设置为相应通道。每一路通道推子可控制该通道声音

图 1-26　调音台(图片来自雅马哈官网)

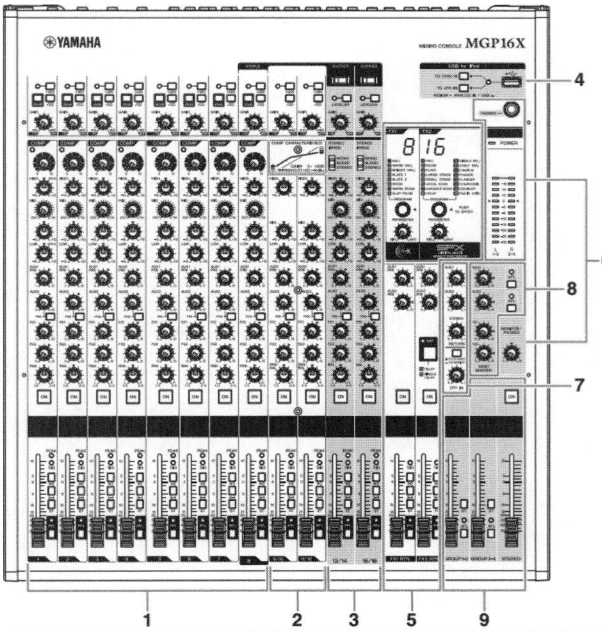

图 1-27　雅马哈 MGP16X 16 通道调音台操作面板(图片来自雅马哈官网)

音量和音质。

区域 2 为单声道和立体声输入区，区域 3 为立体声输入区，它们的功能与区域 1 一样。

区域 4 为外接音源区（可接入 iPod 或 iPhone），这里可通过线缆连接音乐播放硬件。

区域 5 为数字效果区，在这里可设置声音效果。

区域 6 为电平显示区，在这里可以显示输入调音台的声音信号总电平。

区域 7 为返送信号区，在这里可调节调音台返送到监听音响等设备的电平大小。

区域 8 为主输出区，在这里可调节输出到下游设备的信号。

区域 9 为主控制区，在这里调节所有通道声音信号的总体大小。

课后习题

1.演播厅节目制作与其他类型节目制作的本质区别是什么？

2.演播厅节目制作的必需工位有哪些？

3.导播切换台有哪些类型？不同类型的导播切换台操作逻辑有什么异同？

第二章　新闻类节目制作

伴随着融媒体时代的到来，新闻类节目的内容、传播方式等都发生了翻天覆地的变化，新闻类节目改革的步伐不断加快。无论是过去的传统媒体时代还是如今的融媒体时代，新闻节目始终是大众了解国家大计、获取资讯的重要平台。

第一节　新闻类节目概述

一、新闻类节目的定义

要了解新闻类节目，我们先要来考察电视新闻的定义。目前学界和业界普遍认可的定义源自 1990 年 7 月，中国广播电视学会电视学研究委员会组织新闻从业者和新闻理论学者，根据电视新闻发展规律、实践经验总结，做出的定义：电视新闻是以现代电子技术为传播手段，以声音、画面为传播符号，对新近或正在发生、发现的事实的报道。

该定义清晰阐明了电视新闻的特征，突出了它传播快、覆盖广、传播方式丰富、内容生动直观的特点。更重要的是，该定义中的两个关键词“正在”和“发现”，是对电视新闻作为新闻共性的界定。

如今新闻报道早已进入“正在进行时”，“正在”体现出了新闻类节目的时效性，新闻报道与事态发展的时间距离无限缩短，几乎可以做到同步进行。记者的报道与事件发展同步、节目制作与播出同步、声音与画面同步，极大增强了新闻类节目的时效性、纪实性和现场感。

“发现”是指过去发生的事现在刚刚发现或者有了新的发现。前者如考古发现；后者指的是新观点、新见解的发现，这是新闻报道中更强调的。如今的新闻类节目不仅要有时效性、纪实性，而且要对所报道新闻进行有价值的探讨，引出新的观点。如何挖掘出深度成为新闻类节目的核心课题。新闻类节目的制作已不再是新事件、新消息的竞争，而是“发现”的竞争。因此，深度报道类新闻节目开始频繁出现，这类节目增强了新闻报道的思辨功能。新闻类节目从纯粹报道客观事实延伸到有新意的观点传播以及新闻背后“隐藏内容”的挖掘。

总之，新闻类节目的内容归根结底要围绕“是什么”和“为什么”两个问题展开。前者旨在过去发生的事现在刚刚发现，即“是什么”，如各大卫视整点播出的消息类新闻节目主要在回答“是什么”的问题；后者着重挖掘“为什么”，强调新闻事件背后的挖掘和解读，突出新闻事件的动机、意义等，如央视新闻节目《新闻 1＋1》《焦点访谈》等。

二、中国新闻类节目的发展历程

（一）第一阶段：1958—1977 年

早期因技术条件限制，我国的新闻类节目形态较为单一。尤其在“文化大革命”期间，我国的新闻类节目发展受到较为严重的制约。在初创期，我国新闻类节目主要有四种形态。

第一种形态为《图片报道》。《图片报道》是我国早期新闻类电视节目，主要由播音员讲解图片内容。1958 年 5 月 15 日，该节目首期内容为介绍我国制造的“东风牌”小轿车，时间长度约 4 分钟。

第二种形态为《简明新闻》。即播音员口播消息类新闻。该节目首播于 1958 年 11 月 2 日，由我国第一位电视播音员沈力播报，每次时长约 5 分钟。

第三种形态为电视新闻片。早期的电视新闻片主要借鉴苏联模式的新闻纪录片。1958 年 5 月 1 日，北京电视台在 19 点 15 分试验播出了中央新闻纪录电影制片厂摄制的新闻纪录片《到农村去》。电视新闻片有配乐和音效等，解说词由播音员配音直播。每条新闻 2—3 分钟，每次播出 3—4 条，总长 10 分钟左右。

第四种形态为实况直播。1958 年 10 月 1 日，北京电视台首次实况转播了在天安门广场举行的庆祝新中国成立 9 周年的阅兵典礼和游行活动。此后，国家重大时政活动常以实况转播的形态进行。

20 世纪 60 年代初，许多省市建立了电视台，其中大多数电视台的新闻类节目只能依靠口播新闻和图片新闻，只有少数电视台能够拍摄少量新闻片。1960 年，北京电视台的《电视新闻》栏目成为全国第一个每晚播出的新闻类节目。

（二）第二阶段：1978—1992 年

这一阶段，新闻类节目开始向录像化过渡。我国的新闻类节目开始增多，新闻时效性提高，出现了更多的节目形态。

这一时期的标志性事件发生在1978年1月1日，当时的北京电视台和地方电视台合作，正式创办了《新闻联播》，对国内外时政要闻进行播报。1981年《新闻联播》将新闻按照重要程度进行重新编排，沿用了20多年的新闻片配乐被取消。从20世纪80年代中期开始，节目不仅有消息报道，而且多次推出连续报道和系列报道。如《新闻联播》关于大兴安岭火灾的报道持续了1个多月，共播报了100多条新闻。

除《新闻联播》外，这一时期还出现了其他新的节目形态。1980年7月，中央电视台创办了我国第一个评论类新闻节目《观察与思考》。该节目采用主持人主持的形式，在节目中对群众关心的热点问题进行深度报道和评述，以起到引导舆论的作用。该节目打破了我国之前的新闻类节目只有报道没有评论的形态，为后续评论类新闻节目的发展奠定了坚实的基础。

(三)第三阶段:1993—1997年

从1993年开始，我国新闻类节目逐渐从录像改为直播。节目的时效性、新闻内容的丰富性都有了大幅度提升。随着新开设的新闻类节目的不断增多，节目形态又有了新的变化。

1994年4月，中央电视台创办了《焦点访谈》，该节目以深度报道和评述为主。最初节目以演播室访谈的形式为主，后期逐渐加入了大量现场采访和主持人首尾点评。该节目以舆论监督见长，对时事进行追踪报道，既有对正面事件或者人物的表扬，又有对社会不良现象的曝光。

1996年5月，《新闻调查》开播。相比之前的专题类新闻节目，该节目时长45分钟，能够更加详细透彻地挖掘新闻事件，属于深度调查类新闻节目。节目以记者调查采访为主线，对事件进行多角度展示和深度调查。

另外，这一阶段新闻类节目的领域也在不断拓展，除了《新闻联播》外，经济新闻、体育新闻等多领域新闻逐渐完善，如中央电视台开播了《经济信息联播》《体育新闻》等节目。

(四)第四阶段:1998年至今

这一时期，我国新闻节目日益成熟，主要表现在以下几个方面。

第一，国内开始建立全新闻频道。1999年5月，我国第一个全新闻频道——福建电视台新闻频道开播，该频道内容丰富，包括国内外最新实时消息、言论、新闻深度报道、新闻故事、新闻访谈以及非虚构性的纪实类节目等。[①] 2003年，中央电视台新闻频道正式播出。新闻频道以“24档整点新闻＋专题节目”为原则构建，实现了新闻每日24小时不间断播出，开创了“整点新闻＋现场直播＋字幕新闻＋专题深度报道与评

① 刘习良.中国电视史[M].北京：中国广播电视出版社，2007：322.

论"的新闻传播模式。[①]

第二,新闻类节目开始运用更多直播技术手段,在重大突发事件中能够及时、全面、深度进行播报。

第三,民生节目大量涌现。如 2004 年浙江广播电视集团民生休闲频道推出了新闻类节目《1818 黄金眼》(图 2-1),该节目以"关注民生,服务百姓"为宗旨,是浙江省日播时间最长的民生类新闻节目。它改变了以往新闻节目的固有模式,专注报道地方性社会日常生活事件,引发了全国民生新闻的热潮。

图 2-1 《1818 黄金眼》节目片头

第四,新闻类节目形态丰富多样。这一时期推出的《新闻会客厅》《看见》《每周质量报告》等使新闻类节目的形态愈加丰富。如 2003 年中央电视台开播的《新闻会客厅》打破了传统观众对演播室的认识,以家庭式的客厅为演播室形态(图 2-2)。再如中央电视台的专题类新闻节目《看见》由两大版块构成:访谈和新闻讲述。这两大版块在顺序和时长上没有固定模式,完全根据当期节目需要而定。

图 2-2 《新闻会客厅》客厅式演播室

① 赵化勇.中央电视台发展史(1998—2008)[M].北京:中国广播电视出版社,2008:34.

三、新闻类节目的分类

目前我国新闻类节目类型比较丰富，新闻类节目类型有狭义与广义之分。狭义的新闻类节目指的是消息报道类新闻节目，这类新闻节目通常只报道事件的概貌而不详细叙述细节。中央广播电视总台的《新闻联播》是这类新闻节目的代表。广义的新闻类节目指的是所有以传递新闻讯息为目的的新闻类节目的总称，它既包括消息类新闻节目，也包含评论类、专题类新闻节目等。

新闻类节目按照体裁元素来划分，可以分为以下几类。

第一，消息类新闻节目。这类新闻节目以内容简明扼要、传播快捷为特征。该类型新闻节目以播报消息为主，是新闻类节目汇总国内外重要新闻的主要途径，是观众了解海内外大事的主要渠道。如中央广播电视总台的《新闻联播》《新闻直播间》等都是消息类新闻节目的代表。

消息类新闻节目不仅能够简要、迅速地传播新闻，而且体现出了新闻类节目动态性强、题材广泛的特点。

第二，专题类新闻节目。这类新闻节目针对某一重大新闻事件、典型人物等进行详细、深入的报道。节目时间长，内容信息量大，思想深刻是其主要特征。专题类新闻节目也对记者提出了更高的要求，记者需在陈述事实的基础上，能够对事件作出分析，引导观众进行深层次的思考。我国专题类新闻节目主要以调查性报道、故事类新闻为主要呈现形态。

调查性报道以还原不为人知的真相为核心，以暴露问题为新闻报道形式，具备较强的悬念和矛盾冲突，通常能够引起观众的广泛关注。如中央广播电视总台的《新闻调查》就是一档以调查性报道为主的专题类新闻节目，节目通过发掘新闻背后的新闻而追寻事实。

故事类新闻强调新闻的叙事方式以及故事性表达，此类新闻节目以讲故事的手法来描述发生在生活中的新闻事件。此类节目将戏剧性与纪实性相结合，突出跌宕起伏的情节、疑点重重的悬念，同时加入主持人的适当点评，使新闻具备强烈戏剧性的同时产生正面的引导效果，传达正向的价值观。如辽宁卫视的《王刚讲故事》每期节目围绕一个观众感兴趣的新闻事件展开。这类新闻节目中的主持人对新闻事件进行故事讲述式的点评和分析，拉近了新闻节目与生活的距离，在向观众传播新闻讯息的同时，开拓了观众的知识面。

第三，评论类新闻节目。此类新闻节目是电视媒体与新闻评论体裁相结合的产物，它以说理为主要表现手段，通过对当下社会热点议题或新闻事件的评述，宣传党的路线、方针，为舆论导向服务，故评论类新闻节目代表着制作单位的思想政治水平，具有较强的政治色彩。评论类新闻节目对记者有着很高的要求：政治觉悟、见识要求高；洞察每个新闻背后的本质并不容易，还要有一针见血的评论更是难上加难，因此记者的学术素养、理论思维深度也要高。

第四，谈话类新闻节目。这类新闻节目通常是指主持人邀请观众和嘉宾针对社会热点话题、新闻事件等进行公开平等对话的新闻节目。谈话类新闻节目由四个要素构成：事件、主持人、嘉宾和互动。事件是谈话类新闻节目的主线，是贯穿整个节目的核心内容；主持人是节目的引导者；嘉宾是节目的观点阐述者；而话题的阐发、意见的表达、观点的升华都是在主持人、嘉宾和观众之间的互动中产生的。如中央广播电视总台的《面对面》通过主持人与嘉宾的访谈来解读热点新闻，记录历史。

第五，直播类新闻节目。新闻现场直播是指广播电视利用电子信号把新闻现场的声音或图像直接发送并同步播出的节目形式。[①] 此类新闻节目以新闻现场内容为主，通过新闻现场记者采访报道的方式，将新闻现场和演播室连接在一起，以演播室主持人访谈或主持为补充评论手段。

四、新闻类节目的特征

（一）形象性

与传统的广播新闻、报纸新闻不同，电视新闻类节目是声画结合的产物（以下新闻类节目皆指电视新闻类节目）。

新闻类节目的视觉元素主要包括画面和演播室等。画面叙事元素的多样性将新闻内容直观呈现给受众，受众无须解码就能够接收讯息，使讯息的接收变得更加生动。

新闻类节目的听觉元素包括现场同期声、解说词、音乐等。现场同期声客观真实呈现新闻现场的声音，配合新闻现场的画面，提高了新闻类节目的真实性和客观性。由于新闻现场的随机性较强，新闻类节目很难拍摄出完整美观的镜头，这时听觉元素便是对节目的重要补充，借助解说词可以丰富新闻内容，弥补视觉元素的缺失。音乐在新闻类节目中主要起渲染气氛的作用，特别是在一些故事类新闻节目中，会借助音乐来强化抒情效果。

由此可知，新闻类节目的声音和画面都充分体现了形象性特征，这种形象性特征可有效减少受众在解码中的误读，丰富新闻类节目的内容。

（二）综合性

综合性主要体现为新闻类节目在传播过程中将画面符号和声音符号巧妙结合起

---

① 张君昌.超媒体时代：新世纪电子传媒经营与创新[M].北京：新华出版社，2003：177.

来，二者共同作用于受众感官，以达到良好的传播效果。

早期我国的新闻类节目由于技术条件限制，导致节目声音和画面的综合性不佳，新闻类节目声画分离现象严重。随着技术条件的不断完善，新闻类节目中的声画部分越来越受关注，声音和画面的和谐统一给受众带来了更好的视听体验。

（三）深刻性

早期我国的新闻类节目主要以消息类新闻节目为主，人们普遍认为电视更适合简明扼要的消息报道，而报纸更适合深度报道，但随着我国电视事业的飞速发展和人们对新闻需求的日益增长，电视人开始在新闻类节目中进行更加深入的内容挖掘，专题类新闻节目逐渐走入大众视野，新闻类节目的深刻性特征也随着这类新闻节目的发展不断被放大。如今，深刻性早已成为新闻类节目的显著特点之一。

第二节　新闻类节目制作原则与采访策划

和传统媒体时代的新闻节目相比，在如今融媒体时代的背景下，消息类新闻节目、专题类新闻节目、评论类新闻节目都在生产阶段有了明显的不同。随着 5G、4K、AI、MR、大数据等新技术的飞速发展，电视新闻节目受到智能终端的挑战，用户热衷于手机终端的“小屏”获取资讯，视频新闻成为移动互联网新闻传播的主力军。也就是说，媒体融合为电视新闻节目扩展了传播空间。中央广播电视总台央视新闻节目融合新媒体先进技术，推陈出新，不断优化报道方式。省级卫视及地面频道通过差异化提升媒体竞争力，立足本地特色，侧重民生报道，服务当地受众。

一、新闻类节目制作的基本原则

“习近平总书记新闻舆论工作重要论述是习近平新时代中国特色社会主义思想的重要组成部分，是马克思主义新闻观中国化的时代篇章，是中国特色社会主义新闻工作实践的行动指南。”①近年来，中国经济发展迅速，社会长期稳定，数字网络技术飞速发展，民众需求日益多元化。面对这样的环境，我国主流媒体需深入贯彻落实习近平总书记重要指示精神，“坚持团结稳定鼓劲、正面宣传为主”“必须坚持巩固壮大主流思想舆论，弘扬主旋律，传播正能量，激发全社会团结奋进的强大力量”。② 因此，主流媒

① 雷跃捷，王娜.马克思主义新闻观中国化的时代篇章[J].新闻战线，2022(11)：10-13.

② 习近平谈治国理政：第 1 卷[M].北京：外文出版社，2014：155.

体在制作新闻类节目时，需把握重要时间节点以及国内重大时政新闻事件报道的契机，做好各项新闻事件的全媒体报道，积极融入新媒体技术，运用短视频等视频新闻内容形式推进中国故事的表达，实现多平台终端的融合传播，强化正面舆论引导力。主流媒体在制作新闻类节目时，需遵循以下几个方面的基本要求。

（一）真实性原则

真实是新闻的生命，是马克思主义党性原则的精髓，是马克思主义新闻观的灵魂和核心，也是新闻工作最基本、最重要的一项工作原则。因此，真实性原则是新闻类节目制作的基本标准和重要底线。

首先，真实性原则要求媒体在新闻节目制作过程中做到为公众理解社会现实提供最新的信息。对具有新闻价值的事实进行及时的报道，不遗漏、不炒作、不遮蔽，尽力全面地采集、处理和呈现新闻信息。

其次，真实性原则要求媒体在新闻节目制作过程中做到及时、准确、客观地报道事实信息。新闻节目需根据受众对事件认知的不同需求，将采集的新闻素材，制作成不同类型的新闻节目。消息类新闻节目满足受众快速获取最新信息的需求，时效性强；专题类新闻节目满足受众深入、详细、全面、系统地了解新闻事实内在本质的需求；评论类新闻节目为受众提供对新闻事件的分析和评断，并具有鲜明的针对性、政策性和指导性。

最后，真实性原则要求在新闻节目制作过程中做到用事实说话。为了遵循真实性原则，新闻媒体“要根据事实来描述事实，既准确报道个别事实，又从宏观上把握和反映事件或事物的全貌”[①]。也就是说，媒体通过叙述事实对事件进行报道。事实是受众观看电视新闻节目获取的主要内容，符合受众的观看需求。在大量的事实中，要根据新闻价值判断所要选取的事实，再通过典型的事实做深度透彻的报道，将其他类似的普遍问题关联起来，使新闻报道具有代表性和感染力。

（二）客观性原则

客观性原则是指新闻报道要忠于客观事实，即按照客观事物的本来面貌实事求是地反映和报道，严格遵循新闻传播规律，恪守媒体的社会责任。客观性原则在新闻节目制作过程中表现为两个方面：

第一，从新闻的报道内容上看，新闻所报道的事实必须是客观存在的人物、事件和现象，必须是现实生活中的的确确发生的事情，不能虚构、夸张、渲染，不能炮制假新

---

① 习近平在党的新闻舆论工作座谈会上强调：坚持正确方向创新方法手段 提高新闻舆论传播力引导力[N].人民日报，2016-02-20(1).

闻、捏造事实。

第二，从新闻的报道形式上看，消息报道和评论意见分离是客观报道原则在形式上的重要规则和基本要求。新闻记者在报道时不宜直接在新闻中表达情绪化观点和倾向性意见，切忌将对客观事物的描述与对事物所表达的观点或意见相混淆。

客观性原则体现了新闻报道的客观规律，是新闻节目制作的基本前提，能够保证新闻的真实性。因此，客观性原则要求新闻报道如实叙述，交代信息来源，提供充足根据，不掺杂个人评论、言论等。

（三）以人民为中心的工作导向

以人民为中心的工作导向是马克思主义新闻观中“坚持以人民为中心”的具体体现。以人民为中心意味着新闻媒体全心全意为人们服务，把人民的根本利益放在首要位置，坚守人民大众的立场。首先，新闻媒体要及时满足公众对信息的知情权，及时传递最新变动的信息。其次，新闻媒体要积极地反映人民群众在创造历史进程中的伟大创举，真实地反映人民群众对美好生活的向往和诉求，维护其参与表达的权利。再次，新闻媒体要平等对待公众，尊重公众，关爱公众，尤其是保护弱势群体的尊严和正当权益。最后，还应该多展现人民群众积极向上的生活态度，挖掘生活中的平凡小事，宣扬正能量。

（四）坚持正确的舆论导向

新闻媒体的新闻报道活动具有强大社会影响力，所形成的新闻舆论影响到社会的稳定发展。因此，新闻节目对社会舆论场的形成及其走向起着十分重要的作用。坚持正确的舆论导向是我国新闻媒体和新闻工作者的重要职责。把握新闻舆论的导向，首先，必须坚守新闻报道的党性原则，坚持党性和人民性的统一原则。其次，要不断提高舆论导向的判断力，从“三个利于”的标准出发，来衡量舆论导向正确与否。最后，要认真地、积极地做好社会热点、难点问题的报道，注意把握事物发展的总体趋势，坚持从国家的角度看问题。

二、新闻类节目的选题要求

新闻选题指新闻采访的主要对象和内容，新闻报道则是围绕着新闻选题而进行的。选题决定了新闻报道活动能否顺利进行，对新闻报道的传播效果也有直接的影响。只有确定新闻选题，才能够顺利开展采访活动。融媒体时代，新闻选题的确定除了依据新闻价值判断外，还须充分考虑贴近群众生活的主题，避免出现选题内容单一、重点不突出、获取渠道陈旧等问题，充分满足受众的多元化需求。

（一）选题来源

选题来源于新闻线索。新闻线索，也称采访线索或报道线索。日常生活中的新闻线索来源很多，它具有不确定性和偶然性。通常新闻线索来自新闻记者的捕捉，来自会议或新闻发布会，来自上级部门的宣传精神，来自其他媒体的报道，来自媒体征集的新闻等。在融媒体时代下，不少记者利用微博、微信、短视频等新媒体平台获取新闻线索。这不仅丰富了选题来源，而且媒体通过新媒体平台可及时与受众互动沟通，增强了新闻线索的真实性。

（二）选题标准

在进行选题筛选时，可以通过新闻价值判断选题，具体表现为以下五个方面。

第一，时效性。新闻报道的前提是具有较强的时效性。缺少时效性的新闻报道，是没有新闻价值的。新闻记者应时刻关注微博热搜，判断新闻事件能否成为新闻选题。

第二，新鲜性。新闻报道除了时效性，还需考虑能否为受众提供新信息，诸如新现象、新问题、新观点、新趋势等。新鲜性往往能在第一时间引起受众的强烈关注。信息越有新意，其新闻价值越大。

第三，重要性。重要性表现为新闻事件对社会和受众的影响程度。对自然环境、国家前途和人类生活有重大影响的，与人民群众根本利益密切相关的事实，都具有重要性。在此基础上，还可以从新闻事件的影响力上来予以判断。

第四，贴近性。新闻类节目应该加强与受众之间的沟通交流，了解民众生活的基本情况，选择受众最为关注的题材。新闻记者应充分利用微博、微信、短视频等新媒体平台快速了解舆情，找寻选题。

第五，典型性。新闻节目虽然为受众呈现现实生活的方方面面，但是也不可能全部涉及。因此，新闻节目可以选取那些具有代表性的社会问题和矛盾进行报道。新闻节目通过对先进人物、先进经验的报道宣扬正能量，以舆论监督的方式曝光社会的阴暗面，强化新闻媒体的舆论引导力，倡导正确的行为方式和价值观。

（三）选题确定

除了新闻价值的判断外，新闻选题的确定还需注意以下方面。

首先，选择报道角度。面对一个事实，记者只能从某一角度来观察并报道该事实。对于新闻事实而言，可供选择的报道角度是很多的。选择什么样的角度，决定着新闻报道的主题，这既关乎媒体的价值倾向，又关乎记者的业务水平。事实的报道角度包括事实的不同层面、事实的表象与深层背景、事实的直接原因与侧面原因、事实的正面影响与负面影响等。

其次，明确报道目的。无论是正面报道还是负面报道，其报道选题都应聚焦于能否给社会带来“正能量”。媒体应该坚持不断增强政治意识和大局意识，加强舆论引导能力。只有导向正确，才能引起受众关注并激发受众积极向上，助推社会健康发展。

最后，确定报道体裁。新闻选题的确定还需考虑适合选题的报道体裁。针对某个报道选题，新闻记者不仅要考虑报道主题和报道目的，还需找到一个能够有效呈现该选题的报道体裁。报道体裁取决于报道对象。如果事实信息单一，便适用于消息来报道。如果事实本身内容丰富且在不断变化中，有跟踪和深入拓展的空间，有更多的细节和深刻的内容，则需考虑新闻专题或新闻评论。

三、新闻类节目的采访策划

采访策划是确定新闻选题后实施新闻活动的首要环节。俗话说“巧妇难为无米之炊”，采访是新闻制作的关键。采访策划要以真实性原则为基础，不能按照记者的主观意愿策划新闻。在采访策划中，新闻记者不仅要追求新闻事实的客观准确，而且要注意采访提问的科学判断。比如在遭遇相互矛盾甚至对立的事件时，新闻记者要立足于全局，考虑各方利益，确定采访对象，平衡对立双方的信息，让受众感到报道客观公正、真实可信。

(一)采访策划的类型

1.关于可预见性新闻与不可预见性新闻的采访策划

可预见性新闻包括庆典、活动、比赛、会议等。可预见性新闻需要大量搜集新闻背景资料。记者有更多的时间做足采访的准备，采访策划的侧重点应放在报道角度的选取上，根据报道角度，确定采访提问。媒体在每年的重要时间节点都会做重大事件的新闻报道，也组建了不少优质的报道队伍，积累了丰富的采访资料与成熟的制作经验。然而，可预见性新闻在某种程度上表现方法陈旧，要尽可能地改进，融入新媒体的创新报道形式，做出新意。

不可预见性新闻的策划主要是指自然灾害等突发事件。这类事件因发生突然、时间急迫，需要新闻记者在事件发生的第一时间快速行动。因此，不可预见性新闻的采访策划需要集中人力根据事件做简短安排，编辑尽快下达采访任务，确定采访对象和采访路线，同时预留节目空间。在这种情况下，一般媒体安排多位记者同时出动，待记者完成采访后，再向编辑汇报如何处理新闻素材。值得注意的是，这一类新闻的策划难点在于报道的落脚点要放在人与人、人与自然之间，难免引发冲突。记者按照策划去现场采访落实，常常会遭遇采访对象不配合的问题。为了保护当事人的隐私，调查清楚突发事件发生的原因，有时记者第一时间赶赴事故发生的现场进行采访，其采访的深入程度也是需要把握的。媒体与记者，需要在常规工作中随时待命，以应对各种情况。

2.关于周期性新闻与非周期性新闻的策划

媒体每日固定时段都要播出新闻，故周期性新闻的策划不可避免。这是一种常规的新闻策划行为。如各大电视台新闻节目都有编前会，每周还有记者编辑会，这是早已经形成的惯例。就微观来说，每天编前会主要是为第二天节目内容做出规划，对新闻稿件进行布置，这是非常具体的日常工作；每周的全体记者编辑会则不仅要总结上一周的工作情况，还要布置接下来一周的工作任务。宏观上的周期性策划通常以节日、周年、纪念日等为内容，还有按照月、季度进行周期性报道策划。周期性策划通常以规范化模式来配合中央政策要求，确保日常状态下新闻报道质量稳定。还有不少媒体的周期性采访策划不够制度化，只是由记者个人策划，上级部门缺乏统筹调度，导致部分媒体新闻节目零碎而不系统。如一些节日宣传，媒体总是年复一年策划相同的报道内容，受众对媒体的专题策划不感兴趣，导致媒体与受众产生距离。对于周期性采访策划，每一个新闻从业者都要有推陈出新的意识，努力跳出“舒适圈”，在内容生产上下功夫，使其展现全新面貌。

非周期性新闻，在新闻节目上的呈现主要以突发事件为主。这种突发事件的策划不仅需要记者在短时间内把握事件的来龙去脉，更需要在有限时间内对事件进行深度挖掘，最大限度呈现新闻价值。这方面的具体要求有：一是深入现场，善于观察。事件现场集中了几乎所有的事实要素，运用耳、鼻、口、舌等感觉器官迅速捕捉对于形成新闻有用的有形无形事实至关重要。二是精心选择角度。采访者在现场有切身体验非常重要，选择一个新颖的角度尤为关键。同样的事件，关于“什么”和“为什么”这两个软要素是最难处理的，采访者要在短时间内了解清楚，并赋予其意义。对采访者而方言，这是一个考验，所以提前做好策划预案必不可少。这里主要是角度的策划，应该既与众不同，又符合事实的本质属性。三是深刻把握背景。非周期性事件虽然不是有规律地出现，但是大多具有不可分割的背景因素。这需要采访者不被表面事实所迷惑，在最短的时间内理解其背景，放在一定的时空、社会发展形势下通盘考虑，例如自然灾难、突发事故等。

（二）常见的采访方法

采访方法有广义、狭义之分。广义的采访方法属于新闻策划的范畴，包括采访策略、采访题材、采访路线、采访对象、采访计划、采访步骤和采访手段等。狭义的采访方法是围绕采访目标进行定位和选择达到目的的手段，主要有显性采访、隐性采访和体验式采访三种。

1.显性采访

显性采访是指记者在采访中向采访对象公开自己的身份和表明采访目的的一种常规采访方法。其中,公开记者身份和表明采访目的,是构成显性采访两个不可缺少的要素。

个别访问、问卷采访、座谈采访、现场采访等都是显性采访的基本方式。显性采访的优点是可以得到采访对象的配合与支持。缺点是,采访对象对记者的采访具有很大的制约性。记者要依靠采访对象了解情况,请采访对象介绍情况,讲解事件发生的背景和可能产生的影响,发表对事件的看法等。

采访对象对记者的制约主要表现在:一是采访对象愿不愿意接受记者的采访;二是采访对象对事物的观点立场直接影响到记者的观点立场;三是采访对象能否准确表达自己的思想,直接影响记者对事物的认知;四是采访对象的情绪变化,可能诱发记者与采访对象的矛盾与冲突,等等。这些都可能直接或间接地影响采访能否顺利进行,从而影响与制约记者对客观事物的认识。

2.隐性采访

隐性采访亦称"暗访",指在一定条件下,记者不向采访对象公开自己的身份,不告知自己的采访目的,通过模拟某种社会角色,或是以普通社会成员的身份接近新闻源,获取新闻事实的一种非常规采访。电视新闻报道的隐性采访,主要表现为对新闻现场的"偷拍"。记者由此获得的新闻事实,具有"铁证如山"的性质,从而大大增强了新闻的真实性和可信度。

隐性采访大多用于揭露和批评性报道,其对象有的是犯罪嫌疑人,有的是带有黑社会性质的犯罪团伙。为了获得真实的情况,记者不顾个人安危,隐匿自己身份,对其进行秘密采访,这一过程本身有很大的风险。

3.体验式采访

体验式采访亦称"介入式采访",指记者以采访者和当事人的双重身份直接进入新闻现场,亲身经历新闻事件,体验新闻事实或采访对象情感生活的采访。体验式采访的内涵:一是记者身份的双重性,二是采访过程的参与性,三是采访内容的体验性等。这是体验式采访不同于其他采访的主要特征。

体验式采访的好处主要有:一是有助于记者获得生动的现场材料,对事物产生真情实感,加强对事物的认知;二是有助于记者与采访对象"打成一片",拆除记者与采访对象之间的"玻璃隔墙",从采访对象那里获得更多、更生动的新闻材料;三是有助于记者拓展写作的空间,形成"体验式报道",从而增强报道的可信度和说服力,等等。

(三)常见的采访路径

一般来说,采访路径可分为现场采访、自上而下采访和由下而上采访三种基本路径。

1.现场采访

现场采访指记者直接奔赴事件发生现场的采访。直赴现场采访的好处是迅速、快捷和直观，是事件性新闻的常规采访方式。现场发生的一切，都可进入记者的眼睛和摄像机镜头，形成电视新闻画面。现场采访也是形成现场报道的前提，现场采访与直接播出结合起来，可形成现场直播。

2.自上而下采访

自上而下采访指从上层到基层的采访方式。自上而下的好处是，上层是领导机关、综合部门，既有情况的汇总性和综合性，又有看待事物的全局性和高度性。不足的一面是，上层的情况由于经过层层的综合，具有概括性、抽象性的特点；由于信息几经筛选，往往容易变形、走样，需要记者反复核实，或实地考察，才能把握事实，确保新闻的真实性。

3.由下而上采访

由下而上采访指先从基层开始，再到上层的采访。由下而上采访的好处是，情况具体、真实、可靠，记者获得的是第一手资料，对于启迪记者的形象思维和由感性思维到理性思考，具有积极作用。不足之处是，由下而上的采访，得到的是材料的“个案”，缺乏宏观的比较和全局性。

第三节　消息类新闻节目的制作与播出

一、消息类新闻节目的特点

消息类新闻节目是电视新闻中最常见的一种节目形态。它是新闻节目的主要组成部分，是电视媒体作为权威性要闻汇总的重要节目，也是受众了解国内外大事的主要窗口之一。因此，消息类新闻节目在新闻类节目中具有重要的地位。相比其他类型的节目，消息类新闻节目具备以下基本特点。

（一）报道迅速及时

消息类新闻节目是新闻消息的汇总，这类节目的报道对象多为新近发生的动态事件，对新闻的时效性提出了更高的要求。时效性成为消息类新闻重要的衡量标准。近年来，随着移动互联网的发展，人们对于最新信息的获取更倾向于微博、微信以及短视频，这对消息类新闻节目的时效性提出了挑战。因此，消息类新闻节目应该在事件发生的第一时间抓住事件的关键点与受众的兴趣度，迅速地报道新闻，运用镜头语言将事实传播出去，及时跟进新闻事件的发展进程。

(二)语言精练、短小精悍

在注意力经济时代，面对繁杂的信息，为了抢夺受众的注意力，消息类新闻篇幅短小精悍，从类型看其大致分为简讯、短消息和长消息，时长一般在一两分钟，不超过4分钟。这就要求新闻记者除了抢夺新闻的时效性外，还需用精练的语言对新闻事件进行组织和报道，迅速地将重要的事实交代给受众。此外，节目还须选择受众能够理解的话语来讲述新闻事件，适当运用网络热词提高受众的关注度和参与性，减少空话套话的使用频率，尽量使用口语化表达方式。例如，近年来中央广播电视总台的《新闻联播》《朝闻天下》(图2-3)等消息类新闻节目将“社会热词”融入新闻稿件中，获得了受众的一致好评。

图 2-3　《朝闻天下》

(三)形式灵活多样

消息类新闻节目篇幅短小，为了给受众留下深刻印象，使受众容易接受和理解，其表现形式须灵活多样。不同类型的新闻选题应选择不同风格的影像表达。例如，时政新闻可借助动漫形式报道，财经新闻可借助数据图表将经济发展的走向趋势通俗易懂地表达出来，而社会民生新闻可结合社会热词来增强趣味性。此外，近年来，诸如视频日志(Vlog)等流行于社交媒体的短视频形态不断被运用于新闻报道领域，不仅创新了消息类新闻节目，而且能够赋予新闻更强的体验感，很容易引起受众的情感共鸣。

二、消息类新闻节目的制作要求

（一）注重新闻声画一体

电视画面在反映新闻事件发生的时间、空间、氛围、细节等方面具有较为明显的优势，很多新闻报道通过画面内容的展现可以反映新闻的基本事实。在消息类新闻节目中，只有将画面和声音这两种叙事语言交错运用，才能让受众更好地了解新闻信息。电视新闻报道要求真实、客观，消息类电视新闻要在第一时间交代新闻中的基本事实，尤其是新闻时间。新闻中的时间可以形成一条清晰的线索，指引受众对事实进行认知和理解，让新闻内容更加准确、具体。为了突显消息类新闻的时间性，应该采取画面与播报相配合的方式，让新闻中的时间线索更加清晰，更好地为受众传递信息。

（二）注重报道内容的对象性

突出新闻报道的对象性是增强新闻传播效果的重要手段之一，也是当前新闻改革的重点内容。现阶段的新闻报道不再是大众化的新闻，而应该朝分众化方向发展，不同特色和内容的新闻节目，其面向的受众也是不同的，这是新型传播模式的基础。在现阶段电视媒介中，既有面向社会精英人群的“高大上”新闻，又有面向市井百姓的民生新闻；在地域上，越来越讲求贴近性原则，一批方言性新闻节目应运而生。这些改变都是消息类新闻节目注重报道内容对象性的结果，而这种改变也必然进一步强化新闻节目的特色，让其沿着自身的发展思路努力向前，做出更好、更具特色的节目，从而吸引更多的受众，形成一种良性循环的态势。

（三）注重报道形态的现场性

电视和报纸、广播媒介之间最大的区别在于“画面”，“画面”也是电视媒介的优势所在。在这个讲求视觉冲击的年代，要发挥电视的优势就要突显“画面”。因此，在消息类新闻节目中要注重报道形态的现场性，最大限度地满足受众的收视需求。

注重报道形态的现场性就是要将新闻发生的现场原原本本地呈现在受众面前，要用“画面”带领受众深入新闻第一现场，感知新闻事件发生、发展、结果的全过程。例如，在矿难救援报道中，媒体用镜头深入现场，对矿难现场的环境、救援人员急切的心情、被困人员在矿井中的状态等进行全程跟踪，实时为受众呈现一场生死大救援。

三、消息类新闻节目的具体写作

(一)标题的写作

标题是在新闻正文内容前面，对新闻内容加以概括或评价的简短文字。标题写作一定要精心设计，反复推敲。在消息类新闻节目中，标题主要是对报道内容的概括、提示，以帮助受众加强对新闻的理解，或者评价事实、表明态度、引导舆论。消息类电视新闻标题必须是实题，且只有一行，让受众一目了然。

(二)导语的写作

美国威尔逊大学教授特·米纳在1952年出版的《新闻报道》一书中为导语下了这样的定义："导语是一种揭示、摘要、高潮，一种包在小包裹里的要点或者是新闻预告的总和。"新闻导语往往需要用精练的文字，简明扼要地对新闻的主要内容进行总结，提示评点，给受众以鲜明的印象。常见的导语类型有直接式导语和延缓式导语。消息类新闻节目往往采用直接式导语，直截了当地用客观事实说话，通过归纳概括，反映出新闻的本质和事实。

(三)主体的写作

主体是消息的主干部分，是对导语所做的具体全面的阐述。主体写作要围绕"注释、补充"来完成，要紧扣导语涉及的内容进行延展。一般来说，最常见的主体结构有倒金字塔结构、时间顺序结构和逻辑关系结构。在消息类新闻节目中，通常采用倒金字塔结构的写法。

(四)结尾的写作

为了强化新闻主题，突显新闻价值或扩大信息容量，可以根据新闻内容精心设计结尾部分。结尾的作用是回应导语，强化全文的传播效果。常见的结尾写作方式有点题式结尾、展望式结尾、悬念式结尾、呼吁式结尾、反问式结尾和抒情式结尾等。

案例：河南四名考生高考答题卡疑"被调包"：纪检部门已介入调查

（导语）8月5日，一篇《河南四家长质疑考生答题卡被调包，纪委介入检察官实名举报》的自媒体推送，引发了网友的热议。4名学生家长表示，孩子今年的高考成绩与预估的分数严重不符，他们怀疑孩子的答题卡"被调包"。

（画面）公众号文章截图

（解说）记者梳理公众号发布的文章发现，四名考生均称高考估分与查询成绩相差太大。其中查看了答题卡的3人，均称答题卡不是自己所答。由此，4名学生家长希望公开自己孩子的高考试卷信息。

（画面）家长苏先生接受采访，博文截图

（现场采访）**家长苏先生**：（事情发生后）我向多个部门反映并取得了一些材料，在这个过程中，我又遇到了其他3名也认为成绩差距太大的家长。7月22日，我在博客中发布了一篇关于这件事的文章。

（画面）三个孩子的答题卡

（解说）在家长苏先生向多个部门反映后，三个孩子都得以查看了自己的答题卡，他们均称答题卡不是自己所答。

（同期声）**苏先生**：我女儿在看了她的答题卡之后，坚持说那张答题卡不是她自己答的，现在已经在做笔迹鉴定了。

（画面）余小芳4张答题卡

（解说）据悉，记者在查阅了另一学生余小芳答题卡后也发现，四科有四个不同的考号，且条形码粗细不一样。

（画面）河南省教育厅官方通报截图

（解说）8月6日晚，河南省教育厅发布了一则官方通报。称针对“个别考生家长质疑考生答题卡被调包”一事，纪检监察部门正在调查，结果将及时公布。①

四、消息类新闻节目的编排方式

消息类新闻节目由多条消息构成，媒体编辑部需根据新闻价值的大小、新闻内容以及观众观看习惯等因素将多条消息进行优化组合，由此形成一个完整的合乎逻辑的消息类新闻节目，以实现新闻报道的目的。因此，合理的新闻编排对消息类新闻节目有着重要的作用，能够使节目具有合理性和流畅性。

（一）依据新闻价值编排

在消息类新闻节目进行编排时，编辑最先考虑的是一条新闻是否具备新闻价值以及新闻价值的大小。编辑根据新闻价值的判断标准，淘汰没有价值或价值不大的新

① 中央广播电视总台新闻频道《东方时空》2018年8月7日播出节目。

闻,保留新闻价值较大的新闻。

同时,新闻价值的大小不是一成不变的,它是随着新闻事件的发展变化而变化的。在进行消息类新闻节目编排时,还应通过恰当的排列组合,使每条新闻的价值能够得到最大化体现,进而使整个新闻节目的价值得到体现。

(二)依据节目方针编排

不同的电视台、频道,不同的新闻节目,其编辑方针、节目宗旨和受众定位各不相同。因此,在进行消息类新闻节目的编排时,应充分考虑节目的方针和受众,有针对性地进行编排,满足不同受众的多元化需求。新闻节目是党的新闻事业的一个重要组成部分,是党和政府的喉舌,在编排时须有全局观念,及时准确地宣传和正确解读国家的路线、方针和政策,反映群众的愿望和呼声,切实做到"上传下达"和"下情上达"。在深入了解新闻题材和内容的前提下,深入挖掘新闻事件中蕴含的新闻价值,梳理消息类节目,合理编排、精心编排,确保消息类新闻节目符合全局要求,以收到预期的宣传效果。比如中央广播电视总台的《新闻联播》在编排时遵循先国内、后国际,先硬新闻、后软新闻的原则。节目开始一般先播放国内的时政新闻、经济新闻,而后播放民生、文化等领域的新闻,国际新闻一般放在最后,以简讯形式呈现。

(三)依据重要性原则编排

在编排消息类新闻节目时,编辑可精选头条新闻,体现一定时期的报道重点,突出新闻的舆论引导功能;根据事件的重要性,安排播出次序。在一定程度上,改变先国内、后国外的固定模式。头条新闻是当天最重要、最精彩的新闻,有着"先声夺人"的优势。在精选头条新闻后,节目组可调动受众的兴奋点,利用峰谷效应,在各新闻段的第一条,安排新闻价值较强的新闻,以吸引受众的注意力。节目结尾处,可安排一则人情味浓厚的社会、文体新闻,激发受众的兴趣。

(四)优化组合的编排方式

在消息类电视新闻编排中,要注意优化编排的原则。优化编排不仅要区分国内新闻、国际新闻等版块式结构,更要通过相互关联和补充,使新闻在有限的时间内承载更大的信息量,提升受众的收视愉悦感。具体来说,可以将相关内容的新闻进行分类组合,打包成一组具有相关性的信息整体,加大信息量,形成一定的舆论声势,提升宣传效果。在编排组合时,可以采用同类组合、对比组合和配套组合几种方式。

同类组合是将同类题材或内容相近、有一定内在联系的稿件排列组合在一起。如相同的主题、相同的报道对象等,形成整体的播出效果。例如,中央广播电视总台《新闻直播间》的国内新闻报道将"五一"期间,福州景区有序开放、北京延庆奥林匹克园区正式开园、全国公路出行客车流量减少等新闻编排在一起播出，全面报道国内“五一”假期的整体情况。

对比组合是把两篇或两类具有对比性的稿件顺序编排，激发受众的思考和比较，以便显示差异、解释矛盾。对比编排法中比较常见的内容有是非对比、今昔对比、内外对比等。

配套组合是将同一主题的新闻与评论配套起来，即在新闻之后配发短评、编后等资料。在这种组合方式中，新闻可以向受众传递事实，而评论则可以向受众传递意见。与消息相比，评论观点鲜明，能够起到强化新闻事实、突显新闻主体的作用。

第四节　专题类新闻节目的制作与播出

专题类新闻节目，又称电视新闻深度报道节目，是针对一个时期内社会、政治、经济生活中重要的新闻事件，在内容上能对某一主题作较全面、详尽、深入的反映，在形式上可以综合运用电视各种表现手法，按一定周期和专栏播出的节目。它是消息类新闻节目的延伸、扩充，是较为详尽、全面的报道，以中央广播电视总台的《新闻调查》和《焦点访谈》为代表。

一、专题类新闻节目的特点

（一）采用调查方式，突出纪实性

专题类新闻节目一般具有专门的主题，每期节目只对一项内容进行深度挖掘和分析。记者采用调查的方式，在调查中发现问题；随着记者采访的深入，真相被层层剥开。中央广播电视总台的《新闻调查》《每周质量报告》《焦点访谈》均采用记者调查采访的形式，探寻事实真相。纪实性是专题类新闻节目最典型的特征之一。电视的“再现”功能也有利于节目采用纪实的手法去进行展现。因此，电视媒介的深度报道节目是将真实的生活展现在受众面前，增强报道的可信度，在此基础之上向受众展示事件的发展和意义。可以说，纪实性是电视新闻深度报道节目的本质特征。

（二）强调深度报道，突出思辨性

思辨性是专题类新闻节目与消息类新闻节目最为显著的区别。消息类新闻节目的目的是向受众呈现基本事实；而专题类新闻节目不仅要向受众呈现基本事实，更要通过事实去透析事件的本质及发展趋势，将新闻背后的东西呈现在受众面前，在此基

础上引发受众的思考,使之能够领悟新闻背后深刻的道理。因此,思辨性是专题类新闻节目必不可少的。

(三)表现形式多样,叙事结构故事化

专题类新闻节目制作周期相对较长,在制作过程中,编辑尽力运用多种体裁和表现手段。在节目形态上,专题类新闻包括专题新闻、专题报道、新闻访谈等。专题类新闻节目的时间较长,为了在较长的时间里吸引受众的注意力,于叙事结构方面需凸显故事性。从结构上看,此类节目既可以先设置悬念再给出答案,又可以亮明观点后进行分析;从形态上看,此类节目既可以运用专家的分析,又可以展现记者的调查。总之,只要能够有效地揭示事件的原因本质,吸引受众观看思考,节目可以运用多样化表现手法。

二、专题类新闻节目的选题原则

专题类新闻节目颇能显示媒体实力,它常常带给受众思考和启示,引起较大的社会反响。电视新闻深度报道节目选题非常重要,一个好的选题是节目成功的基础,选题的质量直接关系到节目的品质。在媒体竞争如此激烈、受众品位不断提升的今天,做好专题类新闻节目,尤其是电视新闻深度报道节目的选题至关重要。

(一)重要性

专题类新闻节目的选题应是社会影响力较大、受到群众广泛关注的新闻事件。节目立足于重大新闻展开调查和分析,对事实进行深入挖掘,以充分的事实材料向受众阐明事件的起因、经过和结果,引导受众进行积极的思考。例如,《新闻调查》2021 年 1 月 30 日播出的《孙小果的复活与覆灭》,关注的是被判死刑的孙小果“复活”再作恶,这一案件曾引发全国关注。节目采访了专案组成员、孙小果的母亲和继父,以及帮助孙小果“复活”的诸多涉案人员,大量幕后情节被披露,案件来龙去脉被还原。2015 年 1 月 10 日播出的《十八年后的无罪判决》,关注的是社会公众普遍关心的呼格吉勒图杀人重审一案。1996 年,呼格吉勒图被以故意杀人罪、流氓罪判处死刑,而 18 年后,一封再审判决书宣告呼格吉勒图无罪。再审依据什么推翻了当年的判决?当年的判决错在哪里?为什么一起事实不清、证据不足的案件,当年却一路绿灯,通过了公检法三个部门,最终导致一个本不应该有的判决生效?这些百姓普遍关心的问题,在节目中都一一得到解答。

(二)典型性

专题类新闻节目选取的题材应该是百姓普遍关心或关注的事件,具有一定的典型

性和代表性。节目通过抽丝剥茧的分析,帮助观众把握社会和时代的脉搏;节目应当把具有典型性和代表性的社会问题揭示出来,引领社会变革。例如,《新闻调查》2021年11月27日播出的《反诈》,关注的是电信网络诈骗案件。很多从缅北回国自首的诈骗团伙人员在各类平台上讲述自己的缅北往事,那些藏匿于境外的诈骗窝点隐隐浮现,与之相对应的是电信网络诈骗案件在国内持续高发,成为社会顽疾之一。电信网络诈骗往往给受害人带来巨大的经济损失,但追赃返现一直以来都困难重重。反诈是一场持久战,除了依靠基层反诈民警及时干预外,新闻节目的报道也在提醒民众提高反诈意识,避免上当受骗。

(三)新颖性

专题类新闻节目的选题应该具备新颖性,叙述和评论都应精彩、吸引人。深度报道选取的社会重大、典型事件即便不具有独家性,也可以通过独家的思路和评述角度给人以与众不同的感觉,通过提出新观点、新见解,让受众感受事件的不同角度,给受众带来不一样的思考和感悟。《新闻调查》2014年9月20日播出的《高墙里的官员们》关注了因贪腐等罪行而被关押在广东阳江监狱中的官员这个特殊群体。他们曾经身居高位,是主政一方的公务人员,却因贪腐成为一介囚徒。高墙之下、电网之内,他们过着怎样的生活,是否拥有往日的特权?节目不是按照常态关注官员腐败问题,而是从较为新颖的犯罪官员的监狱生活着手,这种新奇的思路赢得了观众的好评。

三、专题类新闻节目的结构安排

除了选择合适的选题,流畅的节目结构也是做好专题类新闻节目必不可少的环节。其中,注重结构与手法是做好专题类新闻节目的关键之一。

专题类新闻节目的结构是指节目的谋篇布局,是通过交代事实揭示报道主题,展开分析论证,引发受众思考的过程。一般来说,专题类新闻节目,尤其是电视新闻深度报道节目常用的结构主要有以下4种。

(一)时间顺序结构

这种结构以时间的先后为线索,按照事件发生的前后顺序组织材料。先发生的先交代,后发生的后呈现,以时间这条线索将事实材料串联起来展现给受众,循序渐进、脉络清晰,是一种单一线索的结构,便于受众理解。《新闻调查》2016年2月6日播出的《36天生死救援》报道了山东省平邑县玉荣石膏矿坍塌后,29名作业人员被困在井下200多米深处,在随后的36天中,社会各方力量如何展开生死救援,最终使15名矿工获救的经过。节目按照时间顺序的结构安排内容,将营救人员争分夺秒、全力以赴的精神体现得淋漓尽致。

(二)认知顺序结构

这种结构也呈现出单一线索的状态，这一线索就是受众认识和理解事物的思路。一般来说，受众对事物的认识是由浅入深、由表及里的。因此，在制作专题类新闻节目时，编辑也应该遵循由易到难、由表象到本质的过程，通过事实的不断深化，逐渐揭示出事件的本质。例如，在 2009 年 8 月 17 日《新闻调查》播出的《网瘾之戒》中，根据受众的认识，制作者先是通过展现大量事实来揭示青少年如何戒除网瘾，这种戒除网瘾的方法是否科学合理。在展示这些表象的过程中，循序渐进地渗入“家庭”的理念，探讨家庭的教育、家长的态度和戒除网瘾之间的联系。在节目最后，制作者将青少年染上网瘾与家庭关爱和教育的缺失巧妙地联系在一起，引发了受众对事实本质的持续性思考。

(三)线索交叉结构

这种结构不再以单一线索呈现，而是在节目中呈现两条或两条以上的线索，这些线索相互关联，并按照一定的逻辑关系交织组合在一起，共同推动事件的发展。这种结构可能会打破正常的时间顺序或认知顺序，以线索之间的某种联系使之相互交织。例如，2015 年 3 月 21 日《新闻调查》播出的《被拐卖的缅甸新娘》，关注了近年来被拐卖到中国的缅甸新娘。是什么人买了她们？她们过着怎样的生活？节目按照逻辑顺序将几名被拐卖妇女的故事融入一个报道主题之中。

(四)版块式结构

这种结构的节目中一般有几大版块，这几大版块相对独立，但又共同表现和强化同一主题，起到一种集合的效应。与线索交叉结构的不同之处在于，每个版块内部相对独立，有自己的线索。节目按照各版块内部的线索展开，几个版块又相互交融在一起。例如，《新闻调查》2015 年 5 月 2 日的节目《我是创客》就介绍了一群热衷于创意、设计和制造的新新人类。节目以三个创客的创意和生活为线索，各自形成较为独立的版块，而版块之间又相互融合，展现了相同的主题，即创客为自己，也为社会和全体人类去创造一种更美好的生活的愿望。

四、专题类新闻节目的叙事手法

除了选择合适的叙事结构，专题类新闻节目还应该注意叙事手法的运用，即如何组织和展现新闻事实，如何展开分析论述。好的叙事手法可以使节目环环相扣、层层推进，更好地吸引受众，达到最佳传播效果。在一般节目中，常用的叙事手法有设置悬念和细节刻画等。

（一）设置悬念

在节目创作中合理地设置悬念，随着节目的深入逐步揭开悬念，给出问题的答案，这是专题类新闻节目吸引受众的常用手法之一。通过设置悬念，节目有效地吸引了受众的注意力，增强了节目的表现力，从而更好地展现节目内涵，引发受众的思考。例如，《新闻调查》2006年4月播出的《一只猫的非常死亡》，在节目一开始便设置了吸引人的悬念：网络上出现虐猫事件，激起广大网友的愤慨。一只猫死去了，虐猫者的动机是什么？图片、视频的作者是谁？当事人在网上刊登出检讨书，之后便消失在网络中，他们为什么参与这件事，他们又是怎样的人？带着这些悬念，记者接近并展开了事实的真相，引发了受众的深入思考。

（二）细节刻画

俗话说“细微之处见真知”，这是指人们往往能够通过细微的事件体察出事物的本质。在媒体传播中也是一样的道理，通过画面和语言的细节可以透视出事件的本质。因此，细节的刻画在专题类新闻节目中较为常用，其往往成为节目的亮点，也由此展示出节目的主题。

五、《新闻调查》案例分析

《新闻调查》是中央广播电视总台的一档深度调查类节目，每期时长45分钟，在大众中有着广泛的影响。自1996年开播至今，《新闻调查》以记者的调查行为为表现手段，以探寻事实真相为基本内容，以做真正的调查性报道为追求目标，节目具有崇尚理性、平衡和深入的精神气质。在中国社会发生重大变革的时候，《新闻调查》注重研究真问题、探索新表达，以记者调查采访的形式，探寻事实真相，为推动社会和谐进步发挥着浸润式作用。

《新闻调查》的节目制作，从立项到完成，一般有7个步骤：选题遴选—选题申报—前期调查与拍摄—后期制作—样片送审—节目播出—总结评价。

每周一、周四栏目组定期召开选题会，栏目组成员提交选题到选题会讨论。经制片人认可后，编辑按照节目规定的统一格式撰写选题报告，交制片人审阅，然后呈送分管台领导审批。批复后的选题报告是制片人安排拍摄任务、编导选择题材的依据。《新闻调查》选题遴选的标准有3个：第一是调查性，第二是故事性，第三是命运感。一方面调查性指事件与公众的利益密切相关，观众十分关注；另一方面调查性还特指选题具有调查空间，必须有等待揭示的真相。

为保证节目的真实与深入，立项的选题在摄制组进行前期拍摄之前，往往要先进行调查，弄清事情的来龙去脉，确定哪些人可以在镜头前接受采访，选择调查方式和路径等。

开机拍摄前，摄制组应召开会议，就策划案进行充分沟通，就调查重点、影像化方案和可能遇到的问题等做好预案。经前期调查与拍摄后，摄制组赴新闻事件发生地进行拍摄、采访。

后期制作：后期剪辑是成片的关键环节。编导需要组织起画面、声音和语言等元素，重建事件的逻辑、展现调查的过程、突出调查重点。

第五节　评论类新闻节目的制作与播出

在融媒体时代，人们对媒体的要求不仅仅是传播信息，更要解读信息，媒体不仅要告诉人们“是什么”，还要依据事实告诉人们“怎么看”甚至是“如何做”，要帮助人们寻找到目标和方向。因此，媒体的评论功能越发重要。

评论类新闻节目是将新闻评论的体裁与电视的视听语言相结合，综合运用声音、画面等手段，对重大新闻事件、社会问题进行分析与判断，并发表意见的一种节目形式。评论类新闻节目具有强烈的思辨性和时效性。在融媒体的背景下，评论类新闻节目综合运用视频、音频和图文等多种评论样态，通过电视、网站、微博、微信以及新闻客户端，立体化、多维度地传播中国声音，表达中国立场，阐明中国态度。

一、评论类新闻节目的特点

评论类新闻节目具备新闻评论一些共同的特征，即新闻性、社会性、政论性和指导性等。它要针对新闻事实、社会热点展开评论，进行有理有据的分析，起到引导舆论、服务社会的重要作用。

（一）平民化视角

所谓平民化视角，是指评论类新闻节目在内容上应该做到贴近群众、贴近生活、贴近实际，选择百姓关心的现实问题。

在媒体实践操作中，要做到平民化视角，应该从以下几点着手。首先，选题视角的平民化。评论类新闻节目的选题应该严格从受众的立场出发，在确定评论主题时要考虑民情、民意，选择百姓生活中亟待解决、具有现实意义的问题。对于一些具有宏观意义的大选题，新闻工作者应该将其微观化，将之与百姓的生活实际联系起来。其次，论述方式的平民化。今天的受众已经不再是应声倒地的“靶子”，他们不需要媒体的“灌输”和“教导”，评论类新闻节目的论述方式也应该随之变化。评论类新闻节目在论述中应该秉承以受众为中心的原则，与受众贴心交流，站在百姓的角度说话，而不是高高在上，不可一世。最后，语言表达的平民化。这主要体现在节目中要注意语言的通俗易懂，要用百姓喜闻乐见的语言和方式展开评论。

（二）个性化评述

个性化评述主要是指评论类新闻节目具有独特的传播内容或传播形式，形成了一种不同于其他节目的特色。

随着社会信息交流渠道的增多，社会竞争越来越激烈，媒体通过独家新闻扬名立万的时代已经一去不复返。然而，他们可以通过个性化评论立足甚至是扬名，例如中央广播电视总台的《对话》《新闻 1＋1》，凤凰卫视的《锵锵三人行》《有报天天读》等，都是通过鲜明的个性化评述而被受众所喜爱的。

评论类新闻节目形成个性化评述的重要一环是主持人或嘉宾的个人特色。主持人或嘉宾的个性魅力在其进行评述时会充分地体现在节目之中，并且逐渐和节目风格融为一体，使整个节目形成自身的特色，并成为吸引受众的重要砝码。

例如，《新闻 1＋1》栏目评论员白岩松在主持《这个“绿色”不环保》一期节目时，在节目的一开始就开玩笑似的谈道：“在进演播室之前，我究竟是戴一条红色的领带还是戴一条绿色的领带，我犹豫了一下。最后我还是选择要戴一条绿色的领带。戴了绿色的领带之后我心里又有点含糊，会不会有很多观众朋友认为我是一个不太好的主持人，跟戴红领带的主持人比起来我比较差。当然，这只是一段开玩笑的话，我是故意戴上绿色领带的。戴上这条领带其实是特别想跟西安一所小学刚开学、刚上小学一年级就戴了绿领巾的孩子们说上两句话，白叔叔和你们一样都戴过绿色的领巾，但是不意味着咱不好。咱们相当棒，非常好，跟戴红领巾的孩子一样棒。当然了，你们比白叔叔还棒。”这种轻松幽默的话语点出了事件的本质，这也是《新闻 1＋1》栏目受到观众欢迎的重要原因之一。

（三）多元化主体

多元化主体主要是指评论类新闻节目中评论主体的多元化。一般情况下，节目中既有主持人、记者对新闻事实进行基本的评论，又有当事人、专家学者、群众等各方主体从不同的视角和领域进行分析评述，这使得评论节目中的观点更具专业性，视角更具广阔性，是一种符合电视媒介特点的传播方式。

二、评论类新闻节目的形式

从目前的媒体发展现状来看，评论类新闻节目的形式主要有两大类：一类是新闻述评类节目，一类是谈话类节目。

（一）新闻述评类节目

新闻述评类节目是将新闻基本事实的报道与基于新闻事实的评论相结合的一种传播方式。它将叙述与评论融为一体，夹叙夹议，是现在较为流行的一种评论节目形式。

在节目结构安排上，新闻述评类节目一般以演播室中主持人或评论员的叙述、介绍为由头，配以相关内容的画面和同期声；节目结尾处往往回到演播室，以主持人对事件的总结点评收尾。例如，《焦点访谈》往往采用一事一议的节目模式，针对社会中"政府重视、群众关心、普遍存在"的问题进行探讨，提出问题、分析问题，将叙述与议论有机地结合起来，大大提升了节目受欢迎的程度。

（二）谈话类节目

谈话类节目是以电视为媒介平台，通过人与人之间的交谈来完成新闻事实和思想观点传递的节目形式。在这类节目中，"交流"贯穿节目的始终，给人一种亲切、自然的感受，同时在一定程度上也避免了单向传输的不足。

在谈话类节目的结构安排上，一般是针对热点的新闻事件、人物或现象展开讨论。讨论在节目主持人和节目嘉宾之间展开，一些节目中受众（场内或场外）也参与其中，集思广益，形成一种良性的互动。

三、评论类新闻节目的写作原则

电视是以视听方式传达信息的媒体，新闻评论写作总体上要遵循评论过程中的视听发展逻辑。文字写作是受到听觉和视觉制约的，但是画面绘声绘色地再现了新闻事实的过程，让观众看到了"此时此刻、此情此景"，因此，电视评论比报纸、广播评论中讲出的道理更直接、更生动、更有冲击力。一般来说，观众来看评论类新闻节目首先是冲着新闻事实来的，他们不会抱着听评论、分析问题的心态而来，这是"看热闹"的阶段。在这个阶段，新闻事实的普遍性和典型性非常重要，而这样的新闻事实要通过"故事化"的画面和声音来吸引观众。然后，他们才可能渐渐进入"看门道"的境界，接受评论者的理性分析和问题结论，甚至参与对问题的思考和讨论。这样，评论性语言、故事化讲述和事实画面、采访同期声的有机结合，才可能收到挖掘新闻事实背后的东西、强化评论主题、增强评论说服力的巨大效果。

(一)述评结合，寓观点于事实之中

评论类新闻节目以新闻事实作为基础，强调客观性，这是不容置疑的。从新闻信息的传播深入下去，电视新闻评论写作突出的特点是要彰显鲜明的观点，即表现出鲜明的说理性。与一般电视新闻报道和新闻专题不同，电视新闻评论节目要突出播出者(播音员或者主持人)自己的独特声音和看法，即“他”具有直接发言的功能，有自己的理念和倾向；“他”不是只播出新闻事实，更重要的是要对新闻说“是”或“不”。为了达到表达自己看法的目的，这类节目就需要更多、更强的说理性。它要对新闻事实进行来龙去脉的分析，用自己的观点进行论证说理，表明自己的态度和立场，为新闻事实定性。新闻评论写作所要达到的目的，正是建立在这样的层层推进、条分缕析、表达观点的基础之上的。

论点揭示事物的本质，论据充分，逻辑性强，论证过程一针见血、直指要害。这样的立论三要素，是任何电视新闻评论写作都要认真考虑的，也是电视新闻评论节目说理性的表现形态，是其文体的特殊性。如果这三要素不完备，电视新闻评论写作就无法达到理性的高度，无法揭示事物的本质。我们经常看到有的新闻评论节目偏于叙事，没有论点，评论者在这样的叙事中是缺席的，并没有提出自己的观点和看法。有的评论类新闻节目重图像轻语言，新闻评论的写作逻辑比较混乱，镜头语言缺乏明确的指向性，给人以杂乱感；有的评论只有论点、论据，而没有强有力的论证过程；有的节目论据不充分，论证不实在。在优秀的电视新闻评论写作中，论点、论据、论证三要素是相互依靠、相互作用并完整组合的。

在安排立论三要素时，首先，要从新闻事实中找到评论的切入点，从这个切入点深入新闻事实的内部，挖掘主题思想，确立中心论点，从中找出带有普遍性、典型性的东西。论点是否有力、立意是否深刻，决定了一个评论类新闻节目的成败。其次，要有充分的论据。电视新闻评论节目的论据要依靠声音和图像，要以真实的事实作为播出基础，作为论点的出发点。这样的论据要让群众能够听到、看到，眼见为实，“用事实说话”，这是新闻评论产生说服力的前提和保证。最后，要有严密的论证过程，论点和论据要有机地结合起来。论证的方法多种多样，如类比论证、举例论证、引用论证等。

(二)多元表达，准确鲜明

评论类新闻节目的文体风格具有浓厚的逻辑性和理性思辨色彩。从内容发展上说，逻辑性应该是节目的中心，它决定了节目语言必须准确和鲜明。评论类新闻节目题材多样，常常会涉及方针政策、法律法规、科学发展之类的话题，这就更要求准确性

与鲜明性。所谓准确性，就是要准确地抓住新闻事实的特征，描述新闻事实的来龙去脉，不然就会让观众产生歧义，甚至不同意节目所论述的观点。在使用概念时，一定要概念精确，在下判断时要能够简明扼要且恰当地表达论点。所谓鲜明性，就是做到表达的主题鲜明，论点突出，思辨清晰，说理明确，不能含含糊糊、模棱两可。

（三）大众话语，通俗易懂

评论类新闻节目的语言不应该是书面语，而必须是大众化口语，是谈话语体。它不能像报纸评论那样阐述道理、论说观点，不能以说教的方式出现，而要配合声音和图像的变动，针对受众的视听过程，讲究语言的生动性和通俗性，否则受众就可能听不懂。生动性和通俗性，就是语言要形象化和具体化，句式富于变化，语调亲切感人，适当用一些文学性描述语言来推进理性的思辨，阐述抽象的道理，或者用语诙谐、涉笔成趣，用通俗的话语说出严肃的评论。

（四）富有强烈的感情色彩

评论类新闻节目，几乎都是涉及现实生活或者历史事件的重大题材，社会意义往往比较重大，所以观点表达要尽可能地爱憎分明、倾向性强。评论类新闻节目的文体风格具有思辨色彩，而“思”与“辨”都需要以感情作为依托。评论者对所评论的新闻事件充满“爱”“支持”或“恨”“反对”的感情，做到言为心声、语为情感，这样才能让受众在情绪上得到感染，在心理上作出认同。

课后习题

1.我国电视新闻节目都有哪些类型？

2.简述新闻类节目制作的基本原则。

3.面对一则批评性报道，当采访对象愿意接受采访，当面采访、电话采访或网络采访这三种访问形式，你会选择哪一种？为什么？

第三章 谈话类节目制作

第一节 谈话类节目的概念与类型

一、谈话类节目的概念

(一)谈话类节目的起源与发展

谈话类节目是最常见的电视节目形式之一,其最早出现在美国广播电视中,是一种以“谈话”为主的节目形式,由主持人、嘉宾、观众在谈话现场一起讨论社会时政、个人情感、行业发展等话题。谈话类节目,通过主持人与嘉宾以“问答”的方式,来推动节目进程,并借助电视媒介将其表现出来。谈话类节目的制作,涉及导播的镜头切换与调度、舞台美术设计、谈话类节目的文案撰写与策划等多个方面。谈话类节目,因其所具有的强大感染力以及纪实性、针对性、互动性等特点,一进入中国,便迅速掀起一股热潮,是当今社会最为热门的电视节目形式之一。

谈话类节目最早起源于美国,英文为“talk show”,港台地区将其译为“脱口秀”。在美国,电视谈话类节目(图 3-1)早期是由广播“脱口秀”演变而来的,并且最早一批美国电视谈话类节目主持人,所沿用的仍然是广播“脱口秀”的风格。一般认为,20 世纪 50 年代的美国电视节目《今夜》,开启了电视谈话类节目的先河。电视谈话类节目的早期风格,偏向于新闻时政类,以热门的社会事件为中心进行讨论。在谈话风格上,讲究严肃性和专业性,其节目嘉宾多是来自各个行业的专家、学者或政府工作人员,因而也具有一定的权威性。随着商业电视的逐渐发展,电视谈话类节目呈现出百花齐放、百家争鸣的发展态势。根据传播内容、传播角度、节目流程,电视谈话类节目可以分为新闻时政类、情感交流类、综艺娱乐类和行业服务类等类型。

图 3-1 《吉米今夜秀》

中国的电视谈话类节目发展较晚，最早的可以追溯到 1993 年的《东方直播室》，该节目与之前的电视节目最大的不同在于加入了现场观众，增加了主持人与现场观众的互动，但其表现方式仍然是十分传统的广播谈话形式。1996 年，中央电视台播出的《实话实说》取得巨大成功，是电视谈话类节目发展的重要节点，标志着中国的电视谈话类节目开始进入高速发展阶段。中央电视台的《实话实说》首次采用了欧美"talk show"的表现风格，制作流程也参照了欧美"talk show"的制作模式，包括对导播、灯光、舞台设计等多个方面的制作，其一开播便引发了巨大关注，吸引了大量观众。《实话实说》的成功，具有极大的示范效应，随后，中国电视谈话类节目便如雨后春笋般不断地涌现出来，如中央电视台的《面对面》、凤凰卫视的《鲁豫有约》、安徽卫视的《非常静距离》等。现如今，随着网络科学技术的迅速发展、网络视频平台的壮大，谈话类节目也以一种新的形式在网络平台上展现出新的生命力。

电视谈话类节目是现代电视独有的节目形式，相比传统的传播方式，电视谈话类节目具有更强的纪实性和现场感。电视的音像同步性，把单一的话题讨论，以更加立体的方式表达出来，突破了传统图文传播对社会事件的呈现。电视谈话类节目是现代社会发展的必然产物，一方面，在迅速发展的现代社会中，它是人们精神欲求的集中体现；另一方面，它是电视业的一种新的经济单元。电视谈话类节目，以电视传播为媒介，将人们对当下社会生活的种种思考，立体、真实地展现了出来。电视谈话类节目不单单是在展示主持人问什么、嘉宾说什么，主持人之所问，恰恰是观众之所想，而嘉宾之所答，又恰恰反映了某一群体的态度，其在本质上时刻体现着当今社会发展的各种矛盾，从百姓的衣食住行到国家政治经济单元，无不一一对应。

另外，随着社会文化的多元化发展，观众对传统的、单项的传播形式日益失去兴趣。观众越来越想看到不一样的生活模式，越来越想听到来自世界各地的声音，由此，以交流性强、多元化、时效性为特征的电视谈话类节目成为当下电视节目的热潮。电视谈话类节目满足了人们的好奇心、求知欲。电视谈话类节目将原本人与人之间私密的、狭小的交流空间扩大化，形成了一种公共空间。在这个扩大化公共空间里，有来自世界各地的人，相互分享着发生在世界各地的奇闻趣事。电视机前的观众，在聆听主持人和嘉宾谈话的过程中，会因为某一个观点而产生强烈的精神共鸣，这种强烈的精神共鸣便是观众的直接精神反馈，也是电视谈话类节目所追求的效果。

如今，随着广播技术和网络技术的不断发展，随着人民生活水平的不断提高和对文化多样性需求的增加，谈话类节目的竞争也愈加激烈，花样百出。电视谈话类节目是现代电视的产物，而如今的手机、计算机等智能产品的应用和发展，远超电视。电视谈话类节目要想在激烈的竞争中脱颖而出，便不得不突破旧的节目模式，立足于自己的根本属性，利用好新的传播手段，守正创新，不断增加自己的特色，将自身所具有的特征最大化地表现出来，提高核心竞争力。

（二）谈话类节目的特征

1.互动性

谈话类节目具有互动性特点。电视谈话类节目由主持人、嘉宾和现场观众三个要素组成。① 主持人根据谈话节目的话题，对嘉宾提出相应的问题，由嘉宾来进行回答。在主持人与嘉宾的“问答”过程中，谈话现场内外的观众可以特定的形式参与互动，常见的互动形式有“现场观众提问”和“场外观众热线”两种。谈话类节目丰富的互动形式，大大增加了谈话现场内外观众的参与感和现场感，充满互动性。

2.纪实性

谈话类节目具有纪实性特点。谈话类节目的纪实性，主要表现在现场嘉宾和现场观众都是直接的谈话参与者；主持人、嘉宾、现场观众共同完成了整个节目的录制。另外，主持人在与嘉宾进行“问答”的过程中，主持人所提出的问题，往往是备受关注的社会问题，问出了“观众所想”；观众不仅可以关注主持人和嘉宾“怎么说”，还可以通过谈话类节目丰富的互动形式，参与谈话现场的讨论，实现了“我来说”“听我说”。

3.时效性、新闻性

谈话类节目具有时效性、新闻性特点。谈话类节目的选题，往往紧跟社会时事，注重信息传播的同步性，其所展开的谈话方向，也常常是备受关注的新闻热点，以某一新闻事件或某个新闻人物为出发点，围绕着政治、商业、娱乐等展开细致讨论，具有强烈的新闻性和时效性。

---

① 张嚣.论电视节目主持人的有效沟通能力：以电视谈话类节目为例[J].新闻界，2011(7)：48-50.

(三)谈话类节目的构成

1.话题

谈话类节目的重点在“谈话”。选择一个大众喜闻乐见的话题,是谈话类节目成功的关键。谈话类节目所选择的话题,一方面,必须与当下社会时事同步,既要选择能激发观众好奇心、求知欲的话题,又要保证所选择的话题具有普及性、同步性;另一方面,谈话类节目选择的话题,要符合社会主义核心价值观,具有正能量,守护好意识形态阵地,立足于社会实践,面向广大群众。

首先,话题要有延展性。谈话类节目所选择的话题,要保证有良好的延展性,即对一个话题的讨论,不仅可以从多个角度入手,还可以将话题延展到社会的各行各业,所谓“窥一斑而知全豹”。话题的中心,不仅要精准地刺中观众的“靶心”,而且要“牵一发而动全身”。话题从一个细微的点入手,牵动谈话现场内外的观众,对话题所谈论的事件的本质进行思考;既能突出谈话类节目多向传播、众人说话的特点,又能起到寓教于乐的作用。

其次,话题要有价值。所谓话题的价值,最为基础的便是话题本身所能创造的经济价值。一个节目要想获得良好的经济收益,就要保证自身有特色,有“卖点”。对于谈话类节目来说,节目的卖点,集中体现在话题的热点上。要选择观众“喜闻乐见”的话题,紧扣当下的社会热点,保证话题不过时、有热度。话题的价值,仅着眼于其所能带来的经济价值,是远远不够的,谈话类节目所选择的话题,在注重创造经济价值的同时,更要注重“话筒”的力量,创造出能够引导观众建立正确价值观的社会价值。

2.谈话人的构成要素

对于谈话类节目来说,除了要解决“谈什么”的问题,还要解决“谁来谈”的问题。话题的选择是一部分,谈话人的选择是另一部分。选择话题的不同,其谈话人的风格和配置也不同。谈话人的构成要素主要分为主持人、嘉宾、现场观众三个部分。谈话类节目的进度,主要依靠主持人与嘉宾的对话来推动,主持人和嘉宾的选择是节目制作流程的重中之重。

主持人在谈话类节目的进程中,起着举足轻重的作用。主持人主导着整个谈话节目的进程,不仅要把控好整个谈话节目的节奏,使其张弛有度,而且要营造好谈话现场的氛围,在恰当的时间点与现场观众进行恰当的互动。主持人要时刻关注嘉宾的谈话情绪和谈话内容,既要以平和、真诚的谈话态度消除现场嘉宾的紧张感,又要机智地调整好嘉宾的谈话方向,使其不偏离主题。主持人要精准地概括话题主题,提炼出理性客观的观点。

谈话类节目的主持人,要注重平民化和专业化的有机融合。一方面,“心态在前,技巧在后”，主持人要有一个平和的心态，能够冷静地处理好各种突发事件，能调节好嘉宾和现场观众的情绪。主持人的谈话言语要紧贴人民大众，要具体地、形象地与嘉宾和现场观众进行交流，减少与嘉宾、现场观众的距离感，要让嘉宾和现场观众感受到主持人是一个能与他们平等对话，并且乐于对话的人。另一方面，主持人在注重谈话的平民化、大众化的同时，又要保持好谈话的专业性。所谓雅俗共赏，一是谈话的逻辑性要缜密，环环相扣，体现专业性；二是谈话的言语要形象，要平实具体，在“平实”中见真章，在“具体”中展特色。

谈话类节目的主持人，要做好倾听者和引导者。主持人主导着整个谈话节目的进程，在其与嘉宾的谈话过程中，通常扮演着倾听者和引导者的角色。所谓倾听者，是主持人在对嘉宾提出问题之后，一方面，要展现出认真聆听的姿态，消除嘉宾的紧张感；另一方面，在嘉宾进行回答的过程中，主持人要迅速地对嘉宾的话语进行总结、提炼，把嘉宾话语中专业的、抽象的用词，用通俗的、具体的语言传达给观众。所谓引导者，则是主持人在与嘉宾进行谈话的过程中，要控制好自己与嘉宾的谈话节奏，引导嘉宾始终围绕着话题的主题进行谈话，把控好谈话过程的节奏感和有序性。总的来说，一个好的倾听者，能够消除嘉宾的紧张感，能够精练简洁地对谈话内容进行概括，发表出理性、客观的观点；一个好的引导者，能够时刻引导嘉宾不偏离谈话主题，紧扣谈话主题，保证谈话进程的有序推进。例如，《杨澜访谈录》(图 3-2)。

图 3-2 《杨澜访谈录》

谈话类节目的嘉宾选择，要注意所选嘉宾的典型性问题。谈话类节目的嘉宾，因谈话节目的类型不同而有所不同，但无论是新闻类谈话节目，还是综艺娱乐类谈话节目，其所选择的嘉宾，都有一个共同点，即必然是某一个行业或某一个群体的典型代表。对于新闻类谈话节目和行业类谈话节目来说，嘉宾的典型性也代表了其专业领域的权威性。对于综艺娱乐类谈话节目来说，嘉宾的典型性无疑能带来更好的热度，吸引更多的观众。

3.谈话方式

第一，聊天式谈话。

聊天式谈话的主持人，谈话风格轻快随和、幽默风趣，如唠家常一般，与现场嘉宾侃侃而谈。聊天式谈话的嘉宾来自社会各行各业，覆盖面广，具有普及性。聊天式谈话的话题选择，更加偏向于生活化，谈话现场的互动氛围也十分愉悦。例如，《锵锵三人行》《圆桌派》（图 3-3）等。

图 3-3 《圆桌派》

第二，访谈式谈话。

访谈式谈话类似于个人专访。主持人往往字正腔圆、正襟危坐、严肃缜密，访谈具有很强的逻辑性和专业性。访谈式谈话的嘉宾往往是来自各个专业领域、具有代表性的杰出人物，有一定的权威性。访谈式谈话的话题，通常聚焦于社会政治经济的发展，由专家、学者或政府工作人员在主持人的引导下，对相关话题进行详细的剖析讲解。例如，《焦点访谈》《今日关注》等。

第三，辩论式谈话。

辩论式谈话，顾名思义，辩论双方围绕着话题中心展开激烈的辩论，具有观点冲突强、语言交锋激烈的特点。辩论式谈话的主持人，要对双方观点进行理性分析，表达出自己客观、中肯的观点，并对双方思想情感上的矛盾冲突进行调和。例如，《一虎一席谈》《开讲天下》等。

二、谈话类节目的类型

(一)新闻时政类谈话节目

新闻时政类谈话节目,顾名思义,是以当下最受关注的新闻事件或新闻人物为节目传播的主要内容的节目类型。[①] 新闻时政类谈话节目的主持人,需要具有扎实的专业素养和文化素养,其谈话风格往往字正腔圆、正襟危坐,谈话语言具有逻辑性、专业性的特点。新闻时政类谈话节目所选的嘉宾,往往是来自社会政治经济领域的专家、学者或政府工作人员,具有一定的权威性。

(二)综艺娱乐类谈话节目

综艺娱乐类谈话节目是常见的谈话类节目类型之一。综艺娱乐类谈话节目的嘉宾常常是具有热度的明星或娱乐圈具有代表性的人物。综艺娱乐类谈话节目主持人的谈话风格,不同于新闻时政类谈话节目主持人的正襟危坐、字正腔圆,而是偏向于用幽默风趣的话语,热情地同现场嘉宾及观众进行交流;相比其他的谈话类节目,其与观众的互动更为频繁,互动方式也更加丰富。

(三)行业服务类谈话节目

行业服务类谈话节目,是主持人和嘉宾围绕着一个行业的专题,聚焦行业的现实发展,集中展开讨论的节目类型。行业服务类谈话节目,所邀请的嘉宾是来自社会各行各业的代表性人物,嘉宾在主持人的引导下,对某一特定行业的发展态势进行分析预测,对观看节目的行业内群体建言献策,有强烈的服务性和专业性特点。行业服务类谈话节目注重运用大量的影像资料和相应的数据图表,来增强观点的说服力。

(四)情感交流类谈话节目

情感交流类谈话节目,常常聚焦于都市家庭生活和都市人的心理疾患,以对嘉宾进行感情上、心理上的疏导为目的。情感交流类谈话节目以嘉宾的人生经历和情感经历为主线,一步一步地向观众展现嘉宾的坎坷人生,以求引起观众在精神、情感上的共鸣。情感交流类谈话节目的主持人在谈话过程中,通常是客观理性的存在,不仅要时刻调整谈话嘉宾的情绪,还要对嘉宾的心理疾患和情感纠纷进行理性分析,提出客观、中肯的解决办法。

---

① 匡素萍.我国电视谈话类节目分类研究[J].新媒体研究,2016(8):116-117.

第二节　谈话类节目的制作流程

谈话类节目的制作流程将立足于各环节都涉及的策划文案展开。首先，策划文案介绍节目主题及本期的内容概要、话题背景以及节目流程，使主持人、嘉宾、摄像师等了解话题的大致内容，便于统筹安排，并进行有机配合；其次，策划文案为主持人提供语言和思路的文字支持，使谈话所涉及的问题更具体，结构上更紧凑，提高节目的观赏性。

一般来说，策划文案的撰写有以下几个要求。

一是主题明确。相较于其他文体的写作要求，谈话类节目的策划文案要有更为明确的主题来突出话题的中心思想，使现场人员能够明确各自的任务。在撰写策划文案时，编导所选取的素材要与主题密切相关，数量不宜过多；在内容上要体现节目的主旨，不能为了迎合观众而失去自身的特点。

二是结构脉络清晰。策划文案一般采取大纲的形式，以便让阅读者一目了然地看出整个节目的发展脉络，不必特意寻找环节。在直播类谈话节目中，为了不干扰主持人及嘉宾的谈话思路，形式上要特别精练，通常只写出话题的纲要即可。这种形式对文案的策划、写作提出了较高的要求。

三是口语化。谈话类节目策划文案要直接服务于谈话，这就决定了其写作语言要尽量口语化，体现出主持人的话语风格，注重语言的简洁、准确；内容要生动、流畅，便于现场人员了解话题重点。如果策划方案采用了较多的书面语或者共性化语言，那么主持人就不得不重新整理、转化成适合谈话节目和个人风格的文稿。

四是换位意识。谈话类节目的文案要特别注意各方的兴趣、爱好、心理、语言和思维习惯等，方案策划者既不能将自己的口吻强加给主持人，又不能把想法强加给观众。在设计每一个环节和准备每一个问题的时候，都要充分考虑到主持人、嘉宾和观众是否有不能说、不想说等心理。

本节将从节目的整体制作流程出发，对话题的策划、舞美设计、音乐选择及画面构思逐一进行讲解。

一、谈话类节目的策划

（一）话题定位

话题是谈话类节目的核心。在话题选择上，首先要坚持正确的价值导向，通过正确的引导使节目具有现实意义;其次要注意话题与节目时长的关系,要做到节目言之有物,比如主题为"'一赛季,一生情'某球队赛季总结"的谈话类节目,内容大概为45分钟,如果节目时长为90分钟,那么节目质量就会大幅降低;最后,话题要有"爆点",即通过感性的话题实现引发嘉宾和观众思考及共鸣的目标。

(二)话题的类型

谈话类节目以话题和内容为主,话题的类型选择直接决定了受众的范围和数量。从话题接受对象角度进行分类,话题可分为大众话题和小众话题。

大众话题是具有民众普遍的关注度与参与性,不一定需要特定的知识技能储备就可以理解的话题。例如社会时事、两性情感、教育家庭、自然环境、明星、健康等。所邀请的嘉宾与观众基本是新闻人物、公众人物或普通群众,几乎任何类型的观众都可以到场。例如《鲁豫有约》《艺术人生》《海峡两岸》《实话实说》等,话题与人们生活息息相关。

小众话题指需要受众具有相关知识储备的话题或非主流群体所感兴趣的话题。值得注意的是,小众话题未必受众就少,内容也未必晦涩难懂,例如《圆桌派》《十三邀》等节目,其通过高质量的嘉宾与内容编辑,使得话题和节目频频出圈,广受好评。涉及专业知识的部分可能不是所有观众都能理解,但观众可从这些嘉宾的分享里收获处世经验和生活道理等信息。

谈话类节目涉及的题材非常广,不管是什么题材的访谈,归根结底,关注的都是人的生活状态和精神追求。

(三)话题的选择

谈话类节目选择话题时要注意以下三点。

第一,话题选择一定要符合节目的定位。谈话类节目种类繁多,比如以人物为主题的人物类谈话节目,这类节目嘉宾以其身上的某种特性吸引大众关注,话题的选择需要紧紧围绕着嘉宾进行;嘉宾的成长、成功的道路和嘉宾光环背后平凡的生活更加吸引人。这些谈话类节目的代表有《艺术人生》和《鲁豫有约》。

第二,在不违反主流价值观的前提下,话题内容要有争议性。一个有争议性的节目能更好地吸引观众的眼球,具有争议性的话题可以为节目的精彩奠定基础。当前国内大部分的谈话类节目偏重"保险"话题,一般不轻易涉足那些具有挑战性的选题,这样的选题很难做出新意。因此,所选定的话题一定要真正体现节目的多向发展,在讨论时,可以让嘉宾和观众产生激烈的观点甚至观念碰撞,并适当设立矛盾和冲突,使节目具有戏剧性,这样观众才会产生强烈的参与感和代入感。

第三,话题一定要紧跟时代发展的步伐。新时代的谈话类节目,要找出公众关注的焦点，所谈论的内容要清楚地找到普罗大众最关注的话题，这需要谈话类节目制作者在前期工作中对话题进行深入的调研与思考。要想做出成功的谈话类节目，如果单纯模仿，或者简单地学习再模仿是不行的，而是需要真诚且深入地体察人们的生活状态，丰富话题的深度和广度，这样才能真正符合广大人民的口味，满足广大观众的精神需求。我们可以看到，谈话类节目之所以能够在西方社会长盛不衰，甚至出现了十年乃至几十年的谈话类节目常青树，其秘诀就在于该节目一直对社会公共事务和话题进行广泛关注，同时建立一个开放、理性和真实的谈话空间，这样才能在社会中形成巨大影响力。

(四)节目的舞美设计

电视栏目的舞台设计虽然不会像戏剧和影视作品一样华丽而复杂，但也是栏目策划中的重要一环，我们不能因其简单而不重视。一档节目的舞台设计会在一定程度上体现整个团队的构思与理念，优秀的舞美设计能起到给主题与内容弥补缺漏、增光添彩，甚至画龙点睛的作用。

一档节目的舞台设计通常包括舞台场景和舞台灯光的设计两部分，好的舞美设计在这两部分各自发挥作用的同时也能相辅相成。例如，灯光可以适时地突出关键主题人物或道具，合适的物品摆放位置可以在灯光的映衬下营造更佳的视觉感受与视觉记忆。而这两部分也分别包含了诸多分支，我们需要在前期设计时考虑周全，才能达到预期效果。

1.舞台场景设计

谈话类节目通常会有一个特定的主题，并围绕主题展开主持人与嘉宾、观众之间的对话与互动。舞台场景设计主要涉及对人物位置、物品位置及色彩搭配等的通盘安排。舞台场景设计要根据话题特点、对话人数、环节设置细节等适时地调整方案。

第一，人物位置。

传统的谈话类节目以单一的主题与较长的交流对话为主，因此，通常采用“坐谈”的形式，这样既不会耗费主持人过多的体力，又会给嘉宾和观众带来更加亲切的感受。在设计这种舞台时，嘉宾人数在1—3人，常会在舞台正中央以60°到75°角的两边面向观众摆放座椅，一边是主持人，一边是谈话嘉宾(图3-4)。

随着谈话节目的发展，谈话节目的形式与人数也在不断变化。例如，《柯南秀》(图3-5)，每期嘉宾人数不等，多的时候有1期6个嘉宾的情况，但座椅摆放的方式一般不会因此而发生较大改变，通过嘉宾之间的互动与主持人的个人魅力，即使主持人一对六也不会使气氛或画面变得尴尬。

在一些我们所熟悉的多人对话节目中，也可以一张巨大的桌子为中心支点，让主持人与嘉宾围坐一起，颇有一番“圆桌会谈”的架势，这样每位嘉宾都不会被忽略，观众

图 3-4 《信用中国》

图 3-5 《柯南秀·专访〈复仇者联盟 3:无限战争〉主演》

也很容易快速锁定讲话人。

除此之外,也会有请来的多位嘉宾之间在观点等方面存在一定对立或差异的情况,此时便可能改变原本相对和谐的座位关系。我们可以主持人为中线支点,让观点差异的两方嘉宾分别坐于左右两侧,左右两侧的嘉宾位置可以有一定的角度,也可以直面对方,当然要视话题观点与人物关系间的对立程度而定。例如,窦文涛在凤凰卫视主持的《锵锵三人行》(图 3-6),以窦文涛为中心,两位嘉宾对立分坐两侧,针对热门新闻事件或社会热点话题各抒己见。值得注意的是,即便有时观点会引出一些尖锐的对立,节目的主旨仍然是对事不对人;节目在和谐的关系下讨论,形成和而不同的效果。

嘉宾与嘉宾之间的位置安排需要一种设计技巧。例如,在多人对话中,我们一般会让重要的人物坐在中间的位置;可以将活跃度较高或气场较强的人往稍微外缘安排,以便其带动较为内向的嘉宾,不至于冷场。

第二,物品位置。

为了避免单调,通常会在舞台中增加桌子作为辅助支点,桌子上摆放的物品可以

图 3-6　《锵锵三人行》

是主题相关物品、人物相关物品、赞助商广告商品抑或简单的装饰品等。关于物品的选取，可以选择象征主题或对讨论话题有特殊意义的物品，赞助商的水、广告牌，抑或一些水杯、草稿纸、桌花等，防止桌子空阔、画面单调。

除了桌子上摆放的物品外，舞台其他位置如若空阔或闲置也可以增加摆放物品。例如在舞台后方侧面可以挂置物品或台前再摆放一张小桌以作为前景等。要注意，无论摆放物品与否，位置之间都要互补，且不能遮挡主要物品及人物。中央桌子上的物品摆放也以不会妨碍或遮挡到主持人、嘉宾手部动作为要。

当然，谈话类节目也包括当今流行的脱口秀，脱口秀一般为一人站在舞台中央，与观众进行"对话"的一种特殊谈话形式。此时，最重要的部分是演讲者，其他物品则未必有出现的必要。

第三，色彩搭配。

舞台上的色彩搭配包括很多方面，物品颜色、服装搭配、舞台颜色等，这些将根据主题颜色进行搭配调整。

物品颜色可以包括桌椅样式及颜色之间的关系、特定物品道具的颜色等。例如，一场谈话的主题围绕某个特殊物品展开，整体色调便可以这个物品为中心进行搭配；如果是以话题为主发散式展开，便可根据话题基调定位颜色，例如，情感交流类节目可以选择相对偏暖但不冲突刺激的颜色，轻松的聊天采访类节目可以相对自由地选择颜色。当然也有一些节目会奠定主体色调长期保持不变，以形成一种记忆风格。

主持人通常不会穿着过于鲜艳的衣服，以稍正式但偏休闲的西装为主。两者并不冲突，因西装本身较为正式，深色系尤为如此，但如果让服装整体颜色偏浅，或局部搭配一些多彩的配饰，就能让整体风格拉向轻松但又不失严肃。例如，男性主持人可以在深色西装的基础上选择一些颜色不过于刻板的衬衫以及相对花纹较多的领带，女性可以选择一套颜色较浅、温柔色系的西装搭配一件圆领。

选择一些可爱或诙谐的别针，也可以在一定程度上拉近主持人与嘉宾、主持人与观众之间的联系(如果有必要的话,也可以让嘉宾一起佩戴)。

舞台上其他部分的颜色诸如大屏幕、灯光等,可根据环节的不同而有针对性地进行调整。

2.舞台灯光设计

灯光是影视节目中必不可少的元素。有了光,摄像机才能更好地拍摄对象;有了光,画面才会有更加丰富的信息元素。

第一,基础灯光。

舞台灯光不同于影视灯光,场灯有固定的位置,在舞台上方和台下。

场灯,负责照亮全场大部分区域,属于基础照明。通常分为前、中、后三场,舞台大的可能还会向左右延伸,一般不可调节颜色。

面灯,顾名思义是要将人物的面部打亮,并赋予正常肤色。如果面灯丰富,我们也可进行更加具有层次感的面光设计,避免单调。

氛围灯,即一些可以调节颜色的彩灯和射灯,负责烘托一定的氛围效果。

当然也有部分节目会选择使用影视灯来打光,这样的好处在于可以更加精准地控制光区和塑造层次。

第二,灯光设计。

在了解了所有舞台上的灯光设备后,节目组要在彩排时根据每个环节进行灯光的预设;灯控师应熟悉节目流程并掌握情感走向,根据节奏对灯光变换进行把控。

(五)节目的音乐选择

节目的音乐选择与灯光设计有异曲同工的作用,音乐需要根据主题与嘉宾的状态进行合理的选择与平缓的切换。对于谈话类节目来说,最常用的音乐类型是舒缓、柔和的。这样既不会使话语显得枯燥,也不会影响到嘉宾与观众的情绪感受。

(六)节目的画面构思

在讲影视摄影的时候,我们会提到两个概念——机内运动和机外运动,其实就是指人物调度与机位调度。电视节目也同样如此。而所谓的剪辑,对应的就是控制室导播对画面切换的把握。

1.人物调度

在谈话类节目中通常由主持人先进行开场白。主持人或从台侧、台后走上舞台,或开场便在舞台中央站好,主持人邀请嘉宾后,主持人和嘉宾共同就座。这可以根据节目本身的类型、性质与主持人的特点进行选择。

在节目进行当中,谈话类节目的嘉宾是很少会移动的。如果有需要移动的环节,需要考虑到所有嘉宾的行动路线与视线，不能有遮挡。而在舞台重心迁移时，尽量避免前后遮挡或过于偏台等情况。

2.机位调度

电视栏目由于其一场到底的性质，会安排多机位负责不同景别、不同角度的拍摄，因此，机位的设置便有了许多需要注意的地方。

首先，互相之间不能遮挡，且尽量不要外露到镜头中去，除非特意安排，否则会使观众产生跳脱之感。其次，各个机位要顾全各个角度，景别包括全景、中景、近景，角度包括正侧及左右斜前侧，确保可以准确、及时地捕捉到嘉宾的动作与神态以及所有人之间的现场互动。

当然，在拍摄的过程中会有镜头推拉摇移跟的运动。例如，开场时可以运用推镜头让观众代入节目中；结束时则可以运用拉镜头，让观众脱离节目；对特定物品的推拉等运动也可以配合虚焦等效果来营造特殊氛围。

3.导播切换

在节目录制过程中，导播监视器将同时呈现所有机位的画面、当前屏幕画面以及备用屏幕画面。导播只有熟记各个机位的位置及职能且熟练掌握切换技巧，才能及时地对画面进行选择和切换。

切换的思路通常与影视剪辑类似。开场交代信息、展现所有人物及舞台关系等采用全景镜头；在交流对话时采用一般的中景镜头；在嘉宾有特殊感情或动作时，采用近景甚至局部特写镜头等。在一般的电视栏目中，极少会用到特写及以上的景别，避免给观众带来过于戏剧性的视觉感受。

还有值得注意的一点是，画面的切换往往体现了导播的关注点与切换思路，电视栏目的导播是团队的核心之一，导播思路及技巧体现了节目的中心思想，因此，导播想要什么画面，想要以什么样的逻辑进行切换，在一档节目中是非常具有思考价值的。

二、谈话类节目主持串词的撰写

主持串词主要是根据节目撰写或者根据现场要求制定，由主持人在现场或是节目中起到穿针引线的作用。串词是交由主持人准备和润色处理的，一般意义上串词起承上启下的作用，其中也可一窥编导和主持人的功力。串词是不是适合主持人的风格以及节目的定位，这就显得尤为重要了。可以说，主持串词是谈话类节目的“骨架”。

（一）主持串词的内容

一般来说，主持串词是根据节目的具体内容进行撰写的。在撰写主持串词时，编导要围绕已选择的话题进行编排，在形式上要根据节目对主持人数量的要求进行设计。在主持人或主讲人自我介绍的同时，也要对嘉宾进行简单的介绍，介绍内容包括但不限于嘉宾的姓名、职务、代表作品或主要事迹等。对于谈话类节目来说，主持串词一定要突出思想的深刻性，这是一台节目最终要呈现出来的精神内核。同时，串词还需要注意知识的广泛性，尤其是在资讯类访谈节目中，主持串词一定要对相关领域有较为深刻的研究和阐述，在知识的延展上也要有一定的广度。还有语言的抒情性，这在讨论类谈话节目以及人物类访谈节目的主持串词中要突出出来，要在特定时间抒情，以起到升华主题、感染观众的作用。在娱乐类访谈节目中，主持串词一定要突出趣味性，突出主要的娱乐要素和娱乐环节。

根据以上的要素进行分析，我们可以得出主持串词在内容上需要具备：主持人的自我介绍、嘉宾的简要介绍、环节与环节间的串联、一定的专业知识介绍、适当的抒情元素，以及对节目必备要素和必备环节的把控。

（二）主持串词的作用

主持串词是主持人组织、串联各个节目环节的话语，在整个节目中起承上启下的作用，是主持人穿梭于观众与节目内容之间的重要手段，也是使节目达到理想效果的有效途径。当然，主持串词还有引导嘉宾与观众进入状态的功能。

三、谈话类节目的问题拟定

谈话类节目最突出的特点是主持人对嘉宾的提问与引导。提什么样的问题、如何提问题、在什么时候提问题，都是需要提前构思好的，这与一期节目节奏的好坏息息相关，是使观众自然跟随、不产生断裂和枯燥情绪的最佳支点。

（一）问题设定的背景

谈话节目的问题拟定与主题息息相关。一般谈话节目的主题可分为两种——时事热点讨论与特定话题采访。

1.时事热点讨论

在这类主题中，主持人和嘉宾一般不会夹带过多的个人情感，通常是具有代表性观点的讨论。他们针对当下正在发生的国内外社会热点话题进行具有针对性和价值性的讨论，以此来反映当下部分人群甚至主流群众的观点与想法，以起到传播、传达作用。

这类问题设定的背景要符合当前时代的主流价值观，不能违背道德与法律原则，不能随意发言；提出的问题要经过严谨、严肃的斟酌，并对可能出现的答案负责。

2.特定话题采访

这类主题通常与近期所发生的事情有关并由此引出，但最主要的内容还是在于发掘其背后的故事，例如人物专访、情感话题等。这些事件通常具有一定的时间特性或多维特性——年代久远、多人回忆等。在这类问题的设定上，我们可以在拟定之初选定一个逻辑，按照逻辑由外到内、由表及里地提问，一步步完善话题本身的维度。

(二)问题设定的导向性

1.思维发散性

人类的思维是线性的、发散性的，我们会由点到线、由线到面地思考问题，甚至会因为一些经验逻辑和思维惯性产生跳脱的联想思维。著名的心理学名词“格式塔”便是这样一种现象的概括。由此特性我们也可得知，人无论看到、听到什么，都会对其思维方向产生一定的影响。因此，在以语言为主的谈话类节目中，问题之后的导向性更胜于问题本身。

我们希望一期节目达到什么样的效果，往往会通过问题不断地引导回答范围的走向，这与主持串词有着异曲同工之妙，皆旨在引导嘉宾说出符合主题立意的答案。为了防止嘉宾反感，我们便需要按照一定的逻辑，甚至提前预想到嘉宾的思维惯性与逻辑去进行提问，使得问答与对话的情感流露更加自然合理，不会刻意而有失偏颇。

2.情感导向性

一个好的文案策划会设身处地地考虑各个方面的问题及嘉宾的感受。不能为了目的而故意设置让人感到不适，不愿回答、不好回答的问题。不同于综艺节目本身所需要的“综艺效果”，谈话节目更注重人文情怀，注重人与人之间最自然和真诚的交流状态。所设定的问题应自然地引导出嘉宾与观众的真实情感，能引起人们的共鸣。

作为一档以“言语”为中心的电视栏目，问题的选定与回答的导向性，是文案策划本身需要预想到并做好承担相应责任的准备。以社会时事热点为主题的栏目，要注意问题是否会错误引导观众、传达错误观念、阻碍事态发展等。而针对特定话题采访的小部分人物，要注意所设定的问题是否会在节目之后给其带来社会舆论或个人心理的伤害。

3.节奏把控性

问题顺序与时间的设定与我们写文章是相似的，有“总分总”或“总分”“分总”等多种结构，谈话类节目往往采用“总分总”的形式：开场点题引出下文，随后根据问题的设置一步步发散，最后再总结并升华主题。

在开场做基本信息介绍时我们可以平稳或稍快的节奏进行，到渐入正题时，无论是嘉宾与观众情感的引导还是思考回味的过程都需要时间，因此不能图快，也不能节奏紊乱。如果嘉宾与观众产生了强烈的情感共鸣，我们可以放慢节奏进行一段“留白”，但要注意总体时间的把控，在合适的时间引出下一个问题，要注意问题与问题之间的“叠画式”衔接。

节目最后的结束环节不能操之过急、草草了之，要构建一种宏大、包容的感受承载整期嘉宾与观众的情感与思考，才能达到完美的收尾效果。正如书法的收笔，看似潇洒却暗含力道与巧思。

在谈话类节目制作中，我们要重视文案策划，只有具备优秀而充分的人文素养与人文关怀，才能使一期话题、一档节目有吸引力的同时具有价值。

四、谈话类节目文案的基础写作

谈话类节目的文案包括策划文案、导播方案、主持人台本、主持串词等。主持串词在前面已经提及，在此不再赘述。策划文案、导播方案、主持人台本在写作时要注意主题明确，结构脉络清晰，有层次感和节奏感。

策划文案有两个层次：大纲文案和详细文案。

大纲文案需要明确写出主题、嘉宾设置，以及背景资料、话语设计、流程设计、环节提示等。

详细文案相较大纲文案内容更加翔实。主题部分的文字应简洁准确，不宜使用含蓄、朦胧的抒情文字。同时，还需写出节目期数、节目内容、录制时间、播出时间、演职人员和撰写本稿的日期。在正文部分首先要详细写出节目主旨和对节目主旨的补充说明。其次是现场构成，包括本期嘉宾及简要介绍、主持人及其风格和观众人数与构成。最后是节目结构，即节目从始至终的详细流程。这一部分的特点是话题内容阐述要细致周密；引入时间概念，严格控制每一环节在节目中所占的时间；流程与环节设计要更为细致；主持人的问话设计更加具体，也更口语化，要对嘉宾的回答有一定的预判。

导播方案要列出成员名单和各成员的主要任务。第一，要给出导播对于话题理解的介绍。第二，要写出节目脚本或分镜头台本。节目脚本即整个节目流程的细化，包括主持人的开场白与结束语、主持人和嘉宾的对话、视频播放的具体时间等，这一部分可以分镜头台本的形式展现出来。分镜头台本要给出镜号、机位、景别、拍摄方法、画面内容和说明。第三，是机位布局设置和各机位具体负责的工作内容。第四，是切换依据，即根据什么来切换镜头。

主持人台本要比策划文案更有针对性。主持人台本是主持人专用的策划文案，能弥补策划总文案在具体问话设计上的不足。在写作原则上，主持人台本不能和策划文案相背离，且对设计的内容应有详略之分，例如，可以省略部分短片的介绍。在技巧上，要使用串联语让主持人在组织、串联节目各组成部分时可以即兴发挥，还可以使主持人在运用串联语时有很强的主观性、机动性、灵活性和应变性。

第三节　谈话类节目的导播

一、谈话类节目导播的基本特征

导播的工作性质十分独特。导播是一个需要深入了解节目内容、全面控制多讯道拍摄现场、精确掌握节目时间、随时调整成片面貌的特殊工作。

导播工作的主要特征是汇集精华、激发独家优势，按照整个节目的编辑意图突出节目主题，使节目更趋完整，并进一步联系节目的听觉和视觉等功能特征对谈话类节目进行精心创作。导播需要熟练掌握、灵活驾驭不同体裁的表现方法和表演艺术，合理应用逻辑思维及形象思维，并形成严谨的工作作风以及良好的责任意识。导播工作的实用性、理论性和专业性较为突出，涉及多个自然学科以及社会学科，同时存在各种可探索空间。一名合格的电视导播需要掌握各种表现艺术，通过个人的底蕴积累，提升节目的呈现效果。

谈话人是关键信息的发布者，导播在谈话类节目的工作中需要确保画面跟上谈话内容，及时将画面切到谈话人身上。在此基础上，导播也应该重点关注倾听者对谈话人具体话语内容的反应，像撇嘴、微笑、摇头以及点头等动作。动作语言是人际交流的主要信息，为此需要将场上每一个参与者的一言一行甚至某个眼神在受众面前清晰、全面地呈现出来，并通过镜头进一步拉近受众和谈话人之间的距离，使电视机前的受众产生一种和当事人以及嘉宾平等对话的感觉。

谈话类节目是由主持人邀请有关人士及受众，围绕公众普遍关注的重要问题，在平等民主气氛中展开的一种电视节目形态。相对于其他类型的节目，谈话类节目的导播更应具备掌控全局的能力，具有深厚的专业和职业素养。

（一）掌控全局

导播首先应明确其作为现场录制掌控者的角色，其工作成效直接与整场节目的效果和节奏挂钩，并通过其对导播思维的运用来呈现节目效果。在谈话类节目里，除了节目主持人、嘉宾外，还有大量现场观众。为此，如何根据演播空间的建筑结构、现场分区、现场人员的位置进行机位的合理设置以及调度，是导播掌控全局的前提。就谈话类节目的录制而言，现场往往采用倒三角的机位设计形式，必要时额外增加辅助机位。其中左方1号机及右方3号机，一般主要负责对主持人及嘉宾的画面采集，中间2号机主要负责对整个演播室的大全景拍摄。同时，可针对现场观众单独设置游动机位，即4号机，负责对观众的反应、情绪以及互动镜头进行拍摄，该方法能够充分抓取现场的氛围镜头。在此基础上，还可针对节目主持人增设5号机，5号机位通过由中景缓缓推入的方法进行拍摄，提升节目主持人的亲和力，明确其作为第一现场串联者的角色。导播通过合理的机位设计，在联系现场气氛的基础上建立切换和调播思路，在主持人、嘉宾以及现场观众之间实现对话题的跟随以及对细节的抓取。

作为节目现场录制的主导者，导播要时刻保持紧张、积极的精神状态，随时准备应对突发情况，比如机位安排的临时调换、舞台调度的临时更换、节目内容的临时变动等，都需要导播具备成熟的专业素养，来达到把控全场的效果。以机位中的游动机位为例，录制谈话类节目时，游动机位具有重要作用，其能够有效弥补固定机位的角度缺陷，使整个画面内容形式更加丰富。大部分条件下游动机位出现于舞台内，负责近距离的移动拍摄，为此需要明确游动机位的具体任务和不同位置分布，在景别、对象选择以及角度把控中需要和其他机位形成良好的镜头组合关系，避免出现穿帮镜头，影响其他机位的正常拍摄。这就需要导播实时关注画面的内容及效果，进行灵活调整。

（二）专业素养

导播自身的素质和专业水平对节目的质量有重要影响。作为重要的幕后岗位之一，导播本身发挥着指挥调度作用。一个优秀的导播只有具备多方面的专业素质和能力，才能更好地完成相关工作，保障并提高节目的质量和效果。

1.良好的分工安排能力

在谈话类节目录制和播出的过程中，时间控制是保证效率的重要因素。为此，导播对录制内容的全面了解和对工作人员的合理分工是节目在相应时间节点内完成内容录制的前提。

在录制工作中，导播要提前做好应急预案。在谈话类节目的录制中，如何在突发事件发生时正常进行录制，并按正常时间播出，这对于导播来说是一个重要的考验。此时，导播需要准确地把控突发事件带来的影响，并对现场工作人员及工作内容进行全局掌控和合理调整，实现节目录制的预期效果。

2.对节目整体制作流程有良好的掌握

对于谈话类节目导播来说，他应该从新的角度，深度了解和掌握谈话类节目的整体制作流程，做到与时俱进，不断在对新事物的认知中提升自己的专业知识和经验；在节目录制中要确保每个机位的切入点恰当，掌握各个流程的时间安排。导播在节目录制前，对要录制的谈话类节目的各环节进行掌握与安排。

3.良好的心理素质

谈话类节目的录制，是一个动态的过程，在录制期间很容易受到多方面因素的影响，各类因素均存在一定的不确定性和未知性。对于突发情况，导播必须具有良好的心理素质。在日常工作中，导播要有意识地锻炼自身的心理素质，要对在谈话类节目录制中可能会出现的各类情况提前进行准备，提高自身的综合应对能力。

同时，导播还要在节目的录制中确保节奏张弛有度，做到场面不失控、不冷场，合理使用背景资料，与现场节目穿插播出；在谈话过程中，照顾各方面的发言要求，使每个人都能畅所欲言，并灵活保证机位的多次切换；另外，导播也需将现场观众的因素考虑到节目的录制效果中，找准时机捕捉观众情绪的镜头，适时将其切到播放画面，达到超出预期的节目效果。一言以蔽之，导播要实现关键镜头不放过，突发镜头巧妙回避。

4.熟练掌握机位设置

在谈话类节目中，导播的机位图是依据节目内容以及舞美设计等因素来考虑的。在现场录制中，导播的口令被称作“调机”，这也是导播在充分理解节目内容，考量各个机位的拍摄角度、景别、运动样式等综合因素之后，和摄像师之间的互动配合，其目的是更好地呈现节目。① 现场设置的每个机位都有固定且明确的分工，摄像师就像导播的眼睛，每位摄像师把现场的节目信息通过摄像机捕捉并拍摄下来，最终通过光缆传输呈现在导播间的各个监视器上，供导播筛选、组接画面。摄像师和导播只有合理分工、密切配合，才能完成整个录制过程。

作为一名导播，不仅要清楚不同样式的节目形态具体适合哪种拍摄手法，还要有迅速融入新团队并达成共识、形成默契的能力。每个摄像师都有自己的拍摄风格和执机习惯，而导播切换风格也是仁者见仁智者见智，因此大家一定要有团队精神和求同存异的理念，共同努力、尽心配合，完成录制工作。

5.创作最佳拍摄方案

绘制机位图是导播的基本功之一。一个成熟的导播在充分了解了节目内容后，应根据录制场地的平面图，绘制出清晰的机位设计图，并在此图上对各个机位可能需要搭建的摄像平台参数及使用的设备做出详细说明，给导演组和技术部门提供工作依据。撰写详细的分镜头脚本是导播工作的重头戏，写分镜头脚本通常是导播看完节目彩排后进行的工作。一个有责任心的导播，应该从节目前期策划阶段就开始介入，了解节目意图，熟悉节目流程。

（三）职业素养

在谈话类节目录制中，导播是节目制作团队的核心人物之一。导播必须熟悉该领

① 姚华红.电视导演掌握导播技能的重要性[J].卫星电视与宽带多媒体，2020(22)：81-82.

域的专业知识和节目特点，这是其准确理解和诠释节目内涵的前提。

总体而言，导播应具备的基本职业素养包括：

第一，政治素养。导播作为媒体的重要一员，要弘扬社会主旋律，宣传社会正能量。

第二，道德素养。导播必须具备一定的思想境界，有严肃的负责任的人生态度，理智地使用个人意志。

第三，法律素养。导播作为团队中的核心人物，在节目切换中必须做到遵纪守法。

第四，个性素养。导播在节目录制前期要做足功课，在切换中切忌优柔寡断，要敢于大胆调动团队中的每一个成员。

第五，艺术修养。导播要具备对视听语言的学习能力，不断深化对视听语言的学习和领会。①

二、谈话类节目导播的现场制作

（一）现场机位设置的基本依据

对于谈话类节目的导播来说，清晰有效地呈现一场谈话是其工作的第一要义。从导播工作的实际出发，关注交流场中最重要的视线关系，遵循画面呈现的基本规律，将作为一个整体存在的谈话现场分置在一个个镜头中。

1.对象划分原则

在电视导播中，分析一档谈话类节目的构成，会将其中所有的谈话参与者分解为人数、类型与位置。这实际上是对拍摄对象进行的抽象归纳，是机位设置方案的基础。

第一，谈话参与者的人数。

导播清晰地掌握谈话参与者的人数可以对整体的拍摄任务量与调机的可能性做出判断，从而设计多讯道制作所需要的机位数目。在每个交流段落，谈话参与者的人数相对有限，机位的数目不会随人数的增加而增加。

第二，谈话参与者的角色类型。

划分谈话参与者的角色类型是导播确定各机位主要任务的依据。必须结合谈话参与者的位置与交流关系来考虑各机位在现场布设的具体位置。

导播将所有的谈话参与者简化为不同的角色类型，就能对机位进行有效分工。比如规划出哪个是嘉宾的机位，哪个是主持人的机位，哪个是现场观众的机位，哪个是拍摄观众反应的机位，哪个是抓拍随机参与谈话的观众的机位。

---

① 关俊燕.浅谈电视晚会对导播的要求[N].阳泉日报，2018-10-27(6).

第三，谈话参与者的位置与交流位置。

电视谈话节目的场地设计一般可分为主景区和观众区。主景区是主持人和嘉宾谈话的区域，是现场的中心；观众区是现场观众所处的区域。

在主景区如何摆放主持人和嘉宾的座位是值得研究的问题，这是因为在现实生活交谈中，谈话者总是自然地形成面对面的状态，这样交流者才能看清彼此的表情、肢体语言，进行眼神的交流。作为一个节目，特别是在有现场观众的情况下，谈话者的最佳占位应该是排成一条直线面对观众，这也是各类舞台表演普遍遵循的原则。显然，在主景区座位的安排上，存在着既要便于主持人和嘉宾进行交流，又要方便现场和电视观众观看的矛盾。①

鉴于以上特殊性，导播在设置机位的时候应适度把握轴线原则，否则就无法使电视观众通过镜头清晰识别谈话参与者之间的位置关系。

2. 场景原则

导播要想清晰有效地呈现一场谈话，必然需要通过画面让电视观众了解谈话进行的现场。不同的谈话类节目，其谈话现场与现场机位工作区的关系是不同的。导播在进行机位设置的时候，既要考虑用怎样的机位来展现场景的全貌，又要考虑到这个场景提供机位的可能性与制约因素。

第一，展现谈话场景全貌。

场景的特点即谈话的环境和布景的特点。比如谈话类节目的现场是在湖边、咖啡馆还是演播室？演播室的场景是家庭中客厅的效果，还是单位会议室或礼堂的效果？节目的策划者会针对节目的诉求精心选择设计谈话的场景。比如，主持人和几个家庭主妇谈生活小窍门，通常会在带有家居特点的场景（如厨房）中进行，而关于时政问题的谈话，一般就不会选择在类似厨房的环境中进行了。

第二，与场景中谈话交流场所的布局形式协调。

谈话节目的制作现场一般分为现场谈话区与现场机位工作区两个部分。在一个访谈式谈话节目中，主持人与嘉宾往往为半合围的位置关系。这样，谈话的参与者之间便存在一个交流场，而这个交流场又是一面敞开的，可提供给参与谈话的观众一个观看的空间。也就是说，谈话参与者不仅相互交流，还共同观照这个敞开的区域。其实，谈话参与者是将摄像机当作假想的观众来进行交流的。于是各机位的工作区自然在现场谈话区的一侧这个敞开的区域内。可以说，这种谈话交流场的布局特点决定了机位工作区与现场谈话区对接的形式。

将所有的机位设置在谈话区一侧，这种机位设置形式类似倒三角形，是把拍摄对象当作“舞台上表演的演员”来看待的。

① 程晋.电视导播教程［M］.北京：北京大学出版社，2015：140.

这种半合围式机位设置形式有效地对应了场景中谈论区的半合围形式特征，可以清晰地表现各种视线交流关系。将工作区与谈话区区分开来，给各机位的工作提供了便利，也避免了各摄像机彼此穿帮的问题。

（二）一般性谈话类节目的机位设置方法

1.一对一访谈

在谈话类节目当中，一对一的访谈是最传统的形式。这类节目类似于人物专访，是主持人与嘉宾之间的交流。一对一的访谈假如不带观众，一般用三台摄像机足矣。如图 3-7 所示，1 号机的主要任务是给嘉宾中近景，还可以通过调机给嘉宾和主持人侧全景或两人关系的镜头；2 号机的主要任务是给主持人和嘉宾全景；3 号机的主要任务是给主持人近景，还可通过调机给出主持人和嘉宾的侧全景或两人关系的镜头。[①]

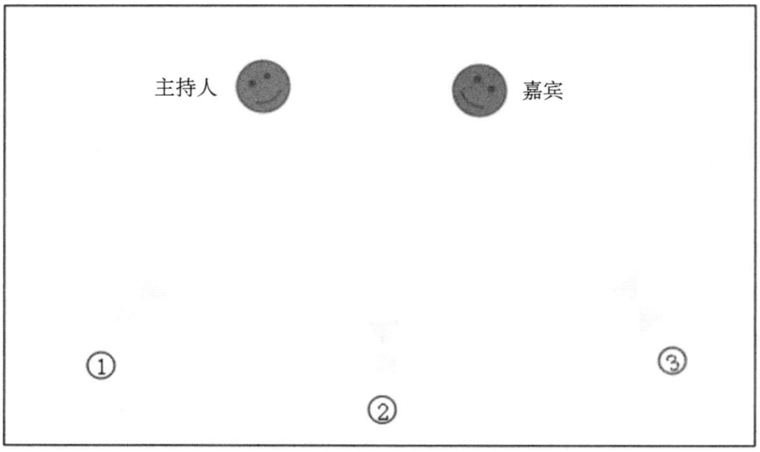

图 3-7　一对一访谈常规机位设置图

2.一对二访谈（主持人在一侧）

一对二的访谈，位置可以灵活安排，主持人可以安排在两个嘉宾之间，也可以独自在一侧。[②]

主持人在一侧是一种相对容易的座位安排方式，特别是当只有两台摄像机时。

如图 3-8，主持人用一台摄像机（2 号机）进行单独拍摄，这样就可以拍摄主持人的中近景或是中景镜头，甚至可以稍微向右侧移动一下机位，拍摄 3 个人的画面。

1 号机可以单独拍摄任何一位嘉宾，也可拍嘉宾的双人镜头，或者 3 个人的画面。

---

① 程晋.电视导播教程［M］. 北京：北京大学出版社，2015：142.

② 程晋.电视导播教程［M］. 北京：北京大学出版社，2015：143。

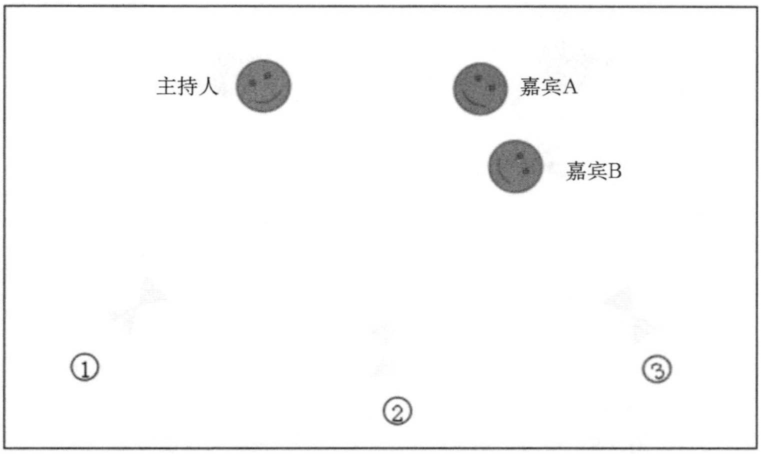

图 3-8 一对二访谈（主持人在一侧）常规机位设置图

在这种情况下，当1号机进行重新构图时，2号机则需要拍摄主持人的镜头。

如果有3台摄像机，问题就变得简单了。3号机主要拍主持人的活动，同时也可向右移一点拍3个人的侧全景。

1号机可拍嘉宾B的近景、嘉宾A和B的中景，或3个人的侧全景。2号机可以拍嘉宾A的近景，或3个人全景。

大致来说，1号机可以拾取节目过程中嘉宾A或B的精彩镜头，2号机则可以聚焦嘉宾A，这样就能同时抓拍到两位嘉宾的很多镜头。

3.一对二访谈（主持人在中间）

主持人在两个嘉宾的中间可以更好地控制局面，但是拍摄的难度也加大了。

只用两台摄像机几乎不可能很好地完成拍摄，除非有一个很有能力的主持人而且非常配合摄像机镜头进行主持，才能漂亮地完成节目。①

如图3-9，两位嘉宾面对面，只要轻轻移动1号机，就可以拍摄嘉宾B的单人画面，或是以嘉宾B为主的双人画面、主持人向嘉宾A说话的单人镜头，又或者是越过嘉宾A的肩膀拍摄以主持人为主的双人画面，再就是三人镜头。2号机拍的画面和1号机是相反的。

这里要掌握一个技巧，就是主持人一定要让导播知道下一个要发言的人是谁，这可以通过一些事先约定的排练完成，或者主持人根据编导的安排来决定谁是下一个说话的人。假设导播正用2号机拍摄嘉宾A，并且知道主持人接下来要跟嘉宾A说话，那么下一个镜头就可以用2号机拍摄主持人的中近景或是用1号机拍摄嘉宾

① 程晋.电视导播教程［M］.北京：北京大学出版社，2015：143.

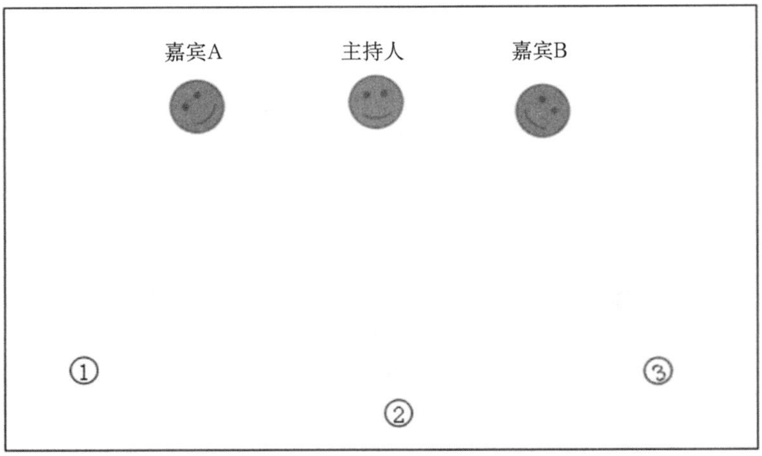

图 3-9　一对二访谈(主持人在中间)常规机位设置图

A 的过肩镜头。

如果知道接下去要提问嘉宾 B,2 号机就要拍 3 个人在一起的画面或者右边两个人的画面。只要切入 2 号机的画面,1 号机就必须提供主持人正在看着 B 的画面。若切入 1 号机准备好的画面,2 号机就要重新选景,把镜头对准 B。这听起来可能比较麻烦,但只要实践几次,就会习惯这种操作顺序了。

在使用 3 台摄像机进行拍摄时,仍然要在两边安排两台摄像机(1 号机和 3 号机)。另外,可以尝试让 1 号机和 3 号机做侧移运动,然后用过肩镜头来拍两个嘉宾相互注视的场面。如果他们正好在紧盯着对方,这个镜头就非常棒。

2 号机自然放在中间,主要拍摄主持人的活动。当然它也可以向左右两侧移动。对于部分访谈节目来说,2 号机的最佳位置可能正是在侧面。这样它就可以拍摄以嘉宾 A 为主的双人镜头,或以主持人为主的双人镜头,或是 3 人画面。3 号机既可以拍中近景也可以拍嘉宾 A 的过肩镜头。

4.二对二访谈等(两个主持人和两个嘉宾)

二对二访谈这种模式被较多谈话类节目采用。尽管我们只用 3 台摄像机也可完成拍摄,但要做到调度灵活还是设置 4 台摄像机比较好。①

如图 3-10,1 号机拍摄嘉宾,2 号机拍摄全景,3 号和 4 号机集中拍摄主持人。

1 号机和 2 号机可拍两个嘉宾,起的作用是相同的。如果同时拍两位嘉宾的话,1 号机拍嘉宾 B,2 号机拍嘉宾 A;另一种情况是 1 号机拍正在说话的嘉宾,2 号机拍两个人的活动画面。另外,4 号机还可以拍四人侧全景等关系镜头。

如果再添加一个嘉宾的话,就是二对三的访谈,也可依上述拍摄模式进行拓展。

---

① 程晋.电视导播教程[M].北京:北京大学出版社,2015:143-144.

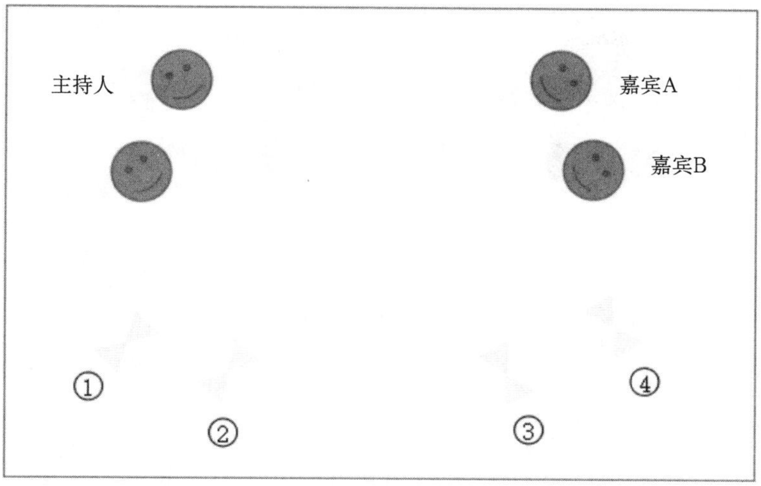

图 3-10 二对二访谈(两个主持人和两个嘉宾)常规机位设置图

许多节目的座位设计都很灵活，需临时增加嘉宾时，就在原先的嘉宾区域增加一个座位。每台摄像机的机位和分工基本保持不变，可用 2 号机拍集体的画面，同时用 1 号机拍每个嘉宾的画面。

在访谈的结尾，主持人会感谢嘉宾的参与。这时，要让一台摄像机提前准备好画面，否则切出的画面会很突兀。同时还要确保主持人知道正在进行拍摄的是几号机。

5.群言式访谈

群言式谈话节目是由主持人、嘉宾和现场观众就一个主题进行讨论或辩论的节目形式。它是一种主持人、嘉宾和观众“三结合”的大场景谈话节目。

对于这样一个比较大的谈话场景，一般的 3 台摄像机就不能胜任了，最少需要再加两台摄像机(图 3-11)。

以上我们说的是一般性谈话类节目的机位设置方法。如果谈话的内容是很温馨的，在运镜时要尽量柔和，在切换镜头时多使用叠画，也可请摄像师多给横向的移动(只要环境许可，例如在摄影棚里，又配有气压式摄像机配重座台与滑轮)，甚至可以使用摇臂来运动，呈现出轻松唯美的效果。

谈话类节目中要突出嘉宾，对于观众经常见到的主持人，不宜过分强调。对于观众喜爱的资深主持人，要加以强调，以满足观众心理。[①]

(三)谈话类节目的机位调度规律

1.分割与包容

“分割与包容”是有关镜头取景范畴的问题，这是导播对每个机位下达调机指令时

① 程晋.电视导播教程[M].北京:北京大学出版社,2015:144.

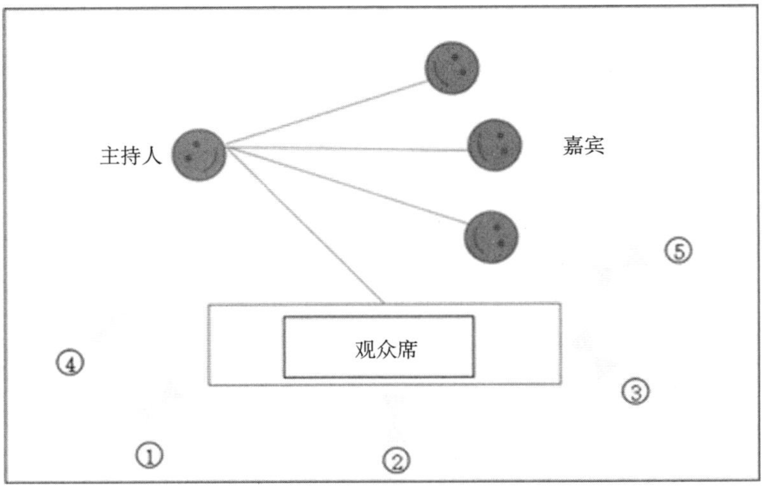

图 3-11　群言式谈话节目常规机位图

必须明确的要求。

第一,区分角色的需要(不同的谈话对象)。

一般情况下,每个嘉宾或主持人都会有固定的近景镜头。将节目的成员划分到不同的摄像机镜头里,更容易使观众区分现场的节目人员。

第二,位置距离的需要(较大距离间隔)。

这是指主持人和嘉宾之间较大的空间距离。在电视节目中,一般主持人和嘉宾之间是有一定距离的。不能将他们之间的空间放在同一个镜头里,这样观众很难看清人物的面部表情。因此,导播需要把他们划分在不同的镜头里。

第三,情绪效果的突出(分割有较强的主观性)。

把几个谈话对象放在同一个镜头里和放在不同分切镜头里的效果是不一样的。

如果导播通过调度,在拍摄条件允许的情况下,让某一台摄像机将在场的所有谈话对象都包容在一个镜头里,他们的交流给电视节目观众的感觉是比较客观的。观众能够在镜头里自主地选择要关注的人物。要是导播把所拍摄的对象分割到多台摄像机里,通过导播台切换组合来建立他们之间的关系,那么节目画面呈现的将是导播处理后的主观表述。两种方法没有绝对的好坏,一切都要以节目本身所要表达的效果为准。[①]

2.包容

调度一个镜头去表现两者或两者以上的谈话对象,使之既能完成几个人物的展现,又能表现他们的位置关系与环境背景。

第一,位置关系的展现。

---

① 董亚鸥.电视节目导播[M].长春:东北师范大学出版社,2016:110.

位置关系的展现指的是每一次谈话对象的改变都需要交代的画面过程。在谈话类节目中，无论是主持人还是嘉宾在节目中都会有场面调度。用一个包容性较强的镜头去展现主持人与嘉宾之间的互动是谈话类节目进行中每个环节都需要交代的。

第二，对话频率的需要。

根据节目类型，导播在现场制作的过程中精力需高度集中，实时紧盯监视器，根据需要切换画面，同时还要把握时间节点和录制进度。导播需灵活变通，提高自己的应急处置能力，随时应对各种突发情况。导播在选择镜头时，要根据发言的主体和谈话的内容对谈话现场的节奏、气氛做出预判，及时与摄像师沟通，让摄像师能够敏锐捕捉到嘉宾和主持人的细节。根据现场的实际情况，如果因谈话对象过于频繁地对话，比如争论、探讨或者争吵的情况，没有完全按照台本进行，则导播在切换镜头过程中难免有些慌乱。如果用分切镜头来表现，画面跳动过快，会让观众在视觉上产生不舒服的感觉，甚至看不清楚画面内容。因此，用一个包容性的镜头来表现便是正确的选择。当遇到此类情况时，导播一定要保持冷静，不要轻易停止录制，也不要盲目地切换画面。如果镜头没有拍到主体，就立刻联系摄像师将镜头平稳地移到应拍摄对象上。

第三，交流互动性的需要。

在谈话类节目中，有时请到的嘉宾本身就是演员或主持人，他们在现场的表现往往比一般嘉宾要活跃，话题展开后他们的话语或表情会有很强的镜头效果，由此产生多人交流互动的效果。如果只用分切镜头表现，在叙述上难免有所缺失和遗漏，这时就需要用一个包容性镜头来呈现他们之间的交流和互动，这就是针对谈话类节目中交流效果形成的特殊性而做出的适当选择。

3.镜头组合链条

镜头组合链条指的是导播叙述的方式，是在调机时对系列镜头所建立的连接顺序。简单来说，其对表现对象的叙述方式和对画面形式感的追求，是在镜头流动之中呈现的。

第一，叙述情景的需要。

在制作一档谈话类节目时，导播会遇到各种各样的情境。节目虽然是以交谈的话语为主要内容，但把节目划分为一个个情境形态则是导播所要做的事情。比如，“主持人开场的话语”“主持人介绍嘉宾”“主持人介绍来宾或观众”“主持人与嘉宾交谈”等。准确地叙述节目中不同环节的情境，是导播运用镜头及镜头组合来完成的工作。在谈话类节目中，导播需要针对不同环节中的不同情境特征进行分析。

第二，建立画面形式感的需要。

什么是形式感？一般来说，艺术作品的外观形式对人产生的感受和感染力就是形式感。无论是抽象的还是具象的，由形状、色彩、结构等关系所形成的形式特征诉诸视知觉后，能引起显著心理反应的，就表明其形式感比较强。

镜头组合链条是导播语言的重要表现方式，是导播与各讯道摄像师工作的基础，它能够有效节省节目制作过程中导播的调度交流时间，也能尽可能形成调机方案，避免在制作过程中出现不必要的失误。镜头组合链条是导播与摄像师长期配合所取得的共识，是导播与摄像师能力的体现。①

（四）声画结合与画面思路

不管是话题范畴、谈话方式、谈话参与人员还是谈话现场的场景特征，语言是节目所要传达的最重要的信息，也是各个谈话参与者相互交流的最重要的逻辑依托。谈话类节目的导播对语言的认识，是其进行画面切换过程中除技术掌控外最重要的专业储备。虽然谈话本身似乎没有更多的专业特性，导播的专业化需求并不像在制作戏剧、音乐、舞蹈、体育赛事节目时那么突出，但能够掌握和预见语言的发出对象、迅速识别不同人的语言节奏、把握语言与反应的接合效果却是谈话类节目导播在进行画面切换时必备的能力。

1.切换频率的控制

镜头转换频率是导播在实施切换时所掌握的切换节奏。它形成了画面外在形式中非常直接的可感因素，形成了电视观众对节目语言节奏风格的认识。

2.反应镜头的把握

在谈话类节目的切换中，如何处理好反应镜头，往往是一个容易被导播忽视的问题。究其原因，是对反应镜头的认识不足，如认为现场观众只是一场谈话的陪衬，什么时候切入观众的反应并不特别重要；若某人的话太长了，就插几个反应镜头调剂一下；某人的话说完了，掌声响起时就来个反应镜头，等等。

其实，反应镜头在谈话类节目中的功能是多样的，反应镜头与谈话镜头的综合处理也是非常复杂的。

第一，与谈话并行的反应镜头。

与谈话并行的反应镜头指的是在某人说话或某几个人对话的过程中插入的没有说话的其他人（包括观众、主持人、嘉宾等）的镜头。

导播切入这样的反应镜头通常会有几个方面的考虑：其一，随时关注现场中其他人对说话人发言的反应，比如点头、摇头、笑、撇嘴等；其二，在说话人发言太长的时候，插入一些反应镜头可以调剂画面节奏；其三，在表现某个或某几个主要交谈对象时，兼顾表现现场中的其他人，可以起到随时提示整体场面位置关系的作用；其四，为强调说话人的某些语意，附加上能够形成“一加一大于二”效果的反应镜头。

---

① 程晋.电视导播教程[M].北京：北京大学出版社，2015：144.

第二，谈话间歇的反应镜头。

谈话间歇的反应镜头，就是在交谈中的自然段落间歇（比如一个人话毕之时或一段对话结束之时）插入刚才未讲话的其他人（包括观众、主持人、嘉宾等）的镜头。

导播插入这样的反应镜头，是应对现场谈话的自然节奏，在镜头组合上进行的顺畅选择。它像一个段落标点，能起到承上启下的作用。这时，导播通常会选用能够包容集体反应的镜头，或从单人到群体地拉镜头，产生比较明确的段落间歇效果。

第三，具有特殊效果的反应镜头。

除了上述两种情形之外，反应镜头的插入有时还会形成意想不到的特殊效果，如可能构成对说话人的语意反解，可能作为隐晦语意的暗示，还可能造成歧义或误会的喜剧效果。

第四，反应镜头的长短。

反应镜头的长短及其功能和节目整体的切换节奏是密切相关的。并行在谈话中的反应镜头不可能太长，否则就主次不分了；作为谈话间歇的反应镜头不可能太短，因为它是由现场谈话的自然节奏决定的；有特殊效果的反应镜头或长或短，因为不同的特殊效果的形成所需要的时间积累是不同的。不同的导播处理，会对反应镜头的时间长短有不同的认识，但总的来说它应大致符合节目整体的镜头转换频率。

（五）导播手段与技巧

谈话类节目的导播必须留出一个机位拍摄观众，以抓拍观众的现场提问以及大量的观众反应镜头。

在谈话类节目中，由于嘉宾众多，人物关系复杂，导播必须灵活地处理好镜头的越轴问题。轴线是一条想象出来的直线，它从面对面交谈的两人的双眼穿过并沿着各自的方向无限延伸。在电视拍摄或编辑时，如果上下两个镜头分别是在轴线的两侧所拍，则这两个镜头互为越轴镜头。越轴所拍的镜头在画面中表现为上下两个镜头中人物的方向相反。

例如，在转播一场足球赛时，如果在运动场的两侧边线都架设了机位，那么给观众的印象是主队一会儿向左攻，一会儿向右攻。这种情况就是违反了轴线原则。在现场导播时，可以借助其他手段来解决——利用被拍摄物体的运动方向的改变，利用镜头的连续运动，利用中景镜头或特写镜头，利用双轴线和利用主观镜头等。

在谈话类节目开始前，导播要对节目做出具体安排。首先，确定负责拍摄主持人出场镜头的摄像机机位，确定主持人介绍采访对象的方式，熟悉采访的话题和提问的内容。其次，确定节目进程中是否需要回放或插播片段，与各相关岗位明确需要播放插播片段时的口令，以及确定拍摄现场回放大屏幕的机位。

此外，检查所有摄像机的取景范围，确定每台摄像机的主要拍摄范围，协调不同机位之间在拍摄景别上的匹配，以及预演节目的开场和结束部分。在预演中，利用拍摄间隙调整摄像机机位时，应当特别加以确认。在预演过程中，现场助理导演与主持人在节目调度的手势上应取得共识。

谈话类节目的随机性很强，在现场直播中几乎没有在拍摄间隙进行机位变换的可能性。如果镜头外的嘉宾突然发言，就需要一到两台摄像机迅速调整机位实施拍摄。在直播过程中，导播会向摄像师询问机位调整所需的时间，摄像师的回答应该比实际估算的时间多出一点，以应对意想不到的情况。

导播在切换时，应注意前后镜头的景别差异，以营造连贯的视觉效果。镜头的视觉感依赖于拍摄景别以及构图。画面的构图由景别、机位、灯光以及被摄人物的姿态、位置、移动方向、关系线、神态、表情等多方面因素共同决定，甚至还包括现场的氛围和环境因素。

第四节　谈话类节目的后期剪辑

在谈话类节目制作流程中，剪辑和后期制作属于二次创作，需要对前期拍摄的各种原始素材进行剪辑和包装，梳理出完整的叙事线，完美地体现导演的想法，同时也通过后期包装使节目更精彩。剪辑和后期制作的最终目标就是提升谈话类节目的质量，使后期播放有更理想的效果。剪辑和后期制作手段随着科技进步而不断更新，后期包装的各种技术也在不断推陈出新。尤其是后期剪辑，从线性编辑到非线性编辑，从单一机位画面剪辑到多机位同步剪辑，这些技术的发展使谈话类节目的内容和表现方式更加丰富和精彩。就当下的剪辑和后期制作而言，已经有了非常多的新技术，如视觉特效、字幕特效、模拟音效等，这些新技术有效提高了谈话类节目的精彩程度。另外，随着我国人民群众生活质量的提升，其对谈话类节目的要求也在不断提升，促使媒体不断探索新的剪辑和包装技术。谈话类节目剪辑和后期制作的创新，不仅是时代对谈话类节目的要求，同时也是谈话类节目新时代发展的需要。

一、谈话类节目剪辑与后期制作

谈话类节目的后期制作，就是对前期所录制的各种音视频内容进行剪辑和加工，通过一系列技术手段来提高谈话类节目的视听效果。后期剪辑与制作也会直接影响谈话类节目的整体收视率。

谈话类节目的表达手法与新闻类节目的表达手法是不同的，如果后期制作人员按照新闻类节目的制作方法来呈现谈话类节目的内容，将会影响相关内容的表达效果。

因此，谈话类节目的制作方需要通过剪辑和后期制作来凸显节目的专业化与趣味性。

除此之外，一些谈话类节目在制作之初可能会存在一些比较零碎的内容，不够集中和统一，或者会出现一些与主题关联不紧密的内容，影响节目的整体呈现效果。为了解决这些问题，制作方需要通过剪辑手段和后期制作来增强谈话类节目的整体效果。

二、后期制作与编辑思维

（一）编辑思维概念

首先，后期制作人员需要对谈话类节目后期制作的流程有深刻的了解。后期制作并不仅仅是将前期所收集到的视频信息进行剪辑，对音频信息进行简单叠加处理，而是需要严格按照节目风格和一定的思维逻辑，结合谈话主题和立意展开编辑，这样才能使谈话类节目有更好的视听效果，从而满足观众的精神诉求，符合观众的口味。其次，从编辑思维出发，后期相关制作人员需要针对前期采集的视频素材进行全面的加工和整理。这个过程不是单纯的素材堆砌，而是需要根据话题的逻辑关系建立编辑思维。谈话类节目的编辑思维在一定程度上影响甚至决定了节目的整体质量。谈话类节目需要后期制作者注重编辑思维的运用，这样才能切实提高节目的整体效果。

（二）编辑思维的意义与发展

谈话类节目的编辑思维，主要体现在节目播出之前相关后期编辑制作者运用恰当、有效的处理方式，通过人工思维的干预模式，针对采集到的素材进行全面的加工与整理。这些素材主要包括视频资料与音频资料。因此，从本质层面来看，在谈话类节目后期制作过程中的编辑思维，实则就是相关编辑人员思维意识的活动体现。

在谈话类节目制作以及呈现的过程中，之所以会有多种多样的形式体现，实则也是因为后期编辑具备创造力以及逻辑思维能力。谈话类节目的创作思维在很大程度上影响着节目的艺术效果和质量。科学合理的思维，丰富的创造意识，是形成优秀谈话类节目的关键。[①]

（三）谈话类节目后期制作中编辑思维的应用

要注重对信息进行正确的选择。在谈话类节目后期制作的准备过程中，需要编辑全面提升对素材的观察力以及注意力，这样才能提升其对后期谈话类节目制作的理解

① 韦佳金.分析编辑思维在电视节目后期制作中的重要性[J].低碳世界，2019(10)：306-307.

能力。编导将已经拍摄好的素材进行整理，有针对性地进行素材的辨别和提炼，筛选出有价值、有意义的素材内容，进而更加准确地选择后期需要剪辑到节目中的信息。

要对信息内容进行合理加工。对已经选择出的信息内容进行合理化加工，也是谈话类节目编辑在后期制作过程中最为关键的一部分，是其运用、贯彻编辑思维的关键。这就要求谈话类节目编辑不断发挥形象思维、逻辑思维以及创造思维，对前期选择的素材内容进行整合，从而通过融入特技特效等诸多音视频制作手段，切实提高谈话类节目的合理性与可观看性。①

三、后期剪辑制作中关于镜头时长的处理

镜头时长处理在谈话类节目后期剪辑处理中占据重要地位，剪辑人员应自觉做好谈话类节目后期剪辑中的镜头时长处理工作。② 编辑在处理镜头时长时，应关注节目整体风格，使得镜头时长与节目节奏相契合，满足观众的多重收视需求，以提升谈话类节目观赏价值，使节目情感表达恰到好处。

（一）镜头时长的处理思路

1.了解观众诉求并有效满足其诉求

谈话类节目播出效果由观众决定，其制作目的是满足观众的日常精神需求。因此，应将观众合理需求的满足作为后期剪辑制作的主导原则。同样，镜头时长的处理也应契合观众审美需求。在原有视频素材的基础上，通过合理的内容剪辑增强观众的观看体验感，使观众在观看视频的过程中得到精神的满足。在具体的剪辑处理中，确保画面清晰度高，是节目剪辑师要面对的共性问题。能否增强内容的表现力、凸显谈话类节目的亮点，使其被广大观众所接纳，引起观众的强烈共鸣，是评估谈话类节目剪辑质量的参数之一。

2.与节目风格保持一致

谈话类节目的制作要以自身风格亮点的凸显增强观众对节目的记忆。谈话类节目风格的改变，将对谈话类节目内容有很大影响。在后期剪辑中应关注谈话类节目风格，明确节目定位，用节目定位来指导对镜头长度的处理，让镜头长度契合谈话类节目自身的风格特点。

3.与谈话类节目内容相结合

谈话类节目的内容是决定镜头时长的因素之一。在镜头时长处理中，剪辑人员应

① 张海娟.电视节目后期制作中编辑思维的探究[J].采写编，2022(5)：72-73.

② 李勇.视频后期制作剪辑中镜头时长处理策略[J].新闻研究导刊，2020(7)：134，136.

关注节目的内容，保证内容输出的完整性和思维的连贯性。在剪辑过程中，镜头时长应确保能涵盖所需表达的画面内容，并确保内容的精确表达。观众获取谈话类节目信息的主要载体是声音与画面。同样，在剪辑过程中，剪辑师只有了解节目需要传达的内容，保留必要的镜头时长，才能使观众对画面、声音有准确的把握，才能增强节目的感染力。在节目剪辑过程中，镜头时长与节目内容的结合尤为必要，这是因为谈话类节目对镜头画面的依赖性较强，需要借助镜头画面来呈现内容信息，因此，应确保镜头时长处理能准确表达节目内容，避免断章取义、片段混乱。

4.镜头时长处理与节目节奏协调

镜头时长也会影响谈话类节目的节奏，在镜头剪辑过程中，剪辑人员应把握谈话类节目的节奏，根据节奏科学设置镜头时长。在制作谈话类节目时，会用到较慢移动场景，为观众营造舒缓情绪和代入感，增强谈话类节目的感染力。在此类镜头时长处理中，剪辑人员应注意分配对话内容镜头时长，以实现信息的完整表述，帮助观众进一步理解节目内容。

（二）对镜头时长的有效处理

以《火星情报局》为例。《火星情报局》是由优酷联手银河酷娱文化公司打造的脱口秀网络综艺节目，选择“元老院”的节目模式，配合趣味性的话题探讨，一经推出便吸引了众多观众。其成功的原因除了节目内容具有趣味性、新颖性外，镜头的有效处理带来的特殊叙事结构以及丰富的人物形象设定亦让人印象深刻。

《火星情报局》镜头时长处理最值得借鉴的一点是借助镜头语言丰富人物形象。景别的选择、景深的变化暗示着叙述人的存在，使得节目有了叙事的逻辑。镜头语言是影视造型常用的手段之一。节目组不局限于单纯的取景拍摄，而是通过景别、拍摄方法、画面处理技巧、镜头组接方式等多种尝试，以镜头变化带动观众情绪、思维的变化。景别的变化增强了节目内容的指向性，满足了受众的视觉需要。

四、谈话类节目包装在后期制作中的作用

谈话类节目包装可以体现出谈话类节目的定位风格、创作主旨及主要内容，为谈话类节目贴上具有高辨识度的标签。谈话类节目包装形式是受众接触与观看谈话类节目的第一印象，具有视觉引导、彰显主题等重要作用。后期制作人员立足谈话类节目立意、找准谈话类节目定位，在此基础上进一步凸显谈话类节目包装的多样化功能，对于提高谈话类节目的传播力、影响力、艺术感染力具有重要的作用。

（一）提纲挈领，画龙点睛

谈话类节目包装在谈话类节目中可以起到提纲挈领、画龙点睛的作用，帮助观众

理解谈话类节目的类型、风格、主题、主要内容等。①

(二)增强谈话类节目的可视性与趣味性

谈话类节目包装是对谈话类节目的整体形象进行外在形式要素的设计与规范，让谈话类节目的所有外在表现元素和形式，如声音、色彩、图像、画面等形成较为统一的风格特色。谈话类节目包装是一项技术，需要后期制作人员通过技术手段对片头、片尾、画面等进行处理。同时，谈话类节目包装是以艺术化形式外化谈话类节目情感、思想、意志、审美追求的设计与创造过程。对于谈话类节目而言，谈话类节目包装不仅可以使其更加系统、整体，而且可以提升其影响力。让受众认同谈话类节目的观念与审美情趣，使受众在观看节目时能够放松身心，从节目中获得心灵启迪与精神满足，这是谈话类节目包装孜孜追求的艺术境界，也是谈话类节目制作所崇尚的理念。

(三)完善谈话类节目画面信息

谈话类节目包装是技术性与艺术性高度统一的过程，以包装的形式丰富节目的画面内容，可以给受众带来身临其境般的体验，增强受众对谈话类节目的认同感与信任感。

谈话类节目包装对于谈话类节目画面信息的完善作用主要体现在以声音丰富画面的情感内容上。谈话类节目包装所应用的声音，包含主观声音与客观声音。其中，客观声音是演播空间原本存在的声音，可以更加真实地体现出节目的物理环境，带给观众更加真实的观看体验。主观声音是指为体现节目画面内容所添加的音乐或音效等，在音乐的节奏点呈现出不同的画面，或者用音乐串联画面，用音乐营造氛围、烘托情绪。

总体来说，在进行谈话类节目制作的过程中，后期制作者应该结合融媒体时代背景来不断地创新剪辑与后期制作技术，利用特技效果来增添谈话类节目的趣味性，并通过创新来提高节目的整体艺术性和立意，促进谈话类节目的长足发展。

课后习题

1.自选谈话节目类型，并根据其特点设计话题、谈话人、谈话方式。

2.自选谈话节目类型，并根据其特点拟定制作流程。

3.设想一档二对二的电视谈话类节目，分析其中导播团队的组成和分工。

4.谈谈后期剪辑对于谈话类节目的影响。

---

① 宋广欣.数字影像艺术对电视栏目产业包装影响研究[J].文化产业，2021(26):141-143.

第四章　真人秀节目制作

第一节　真人秀节目的定义

真人秀节目是一种电视节目类型，记录未经脚本创作的“真实生活场景”，通常由普通人而不是专业演员主演。真人秀节目在本质上是无剧本的节目，它不雇用演员，只关注真实事件或情况。真人秀节目还经常由主持人主持，或由叙述者讲述故事，或为即将展开的事件搭建舞台。与情景喜剧、电视剧和新闻报道等不同，真人秀不依赖作家和演员，大部分节目由制片人和导演团队运营。正因为如此，从制作角度来看，这是一个非常实惠的节目类型。

真人秀节目的命名可能来自它的拍摄方式。无论该节目是在真实的环境中进行的，在真实的人面前进行的（很像纪录片），在演播室观众面前进行拍摄，还是使用隐蔽的监控，真人秀节目都依赖于摄像机捕捉发生的一切。

真人秀节目在20世纪90年代初期以《真实世界》等为代表，然后在21世纪初凭借《幸存者》《偶像》和《老大哥》等的成功而声名鹊起。真人秀节目往往穿插着“反思”这一简短的访谈片段，演员们的反思可以为屏幕上的事件提供背景。以比赛为基础的真人秀节目通常会逐步淘汰参赛者。纪录片、电视新闻、体育电视、脱口秀和传统游戏节目通常不属于真人秀。一些早于真人秀热潮的电视节目被追溯归类为真人秀，包括隐藏式摄影机节目、选秀节目、关于普通人的纪录片系列节目、家居装修节目以及以现实生活案件和问题为特色的法制节目。

真人秀虽然从西方电视媒体起步，但西方电视学者并没有对其进行准确的界定。而真人秀进入中国后对 Reality Show、Reality Television 的直译，体现了其精髓。国内对真人秀的定义，多指“由普通人（非演员）在规定的情景中，按照预定的游戏规则，为了一个明确的目的，做出自己的行动，同时被记录下来而做成电视节目”。我国早期研究真人秀节目的尹鸿教授认为：“电视真人秀作为一种电视节目形态，是对自愿参与者在规定情境中，为了预先给定的目的，根据特定的规则所进行的竞争行为的真实记录和艺术加工。”①国内学界至今对真人秀没有一个统一的定义，不过大家普遍认为其具有以下三大特征。

第一，真实环境，真实记录。真实是真人秀节目的基础，真人秀节目必须是真实的，真实的现实环境，真实地记录节目中的每一个细节，拍摄以纪实手法为主，将节目中真实的方方面面客观呈现给观众，而非表演给观众。真实的环境可以使真人秀发生的情境让观众有极强的代入感，并且让观众对真人秀节目的环境和内容产生认同。即如果观众在观看节目后，认为这一切都是真的，这个真人秀节目就成功了。同时，真人秀并非单纯的记录，真人秀大多有脚本或者一些预设环节，在预设的情境下，记录这些活动过程中发生的所有事件。伴随着真人秀节目的飞速发展，国内的一些真人秀节目为了提高收视率，在激烈的市场竞争中占领先机，降低真人秀节目的真实性，甚至完全虚构，无下限地增加演艺作秀的成分，这不由得让人感叹，真人秀节目本身到底是为了“真”还是为了所谓的“秀”。真人秀节目竞争激烈，这已成为不争的事实，如今很多真人秀节目以趋近于“绝对真实”的人物状态在真人秀大环境中寻求内容突破。从节目内容角度来看，所有内容都在进行相互破圈和不断交融，纪录片＋真人秀模式成为节目制作的趋势，纪实的拍摄手法越来越成为真人秀节目不可或缺的一部分。

2019 年，哔哩哔哩推出了警务纪实观察类真人秀《守护解放西》(图 4-1)，该节目以湖南省长沙市坡子街派出所民警为核心人物，深度展示大城市核心商圈城市民警的日常工作，其在传统新闻纪录片的基础上，融入大量真人秀元素。该节目将主要拍摄地选择在网红城市长沙最有名的打卡地——解放西路，展现守护这里的长沙市公安局天心分局坡子街派出所民警的工作日常，没有明星、没有脚本、没有预设规则，完全实景拍摄，在大量的素材中精心选取内容，再进行后期剪辑。在核心内容选择上，《守护解放西》不追求惊心动魄的警匪对峙，而是聚焦于一幕幕走心温情的纠纷调解；不追求情节曲折的大案侦缉，而是定格在一次次家长里短的平凡出警。在《治青春》一集里，一个 9 岁男孩报警称自己被姐姐家暴。民警赶到男孩家中后，男孩控诉姐姐家暴，掐自己脖子，还把自己按在床上。民警没见过这样的小孩子报警，还夸孩子聪明，知道拿法律武器保护自己。民警将姐弟二人带回派出所，对他们分别进行了教育。后来孩子妈妈来到派出所，认真听了民警的劝导，将孩子带回了家。过了几天，市中心的一个玩具店报警说有小孩偷东西，民警去了之后调取监控发现，竟然是前几天报警被家暴的男孩。男孩委屈地告诉警察叔叔自己是被迫偷窃，因为有个六年级孩子威胁他，不去偷就打他。经验丰富的民警越想越觉得不对劲，直觉告诉他们，这个孩子很可能是在撒谎，这个所谓六年级的孩子根本不存在，这也不是他第一次偷窃了。后来民警找到

① 尹鸿，冉儒学，陆虹．娱乐旋风：认识电视真人秀[M]．北京：中国广播电视出版社，2006：6.

学校老师确认情况，确定了这个男孩在说谎。事后采访时民警也很惊讶，这个孩子太聪明了，差点都骗过了警察。警察打电话告知了男孩的父亲，同时民警也善意地劝导这对父母多关注孩子，孩子父亲当天就带着孩子去店里赔礼道歉。他的父母也表示，都是因为太宠着他了，要什么给什么，后来发现这种教育方式不太对，就改变了方法，但孩子已经被惯坏了，得不到想要的东西就开始动歪脑筋。节目在思想内核上突出“以真实故事刻画人间冷暖，以纪实手段解读人生百态，以共情效应传递人文关怀”。节目所刻画的公安民警形象，不是严肃刻板的执法机器，而是有血有肉的平安守护者；节目让一个个有担当、有理性、更有人情味的人民警察形象跃然屏幕，为观众特别是年轻观众所欣然接受。

图 4-1　《守护解放西》海报

第二，以人为本，体现人性。人是真人秀节目的核心，这里说的“人”，不应去刻意区分普通人和明星（演员）。真人秀节目出现初期，不论是生存挑战型节目还是益智、游戏、选秀节目，其参与“人”都是普通人，并不是明星或者专业演员。此后出现了从平民秀到明星秀的发展，这其实是追求收视率和经济效益的结果。真人秀节目中的明星，不应该把重点放在为观众提供专业性表演，而是应将重点放在他们作为普通人的真实生活上，真人秀节目应该展现人的本性。在湖南卫视推出的真人秀节目《向往的生活》（图 4-2）中，明星嘉宾从忙碌的现实生活回归到悠闲安静的乡村生活，节目设置了各种农活、游戏，可让明星快速地卸下偶像包袱，还原成现实生活中的普通人，从而迅速拉近明星和普通观众之间的距离。而隐蔽的摄像机也让明星们忽略了它们的存在。因此，我们看到参与节目的嘉宾大都能展现出与平时不同的状态。人作为真人秀的主体，不光要真实，也要有一定的个性，这也是真人秀节目能吸引大众的关键。真人秀节目中的人物应该是丰满的、立体的，简单说应该有某些不一样的特质。节目通过对典型人物细节的抓取来表现人物的个性，树立不一样的人物形象，可以有效避免真人秀人物形象千篇一律、没有特点和个性的问题，让人物形象更加有血有肉，也让观众对人物产生了关心与期待。

图 4-2 《向往的生活》第三季

第三，设置规则，安排悬念。真人秀节目需要预先设置一些规则，在限定的规则和人为的情景下，“真实的人”可能会与平时的表现不一样或者是产生戏剧性悬念，这也是让节目热度提高的重要手段。丰富的剪辑手法在其中起着重要的作用，这也是真人秀节目艺术加工的主要方式之一。戏剧冲突即障碍、矛盾，它包括人与人之间的利益冲突、人与环境之间的矛盾冲突，还有同一人物在特定情境中内心的矛盾冲突。在真人秀节目中，人与环境的冲突主要体现在选手和竞争环节之间的矛盾。一方面选手为了不被淘汰，就必须赢得胜利；另一方面，选手为了赢得胜利，又要想方设法淘汰其他选手。在这样的环境中，选手与选手之间、选手与规则之间的矛盾一触即发。

在东方卫视推出的大型励志体验真人秀节目《极限挑战》中，制作方主要通过规定任务的方式来营造嘉宾之间的冲突氛围，秉持“开放式过程”理念，充分发挥参演嘉宾的主观能动性，允许嘉宾结合自身性格、场景、团队利益等，在冲突之中自主做出抉择，以反映嘉宾真实的内心斗争，使人物特征更加鲜活、真实，从而增强了节目的感染力和吸引力。具体而言，《极限挑战》的冲突氛围营造主要通过两种方式。

一是任务的规定性。它主要表现在主题的特定性、资源的稀缺性和道具的强制性。《极限挑战》第一季的 12 期节目中，每一期都会有一个主题，围绕一个社会热点或生活背景而展开，这就限定了节目冲突的框架，为嘉宾的自主发挥提供了背景。而在具体的任务设定中，很多环节都在开始前限定了嘉宾可利用的资源。比如在第二期节目《继承者们》中，6 位嘉宾要在度假区寻找 5 把车库钥匙，而不同的钥匙决定了嘉宾下一轮到达市区所乘坐的不同交通工具。在第五期《疯狂的石头 2 之血战到底》中，6 位嘉宾前往长江索道，边坐缆车边寻找暗号，找到暗号的人才能获取开箱密码，但一共只有 4 个密码，且暗号使用一次后自动失效。这种资源的稀缺性无疑增加了剧情的冲突，在有限的资源面前，众人如何抉择无疑成了节目一大看点。此外，节目中很多道具设置了强制功能。比如，在第二期节目《继承者们》中的“3 把钥匙”具有强制功能：“强制交换钱箱”钥匙（强制交换自己与任一人钱箱）、“强制抢夺金条”钥匙（强制得到另一人任意数目金条）、“强制给予金条”钥匙（强制给予另一人任意数目金条），这样不管道具受用方愿意与否，道具使用方都有权按照自己的意志进行相应支配，强化了支配方与被支配方之间的冲突，增强了结局的悬念性。

二是人物的自主性。“开放式过程”的制作理念，给了嘉宾很大的自主发挥的空间，他们可以根据剧情发展的需要以及对当下事态形势的判断自由抉择。由于彼此之间竞争与合作关系相互交织，价值取向反复多变，信息沟通真假难辨，无疑增加了选择的复杂性和嘉宾之间关系的不确定性，增强了彼此之间的冲突。因此，纵使神算如黄磊，也百密一疏，无缘冠军。比如，在第九期《职场宫心计》中，老谋深算的黄磊被众人投票提前出局。此外，这种自主性，也增加了人物内心世界的自我冲突。比如第二期节目《继承者们》中，孙红雷抢夺张艺兴的箱子之后，内心充满了斗争，一方面为了赢取胜利采取任何方式都是节目允许的，本应心安理得；另一方面为自己辜负了张艺兴对自己的信任，感觉甚为愧疚。这种内心斗争通过镜头特写与后期剪辑，在孙红雷脸上很鲜明地表现出来，塑造了孙红雷多面的人物形象和复杂的性格特点，增强了节目的真实性。①

第二节　真人秀节目的发展背景

一、真人秀节目的起源

20 世纪 40 年代末，一部真人游戏节目登上了美国的电视。尽管《一日女王》只是一个游戏节目，但它被认为是现代真人秀节目的先驱。同样，第一个网络游戏节目《现金与携带》也成为基于现实的、无剧本的电视节目。但是第一个真正真人秀节目出现在 1948 年，名为《坦率的摄像机》。这是美国导演艾伦・芳特的隐藏摄像机秀，展示了毫无防备的人对恶作剧的反应。这一节目是根据他自己 1947 年的广播节目《坦率的

① 时再林.明星真人秀节目《极限挑战》的戏剧化建构[J].视听，2015(11)：103-104.

麦克风》改编的。

1973 年，第一个真正被广泛认为是真人秀类型的节目出现了，这部开创性节目名为《一个美国家庭》(图 4-3)。该节目共 12 集，在美国公共电视网(PBS)首次播出。《一个美国家庭》由美国加利福尼亚州圣巴巴拉市的中上阶层家庭主演。这部电影原本是想记录这个家庭的日常生活，但最后却记录了父母比尔和帕特的分居和随后的离婚。对一个普通美国家庭进行私密而准确的全方位拍摄是前所未有的。制片人克雷格·吉尔伯特创造性地使用了一种观察式拍摄手法。这种拍摄手法有时被称为"墙上的苍蝇"，当细节在镜头前展开时，它把观众变成被动的观察者。从那以后，这种做法一直在真人秀节目中被沿用。

图 4-3 《一个美国家庭》家庭合影

1991 年，在荷兰电视台播出的电视剧《第 28 号》，最初的设想是把一些陌生人放在一个有限的环境中，然后记录发生的事情。《第 28 号》开创了许多后来成为电视真人秀标准的风格惯例，包括大量使用配乐，以及在屏幕上穿插由演员录制的事后"反思"作为旁白。一年后,MTV 电视台在其拍摄的新剧《真实世界》中使用了同样的手法。《真实世界》节目于 1992 年首次播出,其灵感来自 1973 年 PBS 的《一个美国家庭》。《真实世界》是 MTV 历史上运行时间最长的节目,到 2019 年,该节目已经累计播出 33 季。2021 年 9 月,该系列又续订了两季,并重新组合了《真实世界:洛杉矶》的演员阵容。该节目挑选七到八名年轻人暂时住在一个陌生城市的一所住宅中,同时不间断地拍摄。1989 年基于计算机的非线性视频编辑系统的诞生,让拍摄这种类型的电视真人秀成为可能。非线性编辑系统能够快速编辑数小时的视频素材,这在以前是很难做到的。

随着《老大哥》和《幸存者》(*Survivor*)系列的成功,真人秀电视于 20 世纪 90 年代末和 21 世纪初在全球流行起来。在美国,真人秀节目在 2001 年的收视率一度下降,导致一些娱乐行业的专栏作家认为真人秀这种类型的节目只是流行一时,已经走到了尽头。不过,《幸存者》和《美国偶像》(*Idol*)这两大热门节目继续蓬勃发展:在 21 世纪头十年,这两档节目都高居美国电视季平均收视率榜首。《幸存者》在 2001—2002 年蝉联美国电视收视率冠军,《美国偶像》蝉联美国电视收视率冠军的时间最长,在 2003—2011 年的电视季中,连续在总收视率中超过其他所有黄金时段节目和电视剧。《学徒》(*The Apprentice*,图 4-4)于 2004 年 1 月首播,由马克·伯奈特制片公司与特朗普制片公司联合出品,是一个将商业运作技巧作为真人秀竞赛主题的节目。《学徒》播出后,引起各国电视台争相购买版权。

图 4-4　2004 年《学徒》海报

二、真人秀节目《幸存者》

《幸存者》(图 4-5)是一个在世界许多国家进行的电视真人秀节目。在这个节目中,参与者被限定在一个特定的环境下依靠有限的工具维持生存,并参与竞赛,最终胜出者将赢得 100 万美元的奖金。《幸存者》参照了瑞典成功的电视节目《鲁滨逊探险》

(*Expedition Robinson*)。由于《幸存者》的成功直接产生了一系列类似的真人秀节目,行业中一般认为,《幸存者》是此类真人秀节目的开山之作。

图 4-5 真人秀《幸存者》

《幸存者》中主要包括三项游戏内容:

第一,部族和豁免权。16—20 个部族成员被限定在一个与世隔绝的自然区域内,分成人数相等的两个部落,互相竞争进行豁免赛和奖励赛。根据主持人的描述,虽然 16 人(分为两个部落)是游戏最原始的人员配置(这种配置使得各部落选手性别更加容易调配,观众因为较少的人数更易记住各个参赛者),但是部分 18—20 人的赛季给选手退赛留下的空档提供了填补空间。参赛者只能用最低限度的工具来保证生存,这些工具包括砍刀、盆和水罐。各个部落用自然材料与在挑战赛中获得的奖励材料来搭建最基本的居所。一些赛季中各个部落在游戏开始时会获得大米等最基本的食物。早期的赛季每位选手允许随身携带一件奢侈品,与此相对的是一些赛季毫无预兆地开始游戏,使得参赛者除了随身衣物与工具外别无他物,只能自食其力。出于安全考虑,主办方会给参赛者提供跑鞋。

每个部落都会有一个部落名,名字来自当季举办地的语言;同时每个部落也都有一个代表色,这个颜色用在部落旗帜、挑战赛关卡、后期剪辑时的文字与各种其他物品上。每位选手在游戏开始时获得一块印有当季标志的头巾,为了让观众容易识别各部落,选手必须戴着。在发生部落变动时,部落改变的参赛者将旧头巾换为带有新部落代表色的新头巾。

比赛包括耐力、解决问题能力、团队合作能力、灵活性及意志力等多方面的较量。在豁免赛中失利的一队将召开部落会议,部落成员进行投票,票数最多者被淘汰出局。在许多季节目里,也同时设有一个奖励赛,获胜的部落将赢得一些珍贵的奖品,如毯子、香料或燧石等。当两部落成员总数只剩下 8—10 个人时,两个部落将重新合并。从此刻开始,所有的比赛将只有一个胜利者,奖励也只给予这一个人。有时候,这个获胜者可以选择另外一个或多个部落成员共同分享奖励。

第二，部落会议。部落会议在每一集结尾举行，失利部落进行投票将一个成员淘汰出局。投票前，主持人将提问这些失利部落成员，此时经常会有一些在先前部落会议中相互投票的细节被揭发出来。随后，部落成员秘密投票，得票最多的人被淘汰出局。主持人熄灭他的火炬，然后宣布“这是部落的决定”。这个淘汰者将离开部落会议的区域，伴随本集的结尾字幕，进行简短的离别发言。

当投票结果出现平局时，以下解决方式曾经被使用过：重新进行先前豁免赛的游戏，失败者将被淘汰；在先前所有部落会议中得票最多的人将被淘汰；在先前所有部落会议中得票数量相同的人，将由一个突然死亡赛来角逐最后的胜负；没有豁免权的部落成员从袋子中选取石头，拿到紫色石头的人被淘汰。

第三，游戏结束。除最后 9 人之外的先前被淘汰的选手一起离开这个游戏。在剩余的 9 人中，继续被淘汰的选手将留在第三地形成一个陪审团。在最后一集，最后 4 个选手一起进行先前所有豁免赛曾经进行过的游戏，然后又有一个部落成员被淘汰出局。剩余的部落成员将返回营地，在去进行最后一场耐力赛的路上，一起回顾先前所有被淘汰的部落成员的一个个片段。赢得这场耐力赛的人再淘汰一名部落成员，最后 2 人产生，并回到营地度过游戏的最后一晚。在最终的部落会议中，7 名陪审员对最终的 2 人进行投票，投票结果将被密封，并在最后一场大结局中公布，百万美元大奖的得主也由此产生。

2000 年，《幸存者》首播在美国取得了巨大成功，一时间，真人秀节目给情景喜剧和传统连续剧节目带来了巨大冲击。甚至，在此之前，由于饱受《谁想嫁给百万富翁》节目丑闻的困扰，已经宣布永不播出真人秀节目的福克斯广播公司也启动了类似的节目。2001 年冬春之交，《幸存者》第二季开播，收视率进一步提高，虽然在随后的几季中，《幸存者》的收视率略有下降，但始终拥有一大批忠实观众。2002 年，英国版《幸存者》、澳大利亚版《幸存者》也相继开播，但他们的收视率都不尽如人意。英国版《幸存者》的收视率远远低于制作方英国独立电视台的预测，但它仍旧赢得了 600 万—800 万的忠实观众。美国版《幸存者》的版权已经卖给了许多广播公司，许多国家都有类似的真人秀节目。

第三节　国内真人秀节目的发展

一、国内真人秀节目的雏形阶段

国内真人秀节目最早出现在 2000 年，第一个真人秀节目是广东电视台推出的《生存大挑战》(图 4-6)。节目的创意来自香港亚视与日本电视台联合制作的系列节目《电波少年》,《生存大挑战》从全国 500 多名应征者中挑选出 3 名互不相识的“挑战者”——湖北籍青年诗人吕岛、新加坡航空公司空姐王樱和北京退伍军人张钧,要求他们在 6 个月的时间里每人只带一个背囊、一双运动鞋、一些药品及地图、指南针、水壶、帐篷和 4,000 元旅资,完成广西、云南、西藏、新疆、内蒙古、黑龙江、吉林、辽宁等 8 省的 3.8 万公里边境地带的旅程,整个过程历时 195 天。在活动过程中,贯穿着真人秀节目的原则:制作者制定规则,由普通人参与并全程录制播出,摄制组不能在经济上、交通上提供任何帮助。

图 4-6　广东卫视《生存大挑战》

从《生存大挑战》开始,国内各种类型的真人秀节目逐渐走上荧屏。2001 年 8 月,各大电视台合作的大型野外真人秀节目《走入香格里拉》播出,户外体验题材成为国内真人秀节目的热门,维汉文化传播公司总经理、《走入香格里拉》策划人陈强曾表达过对本土真人秀的期望:“《走入香格里拉》与《幸存者》不同。后者只是一种非常程式化的游戏,而我们还想把社会学与人类学标本融合进来。”

在国内真人秀发展的最初阶段,淡化真人秀的娱乐色彩成为制作人的主要目标,这里面可能有对西方文化改良的考虑,但更多的则来自国内电视人心中的纪录片情结。因此在那个时期,我们经常看到国外一些紧张刺激的“原版”真人秀被改编成一档有“中国特色”的民俗纪录片,如中央电视台在 2003 年推出的竞赛类真人秀《金苹果》常选择一些有文化底蕴的古镇拍摄外景,然后玩一些诸如跟老乡学做风筝、穿越南北古城、制备豆腐宴等游戏,并在节目中穿插对古镇文化的探询等内容。2002 年暑假,湖南卫视又推出了模仿法国《阁楼故事》制作的综艺节目《完美假期》。

二、国内真人秀节目的繁荣发展阶段

中央电视台财经频道在2003年制作播出了一档平民真人秀节目《非常6+1》，节目初期由李咏主持，在当时广受好评。从《非常6+1》开始，国内逐渐开始关注平民选秀竞赛类的真人秀节目。2003年，湖南卫视以《美国偶像》为模板推出了《超级男声》，2004年在《超级男声》基础上推出了《超级女声》，一举取得成功。

在《完美假期》和《快乐男声》的制作经验之上，湖南卫视的真人秀节目制作水平有了很大提高。2004年，湖南卫视制作推出的《超级女声》是我国真人秀节目的里程碑，这档节目的推出让国内观众感受到真人秀节目的魅力。普通民众站上了真人秀节目的舞台，得到了上镜的机会，大大激发了观众的参与热情，一时间造成了全民选秀的盛况。

《超级女声》以后，《我型我秀》《加油！好男儿》《梦想中国》等真人秀节目层出不穷。此类节目在赚取高收益的同时也出现了很多问题，大量同质化的选秀类真人秀，让电视观众产生了审美疲劳。随着观众关注度的下降，引发了各大电视台的恶性竞争。为了能够在激烈的市场竞争中站稳脚跟，有的节目不择手段，在节目中过度突出戏剧冲突。如参赛选手痛哭流涕，与“毒舌”评委对质，扔话筒提高热度，恶意炒作话题，评委通行证盛行，选秀黑幕频发……这些过分追求节目效果的方式，使真人秀节目失去了在大众心目中的公平、真诚的感觉，这种过度娱乐化的现象让节目失去了它本身的意义。

三、国内真人秀节目的发展与调整

选秀类真人秀节目逐渐度过了它的繁盛时期，观众对这类节目逐渐失去了兴趣，真人秀节目出现了一些新的转变，意味着其开始了新时期的繁荣。新的真人秀节目的大量出现，引发了新一轮的问题，有的节目中甚至出现了一些低俗的内容和错误的价值观。有鉴于此，2015年7月22日，国家新闻出版广电总局发布了《关于加强真人秀节目管理的通知》，大力整顿真人秀综艺节目中的乱象，推进国内真人秀节目在内容上的转型升级，引导国内真人秀创作者积极弘扬中华民族优秀传统文化和社会主义核心价值观，推动我国真人秀综艺节目向健康方向发展。

从今天来看，大多数真人秀节目，在当时都进行了升级改造，积极地关注社会公益和一些在社会中比较突出的问题。比如《极限挑战》关注留守儿童问题，《我家那小子》关注亲情代沟问题，《妻子的浪漫旅行》关注婚恋问题等。总体上来说，现在的真人秀节目在娱乐的同时，更多地关注到社会本身，起到了很好的价值引领作用。

2021年5月4日，新华社针对粉丝为打投偶像把牛奶倒沟里的事件发出评论“别把青年人带沟里”，评论发出质问：“策划这种打投方式之初，有没有考虑到可能造成大量浪费的风险？有没有想过本该承担的社会责任？在这个前有劳动节后过青年节的假期，这样的节目、这种营销方式又将给青年人造成怎样的不良影响和引导？”真人秀节目《青春有你》第三季一时被推上了风口浪尖，5月4日晚，北京市广播电视局在微信公众号上发文，责令爱奇艺暂停《青春有你》第三季后续节目录制。文章称：“针对群众举报网络综艺节目《青春有你》第三季存在的相关问题，北京市广播电视局高度重视并第一时间约谈了爱奇艺相关负责人，要求该平台严格落实广电行政部门有关管理规定，切实履行网络视听平台主体责任，完善节目管理制度，认真核查并整改存在的问题。”同年9月2日，国家广播电视总局办公厅下发《关于进一步加强文艺节目及其人员管理的通知》明确提出坚决反对唯流量论，“广播电视机构和网络视听平台不得播出偶像养成类节目，不得播出明星子女参加的综艺娱乐及真人秀节目”。这是清理整顿娱乐圈和养成类真人秀节目乱象打出的又一记重拳，也对真人秀节目的内容有了新的要求。

第四节　真人秀节目创作的方向和策略

一、塑造真人秀中的“人设”

人设，也叫人物设定，又称角色设定，原本是指动漫、小说、漫画作品中人物外貌特征、性格特点的塑造。如今，“人设”一词已经从娱乐圈演化成为公众人物形象的代名词。当今社会快餐文化大行其道，明星迭代速度也在不断加快，优秀作品资源不足，单纯凭借好作品来打造艺人辨识度的养成周期过长。艺人们害怕观众记不住自己，但是一些艺人们并没有在自身的专业和作品上下功夫，反而希望通过虚假的“人设”来提高知名度。每个人都是一个无法复制的个体，而人的符号化则可以被大量复制和消费。粉丝不断消费，为偶像买单，促进“人设”经济的风生水起。

人是真人秀节目的核心。一档节目能否取得成功，关键要看所塑造的人物形象能否被观众接受，比如说《奔跑吧兄弟》中的大黑牛、小猎豹，《极限挑战》中的“极限三傻”“极限三精”，《向往的生活》中的“两个高情商男人”等。人物形象的塑造，直接决定了这档节目能否给观众留下深刻印象和被观众所喜爱。影视剧主要通过扣人心弦的剧情来带动和吸引观众。真人秀节目每一期的内容可能是不一样的，并且每一期的主题也不一样，怎样让观众持续收看节目，唯一的方法就是把节目的“人设”立住了。让观众喜欢或者讨厌这个角色，因为这个角色而持续不断地去关注节目。真人秀节目人物形象塑造的逻辑基础就是节目在最开始的时候不能把所有的信息都告诉观众。如果全部告诉观众，观众可能会出现失焦的情况。解决这一问题的最简单方法就是让观众记住里面的人物，想要了解这个人物背后更多的内容，从而带动观众去了解这个节目的内容，最后进行节目价值观的输送。真人秀节目在拍摄的过程中会产生大量的素材，节目中的每个人物多线同时进行，会让节目总体的故事线很凌乱。在做一期节目时，如果确定了这一期主要塑造的人物，通过主要人物去寻找关于他的素材，就能确定这期节目应该以怎样的方式来讲述，有利于整个故事的清晰呈现。

二、用剪辑强化人物形象

在真人秀节目制作过程中后期剪辑占据着重要地位。在剪辑之前，剪辑师可以和现场导演先了解嘉宾的表现，做到心中有数，还要了解嘉宾给观众的一般印象，在足够了解嘉宾后，再结合拍摄素材沿用原有形象或者通过剪辑制造反差来塑造人物形象。比如在《爸爸去哪儿》第六季中，陈小春给大家的第一印象肯定是铜锣湾"大哥"，后来发现在节目中他确实脾气有些急，但他儿子与他性格相反，是很懂事很温柔的小朋友。这种反差对比就是节目有意思的点，形成反差对比的较好方式就是找反应镜头，不同人物对同一事件的不同反应，是能直接体现人物性格的——对一个突发事件，有人的表情很夸张，有人没表情，这就能体现出他们之间的性格差异。在节目中，编导和剪辑师通过塑造这对父子的反差形象取得了很好的效果。

粗剪的主要目的是了解、还原人物事件。剪辑师在粗剪时不需要对素材进行大量删减，而是需要全面地了解素材、了解人物的每一面。真人秀节目在剪辑时应该注意以下问题：

（一）注意素材的取舍

人物素材的取舍要符合整体故事的逻辑，必须与整个节目的故事主线有关系，同时尽量有趣。观众越来越追求真实和多元的人物形象。塑造一个人物的主要性格，就需要舍弃一些不突出的性格，或者可能不适合出现在节目中的一些表现。在剪辑时要保留最能突出人物性格或更讨喜性格的素材，其他的内容则可以舍弃。因为观众看节目是为了放松和快乐，每个人都愿意看美好的东西。同时，真人秀不应该刻意逃避节目中人物出现的负面心理和行动倾向，不过，在剪辑时要拿捏好尺度，将负面内容转为正向积极的内容，展现人物在面临挫折与困境时，是如何依靠自身、求助他人、借用社会力量来实现自我提升与净化的。节目应尽量保留积极的、向上的内容来塑造一个正面的、美好的人物形象。

（二）提高素材敏感度

要培养对视频素材的敏感度。不同的剪辑师对细节的理解不同。抓住细节是真人秀节目塑造人物形象的一个重要方法。通过一些特点鲜明的细节来体现人物的个性，可以有效避免真人秀节目人物形象千篇一律的问题，使人物形象更加丰满和立体，也让观众对人物有所期待。真人秀节目在后期的剪辑中，要善于发现有代表性的细节，以此来表现人物的内心情感和个性特征。《英国达人》对苏珊大妈（图4-7）的形象塑造就抓住了有代表性的细节，从苏珊大妈穿着一身粗布衣裙站在海选的报名队伍中啃苹果，到她顶着蓬乱的头发走上舞台进行自我介绍，这些细节将苏珊大妈塑造成一个年龄有点大、长相有点糟、打扮有点土的平民形象。然而就是这样一个平民亮开歌喉演唱时，优美的歌声瞬间让观众睁大了眼睛。细腻丰富、具体可感的细节信息，给观众造成了巨大的心理冲击，也成就了苏珊大妈。因此，细节的抓取既披露了人物的真实情绪，也将人物的不同性格生动外化，可以细致生动地塑造人物形象。①

图 4-7 《英国达人》中的苏珊大妈

（三）构建人物关系

真人秀节目可以通过构建人物关系来加强对人物形象的塑造。真人秀节目要善于挖掘嘉宾的多元性格，善于在嘉宾的身边找到亲密关系，从而在节目中打造一个熟人氛围。这既能拓宽节目内容，扩大人物的表现空间，也能在轻松温暖的氛围中建立起嘉宾的复合“人设”，丰富节目的内容。真人秀节目因其能够真实紧密地贴近社会文化、折射世间百态，成为在小环境下的一个微型人类社会，节目中涵盖了人与自我、人与人、人与社会、人与自然等全面而又复杂的关系。真人秀节目不能为了流量的最大

① 吴志超，路思遥．真人秀节目人物形象塑造研究［J］．视听，2015(11)：1-2．

化，将一些可能并不熟识的嘉宾硬凑成好友或家族，为了避免节目中的尴尬，嘉宾只好重塑“人设”去假装融洽，这样反而会拉开节目中人与人之间的距离。

三、真人秀节目的机位设置

真人秀拍摄可以分为演播室内拍摄和户外拍摄两大类。演播室内拍摄通过导播的现场切换来实现多机位的配合，机位的布置以“正面拍摄”为准则；在一个轴线范围内完成定点机位的架设，特殊机位可以越轴出现，增加节目画面的多样性和趣味性；各个机位以区域划分，完成所在区域的拍摄；导播通过对机位的灵活调度、合理安排，实现节目效果。

户外拍摄更符合真人秀真实呈现的要求。户外真人秀的类型有很多，应根据不同的节目进行机位的安排和设置。一般来说，户外真人秀拍摄需要的机位往往远多于演播室内拍摄，因此，对机位的设置需要更精准的考虑和安排。

真人秀节目的机位设置非常重要，把摄像机合理地分布在环境中，可以让电视观众不仅有身临其境的感受，还能看到各个方位的内容。设置机位之前导演会把节目的内容脚本分发到摄影指导的手中，摄影指导会对节目中涉及的所有场景进行甄别，找出哪些适合拍摄，哪些不适合拍摄，不同的场景用什么机位拍摄能有最好的效果；根据节目内容的要求，摄影指导选择一些特殊机位提前进行埋点，在每个场景中需要哪些工种的配合，都需要了然于胸。同时，摄影指导需要跟现场导演做好沟通，时刻准备应对拍摄期间的各种变化。

户外真人秀机位一般由定点机位、跟拍机位和特殊机位组成。定点机位一般由远距离机位和近距离机位组成。远距离机位包括录制现场的制高点机位、升降车和高点机位等。远距离机位的主要功能是展示场面，说明场景间的关系，因此，所选用的镜头以广角镜头或标准镜头为主。近距离机位指的是除远距离机位以外的现场其他机位。这些机位的摄像机以拍摄活动的内容为主。相对于远距离机位，近距离机位的摄像机与活动中的事件主体的距离比较近，机位全程保持相对的稳定，给观众一个直观的视角。但随着真人秀节目的精致化，拍摄时越来越多地会用到一种云台监控机位，因为真人秀的无死角需求，很多场景无法由摄像师进入或相对不能有人打扰。因此，监控系统十分重要，一般会有一台甚至多台可遥控操作的固定机位，进行监控拍摄。这种拍摄场景，都具有一定的私密性，隐藏的机位会更好地保证被拍摄者自如的状态。《向往的生活》第二季节目的录制，可以说没有任何一个死角。在有一期中，脱口秀演员池子来到了蘑菇屋，不小心摔了一跤，还在暗自想这么丢人应该没被其他人看见，可是当后期给出九宫格摔跤“靓照”时，池子本人瞬间傻眼了。这全是云台监控机位的功劳。

跟拍机位就是大家经常听到的 VJ（video jockey），需要在节目中全程跟着嘉宾不停移动，也代表了观众跟随活动观看的位置，这就是户外真人秀区别于演播室真人秀的录制方式，每时每刻都有新的内容产生并且不可重复。一般来说VJ的掌机者都必须是体力非常好的摄像，体力是摄像师保持稳定、跟拍嘉宾的基础，往往一期节目下来，相当于跑了半程马拉松。在韩国真人秀摄像团队中，有的跟拍VJ会和艺人进行固定合作，他们之间形成的默契也是节目效果的重要保证。游动机位在拍摄过程中，经常会遇到多机位的配合。真人秀节目中也会安排单独拍摄过场空镜头的VJ。

特殊机位一般指摄像机的机位架设在移动车上或铺设的轨道上等。在演播室真人秀中，特殊机位有电子轨道、飞猫摄像机、虚拟现实机位、摇臂等。在户外真人秀中，特殊机位一般有运动相机、无人机、监控机位、VR拍摄等。

（一）演播室真人秀特殊机位

电子轨道本质上是一套机器人系统。拍摄者负责构图，其他运动升降旋转都由机器人系统完成。它的产生代替了人轨，能更好地展现舞台效果。

飞猫摄像机，顾名思义，是在空中架设的机器，也可以理解为空中轨道。它能提供不一样的视角与更富冲击力的画面。

国内最早使用虚拟现实机位是在2012年的央视春晚中。虚拟机位可将虚拟图像和实景有机结合起来，形成超越现实的画面。

摇臂其实20世纪中叶就发明出来了。现在的摇臂更多是一种复合功能，它拥有轨道，能实现Z轴，可以伸缩甚至可以有虚拟和机器人系统的加持。它的空间延展能力提高了很多，如果有好的镜头设计会让人耳目一新。

（二）户外真人秀特殊机位

运动相机一般指GoPro，当然还有索尼、大疆等同类产品。GoPro是一种极限运动相机，体型小，方便携带，有防水防震的套件，可以在机内做稳定处理。GoPro是真人秀的必备相机，最常见的是用作隐蔽机位，用在狭小的空间内，比如在运动的车体内；加上防水套件，它可以在水下拍摄特殊视角；加上增稳固定设备，它可以固定在头盔上拍摄第一人称视角，也可以反拍嘉宾脸上的表情。

这几年无人机越来越多地进入电视节目常规拍摄当中，真人秀更是如此。以往拍摄时我们要找一个高点来交代关系和环境，现在我们运用无人机，可以很好地做内容的展现；有时候我们也把无人机纯粹作为上帝视角，做一些跟拍，它比摇臂有着更好的灵活性，比VJ多了点距离感，能让观众有一个开阔的视角欣赏节目的推进。

监控机位，比如在《中餐厅》《向往的生活》中我们都能看到大量的监控机位，那时一般是用索尼PXW-Z90（图4-8）配合一些GoPro使用，这样可以多角度地覆盖拍摄区域，并通过遥控实现内容的拍摄。PXW-Z90有着12倍的光学变焦，可以完成无死角拍摄，但这一机型还是有弱点的，比如在暗光情况下，高感的拍摄画面质量和对焦都不会太理想。在 2021 年 7 月爱奇艺的《萌探探探案》中，其真人秀摄像团队用索尼 FX3（图 4-9）搭建了监控系统。FX3 是目前索尼微单中顶尖的机器，它的对焦和高感都值得信赖，用它搭建监控系统，可以让画质整体提高不止一个档次，其优异的传输性能也可更好地实现长距离无线图传。

图 4-8　索尼 PXW-Z90 手持式 4K 摄录一体机（图片来自索尼官网）

图 4-9　索尼 FX3 全画幅电影摄影机（图片来自索尼官网）

VR 拍摄，更多作为一个特殊视角使用，嘉宾手持 VR 设备提供一个全景视角。现在这一技术有一个特别适合应用的真人秀节目形式，那就是剧本杀类节目，VR 提供一个可以看到所有周边情况的视角，你可以有选择性地去观看任何一个人脸上的表情，它极大地提高了节目的沉浸感，观众很容易被带入节目当中，因此，有些真人秀节目会把 VR 机位作为一个付费机位使用，这也是一种合理的商业开发。①

① 郝瑞.真人秀节目拍摄探究[J].卫星电视与宽带多媒体，2021(24)：161-163.

四、全媒体时代下的真人秀节目创制

全媒体指媒介信息传播采用文字、声音、影像、动画、网页等多种媒体表现手段（多媒体），利用广播、电视、电影、报纸、杂志、网站等不同媒介形态（业务融合），通过融合的广电网络、电信网络以及互联网络进行传播（三网融合），最终用户以电视、电脑、手机等多种终端均可完成信息的融合接收（三屏合一），实现任何人、任何时间、任何地点、以任何终端获得任何想要的信息。随着全媒体时代的到来，真人秀节目的制作不再是传统电视台的特权，各种互联网平台也加入各类真人秀节目的制作中。互联网不但加速了节目的传播速度，也促使各个传统电视台、互联网播出平台之间的竞争越发激烈。为了在众多的真人秀节目中脱颖而出，争取更多观众的关注和支持，各大媒体在制作节目时，应该勇于创新，打破思维定式。我国的真人秀节目只有创新，才能创造出属于自己的、符合大众口味的真人秀节目，才能有更好的发展。首先，在形式上要突破思维定式，每一档真人秀节目都应该有自己的特色，而不是一味模仿。其次，必须提升节目本身的质量，并以此作为节目营销的核心力量。一方面要充分考虑观众的需求。只有充分考虑观众的需求才能吸引观众的目光。当然，节目内容的设计要遵守一定的道德标准，不能无底线。另一方面，借鉴国外先进节目的制作经验。借鉴先进经验并不意味着无原则地照搬，应该结合我国的实际情况进行创新和改造，并注重与我国文化有机融合，创造出与原版节目不一样的形式和情节，差异化和精致化的节目才能吸引更多观众的关注。

（一）拓宽节目传播途径，实现精准营销

在全媒体时代，观众观看节目的渠道越来越丰富。特别是随着互联网技术的广泛应用，观众可以根据自己的喜好，随意检索并选择相关节目进行观看。对于真人秀节目而言，要充分利用各种传播途径，只有进行多媒体形式的拓展和融合，才能真正起到宣传和发展节目的目的。以《奔跑吧兄弟》为例，尽管它的制作单位是浙江卫视，但是在节目开播之初，浙江卫视就实现了网络和电视的同步直播模式。也就是说，观众既可以选择通过电视观看，也可以通过移动终端同步欣赏。同时，节目利用微博、弹幕等新媒体形式实现了与观众的实时互动，收集观众的意见和诉求，并根据观众的合理化建议对节目进行整改和完善。这些形式的应用，不但提升了节目的传播效果，而且增加了节目的热度，实现了节目本身的营销和发展，创新了与观众的互动模式。

（二）完善节目发展产业链，实现对品牌节目的传播和推广

当前我国比较知名的几个真人秀节目的营利渠道主要是广告冠名和赞助，对节目

后期产业链的关注和开发比较少。真人秀节目的产业链开发可以从以下两个层面展开：一是结合节目进行影视作品的制作；二是针对真人秀节目设计开发手机游戏等。通过后续产业链的开发，可以达到持续提升节目影响力的目的。

随着互联网和信息技术的不断升级，人类社会逐渐迈入全媒体时代。全媒体时代的到来，促使社会整体传播环境发生了翻天覆地的变化；同时，也给传统信息传播方式带来不小的冲击，促使其对传统发展模式进行创新和变革。在此背景下，在观众多元化需求面前，只有对节目进行合理的营销和策划才能吸引观众的瞩目，进而获得更高的收视率和回报率，这是真人秀节目运营商应该考虑的关键问题。[①]

课后习题

1.比较分析电视纪录片和真人秀的区别。

2.观看真人秀节目《幸存者》和其他真人秀节目，阐述此类真人秀节目的特点。

3.真人秀节目强化人物形象的方法有哪些？

① 李艺，李爱民.全媒体时代下真人秀节目的策划及发展[J].记者观察，2021(4)：52-53.

第五章　晚会类节目制作

晚会类节目制作在一体化节目制作中占有较大比重，无论是游戏类综艺节目的表演环节、竞演类综艺节目的舞台秀部分，还是各类型的文艺晚会、活动庆典等的策划制作流程、逻辑都具有相同性，因此学习晚会类节目制作尤为重要。本章将从不同维度阐述晚会类节目制作的流程，明确该类型节目编导工作职责及应具备的职业素养，以适应行业和市场需求。

第一节　晚会类节目概述

一、晚会类节目界定

在融媒体时代，节目内容元素日益丰富导致各类节目的边界越来越模糊，本章所探讨的晚会类节目既可以是一种节目类型，又可以是综艺节目的元素之一。

作为一种节目类型，晚会类节目泛指电视文艺晚会，又叫电视综艺晚会或电视综合晚会。有关电视文艺晚会的定义，《电视艺术学》给出的解释是：以现场直播的技术手段，文艺晚会的艺术样式，通过电子技术手段的制作，对各种文艺节目进行再创作，经过节目主持人的组织和串联，将文艺与娱乐融为一体，给观众以综合审美的电视节目形式。① 陈雨露在《电视综艺晚会的形态美感》中给出的概念是：电视综艺晚会是综合各门类表演于一体，集思想性、时效性、娱乐性、艺术性于一炉，具有形象生动、寓教于乐、愉悦心神、陶冶情操的审美功能，中国老百姓所喜闻乐见的一种艺术形式。②

电视文艺晚会这个名称本身就对这个节目类型进行了界定：第一是电视。这首先指

---

① 高鑫.电视艺术学[M].北京：北京师范大学出版社，1998：395.

② 陈雨露.电视综艺晚会的形态美感[J].电视研究，1996(9)：14-16.

出传播媒介是电视，它必须具有电视艺术的性质，创作也需要遵循电视艺术的本体规律。第二是文艺。电视文艺晚会综合多种艺术表现形式，具有很强的观赏性，凭借艺术表现形式传播思想，契合时代的发展，产生社会效益和经济效益，具有很强的现实意义。

作为综艺节目中的元素时，晚会类节目指的是各类综艺节目中的舞台文艺表演环节，其内容、形式等的设计与电视文艺晚会“同宗同源”，区别仅在节目体量和作用上，电视文艺晚会节目规模往往更大，并且具体节目占据核心地位，承担主要叙事和表现功能，而综艺节目的文艺表演则更多是为节目综艺效果服务，节目内容娱乐性更强，人数较少，规模较小，更注重对表演嘉宾的刻画和呈现。①

二、晚会类节目分类

从微观角度来说，晚会类节目包含歌舞类、语言类、魔术杂技等。从宏观角度来说，伴随着我国社会环境和观众审美需求的变化，晚会的类型呈现多元化趋势。依据不同的划分标准可以有不同的分类。诚然，任何的分类标准都有其局限性，不可能涵盖所有晚会类型，况且很多晚会的内容形式相互渗透和交叉，很难将其归于某一晚会特定类型。根据晚会“主题”，我们大致可以将其划分为节日类晚会和专题类晚会。

（一）节日类晚会节目

除了国际节庆日，每个国家都有自己的文化，有着属于本民族的节庆日和纪念日，各国电视台都要举办文艺晚会进行庆祝或纪念，这已成为一种文化传统。节日类晚会主要是指电视台为庆祝或纪念重大节日而举办的文艺晚会，它力求营造喜庆、欢乐、祥和的节日气氛，突出民族性特征，大多为一年一度。大体说来，我国节日类晚会主要分为以下几类。

1.民族传统节日文艺晚会

春节是中华民族最重要的传统节日之一，它不仅浸透着中国人民对生活的热爱和追求，也是民族向心力的集中体现。一年一度的“春晚”是全年收视的焦点，看中央广播电视总台的春节联欢晚会已成为一种集体行动，成为传统节日的一个“新民俗”，是中国人乃至全球华人的盛典。截至 2022 年 1 月 31 日 24 时，2022 年春晚（图 5-1）电视端直播平均收视率达 21.93%；新媒体直点播用户触达 49.32 亿次，相对 2021 年增加明显；海外方面，来自美国、加拿大、法国、意大利、俄罗斯、日本、巴西、澳大利亚、印度、阿联酋等 170 多个国家和地区的 600 多家媒体对春晚进行同步直播及报道，通过 CNTV 和 CGTN 海外社交矩阵收看春晚直播的海外受众超过 3,524 万人次。

---

①　王华峰．电视文艺晚会问题研究[D].哈尔滨：黑龙江大学，2017.

图 5-1　2022 年中央广播电视总台春节联欢晚会

除了春节，中华民族的传统节日还有元宵节、中秋节、七夕节等，在这些传统的节日一般也会举办各类晚会。一般少数民族的民俗节日，当地电视台也会举办相应的文艺晚会。

2.国内外节庆日文艺晚会

国际节庆日有元旦、“五一”国际劳动节、“六一”国际儿童节等，与此相对应的文艺晚会如《启航 2021——广播电视总台跨年盛典》《中国梦·劳动美——致敬劳动者“五一”特别节目》《童心筑梦 志在未来——2022 年“六一”儿童节特别节目》等。

我国重大纪念性节日主要有：“五四”青年节、“八一”建军节、“十一”国庆节等，与此相对应的文艺晚会如中央广播电视总台一年一度的“五四”青年节文艺晚会、《永恒的军魂——建国 95 周年特别节目》、《中国梦·祖国颂——2022 国庆特别节目》以及 2022 年 7 月 1 日播出的《庆祝香港回归祖国 25 周年文艺晚会》(图 5-2)等。这些重大纪念性节日是人心所向的日子，大家聚在一起用各种各样的艺术表现形式回顾历史、畅想未来，这是人们欢愉的情绪和自豪的心情最为直接的表达，也是加强团结、增进友谊最易被接受的形式。

3.周年纪念日文艺晚会

这类文艺晚会是为了纪念历史名人或重大事件而举办的具有特殊意义的纪念性文艺晚会，它不仅为观众带来欢乐与祝愿，还在回顾历史、缅怀伟人，更加催人奋进。①例如《纪念毛泽东同志诞辰 120 周年文艺晚会》《胜利与和平——纪念中国人民抗日战争暨世界反法西斯战争胜利 70 周年文艺晚会》、庆祝中国共产党成立 100 周年文艺演出《伟大征程》(图 5-3)等。随着国家政治生活的稳定、经济的快速发展，这些晚会是国家安定祥和的象征，有着极其重要的历史意义以及教育作用。因此，这类晚会也是人们精神生活不可或缺的。

---

① 王艳玲.电视文艺学导论[M].成都：四川大学出版社，2006：156.

图 5-2　庆祝香港回归祖国 25 周年文艺晚会

图 5-3　庆祝中国共产党成立 100 周年文艺演出《伟大征程》

（二）专题类晚会节目

专题类晚会节目主题鲜明，内容宽泛，形式多样，它一般具有某种行业内的特质，强调时政性和宣传性。它可以随时根据需要而举办，时间上具有很大的灵活性和应变性。总之，专题类晚会节目是指为了某个特定主题而举办的文艺晚会。它主要分为以下几类：

1.公益类文艺晚会

这类文艺晚会用文艺表现形式唤起人们参与某项公益事业的积极性，它具有宣传和倡导的性质，往往有明确的标题作为主题。例如《让世界充满爱》“12・5”国际志愿者日大型公益文艺晚会、由中国社会福利基金会主办的《爱在行动》公益慈善晚会、为消费者维权的央视《3・15 晚会》、为汶川地震募捐的《爱的奉献》赈灾晚会等。在公益类晚会中最具代表性的当属每年的《3・15 晚会》（图 5-4），自 1991 年中央电视台举办第一届《3・15 晚会》以来，它始终坚持以维权为核心，在继承优良传统的基础上努力创新。晚会设立的投诉热线与群众利益直接相关，供广大消费者反馈问题。公益类电视文艺晚会关乎道德问题、社会问题、政治问题，而这些问题事关每个现代人。面对突发性事件，我们可以发现，义演晚会是众多募捐方式中最深入人心的一种方式，这种方式更多出于一种人道情感的需要。

图 5-4　中央广播电视总台《3·15 晚会》

2.文体类文艺晚会

文体类文艺晚会集中反映艺术界和体育界的重大活动，它的主题和内容主要围绕各类艺术节和体育盛会来表现。这类文艺晚会给观众带来的是隆重的仪式以及气势磅礴的场面，大多数以室外团体表演为主，使文艺与体育有机融合，展现广泛的国际性、强烈的时代感和鲜明的地域特色。例如 CCTV-7《乡村大世界》栏目承办的新农村电视艺术节、2008 年北京奥运会开闭幕式、2010 年广州亚运会开闭幕式、《我们的骄傲》中国奥运健儿澳门联欢会、2022 年北京冬奥会开闭幕式等。国际性体育赛事的开幕式越来越被人们所重视，它通常是主办国表现民族文化与艺术，显示国家综合实力的重要机会，它的沟通作用往往超出政治本身。因此，主办国不惜重金打造，精心设计与排练，人们甚至认为开幕式的成功预示着整个运动会成功了一半。①

3.颁奖类文艺晚会

颁奖类文艺晚会，即颁奖活动和文艺演出相结合的晚会。这类晚会数量较多，涵盖范围广，是为了表彰个人和先进集体而举办的文艺晚会。诸如中国电影金鸡奖颁奖典礼、中国电视金鹰奖暨中国金鹰电视艺术节颁奖晚会、中国电视剧飞天奖颁奖典礼、全国青年歌手电视大奖赛颁奖典礼、CCTV 电视舞蹈大赛颁奖晚会等。在颁奖类文艺晚会中，人们不仅可以获得不同行业的知识，领略构思奇妙、设计独特的节目，还能感受各行各业名人的丰采。近年来，我国颁奖类文艺晚会已逐渐摆脱“公式化”，走向“三贴近”。

① 吕艺生.大型晚会编导艺术[M].上海：上海音乐出版社，2004：21.

三、晚会类节目功能

晚会类节目的整体艺术风格与每个节目的编排，无不煞费苦心体现编导的智慧，大多数节目用群众喜闻乐见的艺术形式和具有相当艺术才华的专业演员来表演。一场晚会包含着轻歌曼舞、妙语连珠、奇人绝技、丝竹弦乐、梨园风采等，配合着炫目的灯光、华丽的服饰，令人赏心悦目。晚会很少是沉闷的说教、高深的思辨，而是简约时尚、妙趣横生，让观众放松身心的同时又能领略智慧与美感，感受中华文化的博大精深。[①] 其主要有以下几个基本功能：

(一)娱乐功能

电视本身就具有娱乐功能，晚会类节目的娱乐性是其本体的自觉要求。在如今快节奏的生活和较大的生存压力下，人们的生活质量受到威胁，忙碌了一天的人们回到家中，打开电视最想看到的就是那些能让人放松、能让人摆脱工作或生活烦恼的节目。因此，观众看晚会类节目的目的除了赏心悦目就是娱乐，以此来舒缓情绪。晚会类节目承担着缓解压力的责任，娱乐功能的发挥和展现是实现其责任的必由之路。

晚会类节目的传播内容大致可以分为以下三个范畴：低俗化内容，即那些被批评家所痛恨，却不缺乏市场的内容；中庸化内容，即符合大众审美取向，广为大众接受的内容；高雅内容，即批评家所倡导，但未必有广大受众的内容。这三类内容只有审美层次的高低之分，在本质上都是“娱乐”功能的发挥。

(二)教化功能

晚会类节目除了具有满足受众审美需求的娱乐功能外，还可起到对受众进行价值引导与校正的作用。教育特征更多地体现在前文提到的高雅内容中，如同批评家所认为的，这部分内容“趣味高雅能起到提高道德、教育和某种鼓舞的作用”。此外，晚会类节目的教育意义还可能散落在中庸化内容中，这是因为晚会作为一种综合性艺术，直接讲道理的情况少之又少，在大多数情况下都是通过塑造形象，自然流露“倾向”。

无论何种类型的晚会节目都应坚持以人民为中心的创作导向，它以刻画、塑造人的情感心灵、理想与现实为本质属性，而这种艺术世界中展示的人物事件、大是大非、人情冷暖，事实上是对善与恶、美与丑的情感体现及人性的诠释和批判。什么样的行为是可取的，什么样的情感是美好的，什么样的心灵是高尚的，什么样的事迹是值得歌颂的，这些都可在艺术世界中得以淋漓尽致的呈现。

---

① 王华峰.电视文艺晚会问题研究[D].哈尔滨：黑龙江大学，2017.

成功的晚会类节目在完善人的思想道德、培养人的意志品格、健全人的积极生活态度等方面具有不可替代的作用。晚会的教育特征是多方面、立体化的，在很多情况下是创作者或制作者的一种主观选择，在文艺晚会策划过程中，这种潜意识就已然存在了。晚会类节目凭借其自身优势，迎合大众的接受习惯，规避了“生硬教化”的负面作用，受众并无反感和排斥。

（三）认识功能

文艺作品的创作源于人类生活，它必然反映特定历史时期社会的风貌，有着民族文化的烙印。众所周知，每个人的审美眼光和艺术认识能力是不同的，正如罗丹所言“世界上并不缺少美，而是缺少发现美的眼睛”。对于同样的艺术作品，不同的人有不同的审美认知。因此，在欣赏晚会类节目时，人们可以或多或少地读解出某种历史文化知识，了解某些风土人情和时代精神。

当然，艺术作品的认识功能既不是明确的科学传播，又不是现实生活的纯客观反映，而是一种文化的渲染和人性的展示，具有鲜活的形象性以及接受方式的愉悦性。

（四）生活伴随功能

日常性是电视媒介的一个重要功能。艺术源于生活，晚会类节目也同样具有生活伴随功能，就像一个生命有机体融入人们的现实生活。人们只要坐在家中就能欣赏各种文艺晚会，人们只要按遥控器，电视荧屏就能陪你到天涯海角。

传统的电视文艺晚会通过电视传播，使家庭中的客厅与起居室变成了“观众厅”和“信息库”，把舞台艺术从大的公开场合挪到了私人场所。虽然观众无法感受现场的魅力，但舒适的自家之感，近在咫尺的“表演”，亲切的自家之人，亲密的自由交谈，“别有一番滋味在心头”。因此，有人将电视文艺晚会称作“沙发晚会”。

当下，互联网等新媒体平台的崛起，消解了电视的部分功能，促使电视媒体表达方式发生转变，也让晚会类节目呈现出新的样态。晚会作为老少咸宜、雅俗共赏的节目，自然需要照顾到绝大部分受众的喜好，越来越体现出生活的气息，如天猫“双十一”晚会等，在晚会的基础之上增加了互动、购物等元素，玩法升级，体验升级，让“双十一”购物狂欢节不再只是电商平台的节日，而是通过电视直播真正成为一场跨平台的“全民狂欢”。

晚会类节目和观众的互动不断增强，平民百姓甚至能成为晚会的主角，大大缩短了荧屏与观众之间的距离，削弱了传统晚会类节目“高高在上”的观感，屏幕前的观众如同戴上 3D 眼镜身临其境，乐而忘返。

第二节 晚会类节目制作流程

晚会类节目具有唯一性，哪怕是录播晚会，节目的最佳效果往往也是“一瞬即逝”的，因此，晚会的前期策划尤为重要。节目的内容、效果等是编导们精心设计的，良好的创意策划是晚会类节目成功的开端，而对创意内容的落地执行则是晚会最终能够圆满完成的基石。本节将从策划、执行、后期制作这三个阶段梳理晚会类节目的制作流程。

一、前期策划

策划是晚会类节目制作的开端，它直接决定了整体节目的内容需求和表现形式，是所有工作的先决条件。

（一）内容策划

在选定了晚会类型后，便进入了内容层面的策划阶段，该阶段包含主题、定位及具体节目内容三个方面。

1.明确主题

主题即灵魂，是晚会所要表达的主观意愿和主题思想，是一台晚会的方向与指引。只有主题鲜明，才能确定晚会的风格，并一步步地确定晚会的相关事宜，进而安排适当的节目、选择表演艺人等。节目主题对春晚类、栏目类、特定主题类晚会来说尤为重要，对跨年晚会等节目也有相当大的作用。

晚会的主题要紧紧围绕当下的社会主流价值体系，贴合时代背景，因此在策划晚会时要注意主题的选取。比如 2016 年 G20 杭州峰会文艺晚会（图 5-5）的主题内容就定为“最忆是杭州”。这个主题引自白居易《忆江南》中的一句“江南忆，最忆是杭州”。这场晚会通过这个主题给 G20 峰会的各国来宾留下了美好的中国印象。[①]

一台大型的晚会、活动在策划的初期必须针对晚会的主题进行细致斟酌，明确晚会所要表述的核心思想、树立的核心内容；之后再根据这个大的主题来确定节目的细节方向，每个节目所要表达的内涵与意义等。因此，主题内容就好像一台晚会的树干，只有明确了主要的承载部分，才能让其他的节目开枝散叶。

---

① 钟捷.大型文艺晚会策划与大型演出活动的工作探讨[J].传媒论坛，2019(20)：169-170.

图 5-5　G20 杭州峰会文艺晚会

2.准确定位

在主题确定后，要根据主题进行节目定位，包括内容定位和受众定位，主要解决“做什么”和“做给谁看”的问题。内容定位指对晚会节目创作的指导原则、品位格调及价值取向的设计，雅俗共赏、喜闻乐见的精品节目是晚会走向成功的保证。受众定位是指以受众本位为思想基础确定目标接受人群，在信息传播活动中，以受众为中心，满足受众获取信息、审美享受等的需要。受众的年龄层次、文化水平、经济状况、欣赏品位、基本需要、集体倾向等方面的差异决定了他们对晚会类节目内容的理解、认知和对该类型节目的黏度。俗话说“一千个观众就有一千个哈姆雷特”，作为晚会编导只有对受众有明确定位和清晰认知，才能创作出真正贴近观众需求的节目。

明确的内容定位是从编导、艺术家的角度，对节目导向、内容审美、艺术表现力等进行规划；明确的受众定位则更多的是从市场、观众的角度，对节目表达方式、表现手法等提出更为明确的要求，此二者缺一不可。

3.具体节目设计

当一台晚会确定了主题、定位之后，节目编导就开始对具体节目进行主题、形式、内容等方面的细化设计。

首先是节目主题的确定。节目主题一定要契合晚会整体的主题，能够支撑晚会主题的意蕴表达。如湖南卫视 2021—2022 跨年晚会以“你就是光”为主题，不仅在内容上聚焦微光、星光和高光，线上活动也紧扣晚会主题，创新采用六大光芒关键词为晚会主题进行注解——“拼搏的光、青春的光、热情的光、希望的光、勇气的光、自信的光”。在这个晚会主题的要求下，本场晚会的节目精彩纷呈，有围绕医护、消防、警察等职业重新填词的职业版《天上飞》，唱出各行各业的声音，用歌声传递守护的力量；亦有奥运冠军合唱《骄傲的少年》，为即将到来的冬奥助力，体现拼搏精神。这些晚会的节目从不同的角度展现奋进故事，以青春为内核谱写全民心声，以音乐为载体唱响时代之声，致敬每一个在平凡岗位上坚守与奋斗的人。

其次是节目形式的确定。不同的表演艺术形式呈现出的现场氛围不同，其承担的作用也不同。如歌舞节目的氛围感更浓，故此类节目更多承担晚会的氛围营造以及调性确定等作用，而语言类节目的叙事性更强，更受观众喜爱，因此，往往承担晚会核心价值的传递功能。湖南卫视 2021—2022 跨年晚会为了更好地突出晚会主题，在节目的编排设计中使用了“讲述＋演绎”的方式，整台晚会由 6 个演讲环节串联起所有的节目，传递积极向上的价值观。特别是在晚会高潮部分的“2021 铭记”环节，先是由两位青春讲述人以此为主题进行演讲，接着是一段由演员耿乐、郑伟表演的情景剧《铭记》，后边衔接的节目是雷佳领衔演绎的歌曲《英雄赞歌》，这三个节目无论主题还是内容都是一个有机整体，巧妙运用不同的呈现方式形成合力，突出该环节讴歌英雄精神的情感导向，体现晚会人文价值。

最后是内容的确定。在确定了节目主题、具体形式之后，内容的填充便“水到渠成”。广义上的节目内容除了节目本身的情节、台词外，还包含演员的选定、服化造型的设计、音乐灯光的编制等。

在节目策划阶段，节目编导必须对节目有整体的构思设计，对节目效果有明确的需求，才能在执行阶段对各个工种提出具体要求，有效推进晚会节目的制作工作。

（二）形式策划

各类技术的发展进步给晚会带来了更多的可能性。如果说内容策划是艺术层面的规划和设计的过程，那么形式策划则侧重于技术方面的选择和应用。

形式策划是指晚会呈现形式及其技术表现的策划和设计。一个好的形式可以成为一台晚会最大的亮点，新颖的形式、富有技术含量的形式设计是晚会策划阶段的关键。① 以下从舞台美术设计和转播技术应用这两个方面阐述形式策划中的工作重点。

1.舞台美术设计

第一，舞台设计。

舞台的主要功能是支持表演内容，创造出特定的表演空间，为演出提供合理的调度空间。舞台设计能帮助演员塑造形象，加强舞台的整体表现力。舞台上演员的主要任务是表情达意，而舞台场景则创造了一个跨越时间和空间的艺术世界。因此，舞台的样式和场景需要根据晚会节目的实际审美和内容表演需求具体设计。常规舞台样式大致分为镜框式、伸出式、中心式三种（图 5-6），根据具体要求的不同，可以延展出无限变化，以契合晚会的主题、定位。

---

① 胡智锋.电视节目策划学[M].上海：复旦大学出版社，2006：145.

镜框式舞台　　伸出式舞台　　中心式舞台

图 5-6　常规舞台样式

如 2017 江苏卫视跨年演唱会采用了国际上最流行的四面台模式，即中心式舞台。这种在演唱会中常见的舞台结构在直播晚会中并不多见，在卫视跨年晚会中更是第一次使用。四面台去掉舞台背景的一面，空间更大，视觉纵深感更强，表演区域更丰富，以契合“17 聚幸福”的晚会主题。2020 年，继长方形、圆形、正方形舞台之后，江苏卫视制作了一个兼具审美意象和科技质感的水滴形舞台。制作团队表示，一滴“水珠”将是以小见大的窗口，见时代、见情怀，希望为奋斗时代的美好记忆存照(图 5-7)。①

图 5-7　2020 江苏卫视“用奋斗点亮幸福”跨年演唱会

第二，舞台灯光设计。

在很长一段时间里，舞台场景在演出中主要发挥实用性功能。演出进入室内后又逐渐有了灯光照明。晚会类节目中的灯光设计起到了画龙点睛的作用，合理的灯光设计能够很好地烘托出表演的氛围，带动整场的节奏。灯光需要以舞台整体效果为主，需要根据舞美空间合理巧妙地设计灯光结构，让灯光成全主角而不是成为主角。

---

① 李楠，别君红. AR 技术在晚会类节目中的应用：以江苏卫视跨年演唱会为例[J]. 电视技术，2022(3)：10-13，17.

灯光在晚会类节目中的作用主要表现在三个方面：首先，灯光要结合节目的主题对表演内容进行渲染；其次，灯光要对演员进行刻画；最后，灯光要结合现场的舞台布景和视觉内容创造相应氛围。在此过程中，工作人员需要实时掌握现场情况，应对突发情况，做到随机应变，调整灯光应对表演环境的变化。

如湖南卫视联手芒果 TV 以及香港无线电视台为庆祝香港回归祖国 25 周年推出的献礼节目《声生不息》，在节目的舞台表演环节中，灯光设计就承担了非常重要的作用。除了将灯光参与舞台造型的构建、节目叙事、烘托节目表演氛围等作用发挥到极致外（图 5-8），灯光师还在舞台一侧，设置了专门的灯光前景，在大光圈的加持下，无论是节目主持，还是舞台表演，都被这个镜头演绎得如梦如幻，仿佛回到了港乐辉煌的黄金时代（图 5-9）。从其他机位来看，这个镜头是由周边的灯光点形成的。

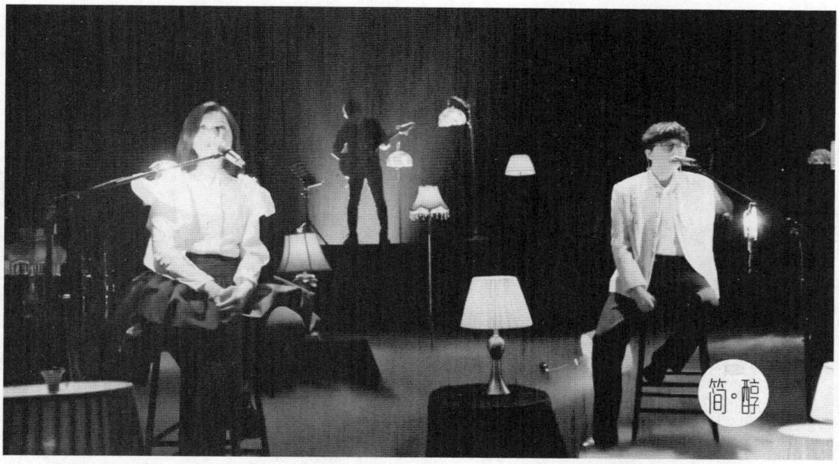

图 5-8　湖南卫视《声生不息》灯光参与叙事

图 5-9　湖南卫视《声生不息》灯光前景造型效果

第三,舞台视觉效果设计。

随着科技的进步,舞美的范围由实际场景扩大至虚拟空间。LED 大屏幕以及 AR、VR 等技术手段的应用,拓展了设计师的思维空间,增强了舞台效果,加深了观众观看时的“浸入感”。

舞台视觉效果设计是根据节目的内容和主题、舞台空间的特点,利用纱幕投影、冰屏、AR、全息投影、热点追踪系统等技术手段拓展舞台空间,呈现千变万化、极富想象力的视觉效果。视觉设计的主要作用是在实际空间不变的前提下扩大舞台空间感和层次感。视觉设计要以小见大、静中取动,在有限的空间里打造沉浸式视觉体验。

如《跨界歌王》在舞台视觉呈现上(图 5-10),用纱幕投影拉伸空间,增强舞台纵深感;用投影增强虚实互动,让舞台视觉与表演者进行互动;利用雨丝幕作为投影载体,将舞台空间进行切割,演员可在幕间穿行表演;利用视觉场景设计,这一舞台设计让歌唱表演拥有剧情式、场景式表达;还通过投影、LED 不同的造型、舞台机械升降,拉近观众视觉与舞台、节目的距离,甚至让观众感觉身处其中。

图 5-10 《跨界歌王》舞台视觉呈现

再如,2022 年江苏卫视跨年演唱会通过 AR 技术实现了歌手周深与“邓丽君”跨越时空的合唱(图 5-11),通过虚拟现实、人工智能、动作捕捉等多种技术的综合利用,歌手演唱了歌曲《小城故事》《漫步人生路》《大鱼》,让观众看到了栩栩如生的“邓丽君”,动听的歌声里充满了感动和回忆。[①]

① 李楠,别君红.AR 技术在晚会类节目中的应用:以江苏卫视跨年演唱会为例[J].电视技术,2022(3):10-13,17.

图 5-11　2022 江苏卫视跨年演唱会歌手周深与"邓丽君"跨时空合作舞台

舞台上的"邓丽君"一共呈现了三组视觉造型，并且都是"一秒换装"，契合了当下受众的"网感化"审美需求。先是红色吊带裙，然后是蓝色花朵图案的旗袍，最后是一件拖地的素色连衣裙。图像中的人物与视频资料中的邓丽君没有区别，她的声音温柔如水，她的形象端庄大方，勾起了很多人的回忆，帮助跨年演唱会收视率实现了首次飙升。

舞台视觉效果设计可以直接感染观众，并达到较高的审美价值。随着各种演出技术的日趋完善，艺术造型手段逐渐增多，其艺术作用也逐渐加强，艺术创作的价值和品位也愈来愈高，成为晚会综合艺术中重要的组成成分。如 2022 年央视春晚中的创意舞蹈剧《金面》打破了常规电视节目制作模式，通过影视化全流程制作，结合 CG 特效＋光学动态捕捉技术等(图 5-12)，让节目成为作品，甚至是艺术品。其以中华传统文化为底色，让数字模型与演员能精准同步完成表演动作，以虚实交互的震撼视觉效果，带领观众一起穿越千年回到遥远的古蜀国，重现古蜀文明奇幻色彩。

在现代的晚会演出中，舞台美术设计成了决定演出艺术形式的重要因素。

在设计创作过程中，首先要考虑形式的统一性，要使全场形成统一的艺术风格特征。这种艺术风格特征受限于晚会主题和立意，当舞美设计的画面包含晚会所需要传递的某种情怀、人文精神时，舞美设计的目的便达到了，一台令人感动、久久难忘的节目也就诞生了。如一年一度的《感动中国》颁奖盛典中，当屏幕上那硕大的金色奖杯熠熠生辉，那鲜红的绸缎在奖杯上缠绕舞动，那铿锵有力的颁奖词等文字缓缓出现，背景

图 5-12　2022 央视春晚创意舞蹈《金面》CG 特效营造穿越效果

音乐和掌声渐渐响起，色彩和造型、音乐和律动、动感和共鸣随之喷薄而出（图 5-13）。《感动中国》颁奖盛典以出色的舞美设计向观众诉说着中国精神，这是一种人生观、价值观的熏陶，是一种精神的洗礼。

图 5-13　央视《感动中国》颁奖现场舞美

其次是节目形式的独特性，要有创新意识，在借鉴已有成功经验的过程中，创造出符合当代潮流、独特新奇的作品。设计师要保持源源不断的学习动力，突破传统思维的局限，在舞美设计中融入一些高科技元素，在符合剧情的同时，充分发挥创造性思维，寻找更多创新性元素，为观众提供更多视觉享受，促进舞台艺术的持续健康发展。如华语唱作人生态挑战节目《我是唱作人》，在舞美视觉的呈现上做了大胆的尝试（图5-14）。整体舞美以"原力觉醒"为核心，突破传统电视舞美的方式，尝试将戏剧舞美与其结合，融入建筑设计和国风园林设计，创作了一个不太像舞台的舞台。而这样的舞台创作理念和节目"不只是歌手"的唱作精神不谋而合。值得注意的是，在主舞台中心区域，透明材质平台配以声光电体现未来质感呈现的"C" 字视觉符号，是取"唱作"拼音的第一个字母和"创新"英文单词的第一个字母。多样的概念既代表唱作人以创作、创新为使命的原创精神，也代表着节目让唱作人占据"C 位"的态度。节目所采用的半透明舞台设计在国内的舞台设计中并不常见，透明平台造成的悬浮感和神圣感给唱作人、给观众带来新的观演体验。

图 5-14　《我是唱作人》舞美设计效果图

2.转播技术应用

晚会类节目，特别是直播晚会节目依托于转播技术，实现在媒体终端的播出。因此，节目编导在前期策划阶段就必须明确节目的播出需求，不同的播出平台对内容清晰度、制式、互动手段以及观赏需求等方面的要求不同，这些都会影响到转播环节的设备设施需求和技术标准。

《2019 年天猫双 11 狂欢夜》是浙江广电集团携手阿里巴巴集团打造的年度大型晚会，晚会由浙江卫视跨年晚会制作团队原班人马倾力打造，于 2019 年 11 月 10 日在上海梅赛德斯—奔驰文化中心盛大举行（图 5-15）。为了适应多媒体平台播出的需求，本场晚会的直播录制工作调用了 UHD-1 超高清转播车、三维声音频车、AUX-1 辅助支援车联合完成。

图 5-15 《2019 年天猫双 11 狂欢夜》现场全景图

该晚会在浙江卫视、东方卫视、优酷等多个媒体平台播出，直播覆盖 200 多个国家和地区，考虑到不同平台、不同国家和地区、不同观众的观赏需求，本次晚会需要做到高清节目直播，同时需要录制一版超高清节目；高清节目播出需要实现全景声、5.1 环绕声、立体声同步播出。

这些需求的实现都需要技术工种一一核实技术细节，确保现场转播工作的平稳、有序推进。除落实技术细节外，先进技术的引进也可以为转播工作添砖加瓦。

本次晚会主会场由于舞台区域较大，设置的机位也较多，主场地直播共设 35 个讯道，包含 5 个 AR 虚拟机位，其中 UHD-1 超高清转播车系统内讯道为索尼 HDC4300 摄像机 22 个，扩充讯道 13 个(3 套斯坦尼康提供反向控制)。特种转播设备包括 7 套 70 倍以上箱式长焦镜头、3 套二维升降、2 台 Z 轴摇臂、1 台伸缩摇臂、1 台地形车、3 套斯坦尼康、2 套 Qball 等。导播团队为了有效降低技术风险和人为操作的错误，特别引进了 CuePilot 自动导播控制系统，这套系统在欧歌赛获得过令人惊艳的转播效果，可以通过镜头编排使现场表演像 MV 一样精准地切出。传统的电视转播，导播是通过通话系统调度镜头，直播的过程中往往由于导播和摄像师的配合不够密切，镜头的随意性很强，CuePilot 可以让导播更专注于提前设计规划好镜头的展现，考虑各种舞台情况，包括与灯光、舞美、音乐、艺人、机位的配合和协同，在直播中不需要一心两用，不用频繁地实时发送指令和调用切换台的各种特技效果。①

① 刘晟.浅谈“天猫双 11 狂欢夜”晚会节目制作[J].现代电视技术，2021(4)：73-76.

《2019 年天猫双 11 狂欢夜》直播当晚获得 CSM55 城市节目收视 2.39％和收视份额 9.89％的好成绩，这也是传统电视媒体与新兴电商平台一次高品质、高标准的合作。

高科技的发展为晚会的形式创新增添了新的可能性。近年来逐渐引入晚会的超高清转播技术、网络互动技术、等离子特大屏幕、LED 灯光、水幕墙、3D、VR、AR 等技术，都有效地增强了晚会的可视性。

对于晚会来说，观众所接受的主要还是内容，要防止盲目的技术崇拜。在成功的晚会中，需要的是有内容的技术、与艺术表现相得益彰的技术、为节目内容表现所需要的技术，而不是喧宾夺主的“炫技”。

（三）后期工作策划

综艺节目的视听效果在很大程度上依靠后期制作。后期制作通过对前期现场拍摄的画面进行二次编辑，组合新的故事线并添加特效、节目包装等使节目更加完整。经过后期审慎打磨的综艺节目，往往更容易赢得观众的青睐。基于此，当下业界在预判一档综艺节目能否成功时，常常有“三分靠内容，七分靠后期”的说法。

在晚会类节目制作过程中，因为有导播系统的存在，部分后期工作可以在转播、录制过程中完成。如转场、虚拟特效，节目片头、演职人员信息、内容等的字幕包装，画面视觉特效以及多场景分屏效果等都可以通过导播系统实时添加（图 5-16 至图 5-19），满足直播需求，为后期工作“减负”。

图 5-16　节目名称字幕

我们在前期策划阶段，就要具备后期思维，提前准备后期制作方案，把后期创作的

图 5-17　节目演职人员字幕

图 5-18　节目内容字幕

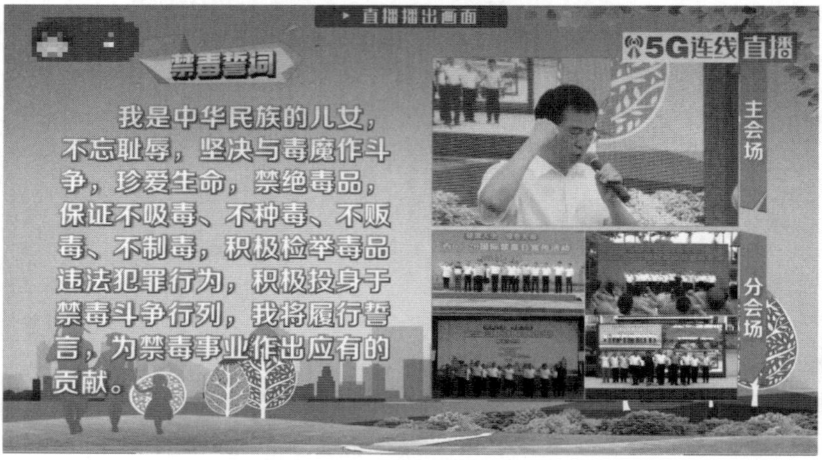

图 5-19　多场景分屏效果

思路融入前期方案策划之中，这样才能在节目转播录制过程中，准确把握画面构图，使用合理的拍摄手法，选择合适的画面与各类效果，一起完成晚会节目的呈现。

二、中期执行

在完成了晚会的前期各项策划、形成整体方案后，接下来就到了中期执行阶段，这一阶段的主要任务是将策划方案中的构想一一落实。

（一）节目排演

在前期主题内容策划敲定后，就可以对具体节目进行设计和编排了，这一过程可以与策划环节并行，而不是一定要完成策划后才能进行节目的编排。

节目排演首先需要完成的是案头工作，编导需要发挥想象力和创造力完成对节目内容的细化设计，无论何种类型的节目，都需要有清晰且明确的方案。语言类节目需要有文学脚本，歌舞、曲艺等类型节目则要对主旨、风格、编排逻辑等做出详细阐述。这些案头工作可以帮助节目编导有序、高效完成节目编排，防止过程中的思路混乱。

其次，在完成案头工作后，则需要根据设定进行编曲、服化道以及舞台调度的设计等工作，确定节目效果符合晚会需求后方可进入实际排练工作。在进行排练工作时，编导需要注意沟通和表达的方式方法，协调所有演员及各技术工种按时并且保质保量地完成工作任务，高效推进整个排演过程，同时也要善于发现和解决问题，避免返工。

在各个节目的排演过程中，晚会总导演需要定期验收排练成果，把控节目效果，及时调整不合理的内容，有效控制晚会总进度。

（二）联排、彩排

所有节目编排完毕后，总导演需要带领主创团队完成工作台本的设计和填充，这是现场所有执行工作的“生命之源”。在不同的工作岗位上，台本中所呈现的内容不同，如导播工作台本中会重点呈现每个节目现场演员调度、舞台装置、灯光等的衔接点，方便导播进行机位的调度以及切换工作，也叫“Cue 点表”（如表 5-1）。而现场或者后台执行人员的工作台本则主要体现晚会整体流程和时间进度，也叫“Rundown”（如表 5-2）。

接着便需要协调各个现场工种进行联排和彩排工作，根据联排和彩排的实际情况对工作台本进行不同程度、不同内容的调整。

根据需求和目的，该阶段工作内容分为节目联排、带装（妆）彩排和带机彩排。

节目联排工作主要是完成节目整体流程的串联，在此过程中各工种需要完成职责范围内的工作内容、流程的熟悉和梳理，形成工作思路。导演组将根据现场情况从宏

表 5-1　某晚会节目 Cue 点表

内容/唱词		Cue 点	艺人	舞台调度	画面（导摄）	灯光激光	视觉	大屏开合九宫格升降	在线包
时码	分词						LED		
00:00—00:09	前奏	Cue1： 灯架缓慢降落，艺人A舞台亮相	艺人	A舞台	舞台全景缓推	灯架缓慢降落，由昏暗到明亮，灯光颜色变换		B舞台开合屏打开2米	
00:09—00:32	凤凰，展翅，看我，别低头 大步向前别后退，每天都在天上飞 Wu～快乐拦不住 幸福和美好跨年的脚步 生活美满在每个角度 那是因为有群人守护 他们像冬日骄阳 解决困难 为老百姓 扫除麻烦 旗帜飘扬 雪中送炭 防线交给他们来守护	Cue2： 灯架缓慢上升，艺人边唱边律动	艺人	A舞台	近距离，短视频感	灯架缓慢上升，灯光聚集在艺人的身上			
00:32—01:05	打击电诈 一起来 come on 人民公安都不睡 每天都在 Wu～提醒你关注 只希望你管好你账户 不透露 个人信息要保护 都记住 提高警惕 Don't be fool 不要信网上刷单呀 Tell a lie 然后 take your money 网恋前问问自己 这是爱情还是诈骗的招数 一夜暴富 让你加入 全部都是 not true 轻松发大财的 轮不到你关注 careful 骗子招数 都很可恶 想尽办法让你把钱导入安全账户	Cue3： 警察代表面对镜头边走边唱，镜头互动感十足 Cue4： “人民公安都不睡”开始时，大屏关，灯光做氛围感	两位警察代表	B舞台	亮相时全景，开始演唱后接近距离景别	开合屏开时：大逆光 开合屏关后：用颜色做出氛围感	开合屏关闭后，出大屏素材	“人民公安都不睡”开始时，大屏关	演唱开始后，用在线包出歌词

表 5-2　晚会节目 Rundown

时间	流程	工作内容	道具	演员	主持人	灯光
12:00—15:30	准备	现场设备做开场前检测调试,演员化妆	无	换装	换装	无
		所有道具,物料摆放到位最后检查	无	无	到位	无
15:30—16:00	人员就位	所有工作人员就位	无	无	到位	无
		演职人员备场	无	备场	备场	logo 灯,全场交叉移动
16:00—16:25	候场	嘉宾进入分座区休息	手麦 1 个	备场	画外音,活动 5 分钟后开始	logo 灯,全场交叉移动
16:29—16:30	候场	嘉宾进入分座区休息	手麦 2 个	备场	画外音,活动 1 分钟后开始	logo 灯,全场交叉移动
16:30	倒计时	5 秒倒计时	无	备场	无	无
16:30—16:33	开场节目	视频互动秀		1 名舞蹈演员		
16:33—16:36	主持人上场	主持人致开场白,介绍到场嘉宾及领导,引出领导讲话	手麦 4 个	无	4 名主持人上场	灯光特效配合
16:36—16:45	领导致辞	公司领导致新春贺词	手麦 1 个	无		频闪、电脑灯全开
16:45—16:46	主持人串场	主持人串场,引出第一篇章视频	手麦 4 个	无	4 名主持人上场	logo 灯,舞台前两侧墙面定位
16:46—16:48	第一篇章视频	播放《包容篇》视频	无	无	无	无
16:48—16:49	主持人串场	2 名主持人串场	手麦 2 个	24 名演员备场	2 名主持人上场	logo 灯,舞台前两侧墙面定位
16:49—16:55	合唱	*I believe*	合唱台阶,2 个手麦,4 个话筒架	市场部、成套部 24 人		logo 灯,舞台前两侧墙面定位
16:55—16:56	主持人串场	2 名主持人串场	手麦 2 个	无	2 名主持人上场	logo 灯,舞台前两侧墙面定位

观角度对各节目进行舞台调度、串联节奏、节目时长等方面的细节调整。这一阶段的核心任务是确定晚会整体流程，敲定节目内容，包括演员在内的各工种工作人员对节目有统一的认知。

带装（妆）彩排和带机彩排都属于彩排工种的形式，其工作重点不同。带装（妆）彩排主要是从视觉效果包装的角度完成晚会节目的效果细化，明确各个节目的服装、造型等视觉细节，敲定灯光、大屏、转播等工种的调度方案，确定节目氛围以及晚会整体的情绪基调。而带机彩排则是从转播角度完成晚会最终演出、播出效果的确认工作，这是正式演出前的最后一项工作，所以带机彩排的过程尽量不要中断，同时节目应该以正式演出的规格标准进行，方便总导演把控晚会播出效果。

根据晚会体量及筹备时间的具体情况，上述两项彩排工作在形式上可能会进行细化或合并处理，但无论形式如何变化，该项工作的内容及其重要性是不变的。晚会所有演职人员一定要重视彩排工作，要通过彩排工作确定工作内容成效，明晰工作流程和节奏，区分工作重点和职责关系，真正做到各司其职，有条不紊。

（三）正式演出

在进行了严密的彩排工作后，就进入了晚会的正式演出环节，此部分的工作创造性和想象力不再占据主导地位，取而代之的是执行力和应变能力。

在彩排环节，晚会的各项艺术和技术细节都已经得到了确认，故在演出过程中，工作人员只需按照彩排时固定好的流程有序推进即可。但是晚会演出中出现突发状况是在所难免且不可预测的，这就要求晚会在前期策划阶段设定周全的应急预案，针对一些突发情况，如电力问题、天气变化等预设合理的解决方案，同时主创人员要有丰富的现场经验和良好的应变能力，寻求合理的方式方法及时解决问题，保障演出的顺利进行，确保节目效果。

三、后期制作

（一）内容细节调整

晚会类节目后期制作一般不会在内容逻辑和顺序上做过多调整，主要是调整转播时的细节失误，或者删去一些容易引起误会和不合时宜的画面，优化节目表意效果。

（二）完善画面信息

晚会类节目后期制作时的重点工作是添加字幕或者 VCR 等内容，拓展画面叙事空间，完善画面信息及节目内容输出。

晚会节目字幕类型包括平台标识、节目名称等信息字幕、常规对话字幕以及特效包装字幕。在直播类晚会节目中，节目信息及歌词等可以提前确定内容的字幕往往会使用导播系统现场实时添加，在后期制作过程中主要添加的是语言类节目的对话字幕（图 5-20）。

图 5-20　晚会语言类节目对话字幕

录播的晚会节目则没有这么细化的要求，所有字幕都可以后期制作。如综艺节目《王牌对王牌》中的表演环节，观众在现场看到的只是艺人的现场表演内容和氛围，而为了满足电视播出需求，节目在后期添加了表演内容的名称、演职人员、歌词等信息（图 5-21），还以线框形式巧妙添加了冠名商的信息（图 5-22），同步满足节目需求。需要注意的是，在晚会节目录制过程中，导播要注意画面切换的顺序，摄像在进行画面构图时要预留出字幕空间。

图 5-21　后期添加的节目信息字幕

图 5-22　后期添加的画面效果及动态歌词字幕

（三）强化视觉效果

晚会类节目的视觉效果一方面来自现场舞美、灯光以及服化道的设计；另一方面来自导播团队在转播过程中添加的各类画面特效、转场特效以及虚拟互动效果等。

直播的晚会类节目所有的视觉效果需要提前设定，后期几乎不需要二次添加；而录播的晚会类节目，由于其现场录制工作可以暂停及重复录制，并且为了节目效果最优，特效部分需要在后期制作过程中添加，如一些综艺节目舞台表演秀会在后期制作过程中添加"褪色"效果，使画面重点表现对象更加突出，强化视觉冲击力，贴合当下年轻人的审美特点，提升观赏性（图 5-23）。

图 5-23　某节目"褪色"效果

第三节　晚会类节目编导素养

晚会类节目内容丰富，涉及艺术门类众多，其节目功能和审美表达需求多样，这就对晚会类节目编导提出了更高的要求，即晚会类节目编导要具备更综合的工作素养才能制作出贴合时代、满足当下观众需求的节目。

一、政治素养

晚会类节目常常与各类庆典、纪念活动相关，与国内政治、国际政治常常具有内在联系，即便是行业性晚会也多与党和国家的政策息息相关。节目内容直接涉及主办者提倡什么、宣扬什么、否定什么的内在需求。在这一点上，无论何种性质的国家都是如此，至今还未能出现绝对超政治的晚会类节目。因此，晚会类节目的主创人员要有清醒的政治头脑。[①] 无论在主题、立意的策划阶段还是内容编创、演绎阶段，编导都要保持较高的政治敏感度，时刻注意意识形态问题。

二、文化艺术修养

各种风俗、节日都是各族人民的文化积淀，具有深奥的文化内涵。编导的文化艺术修养越高，其艺术想象力就会越高。

文化艺术修养首先来自对传统文化、艺术的熟悉。晚会类节目中大量的艺术手法其实并非凭空而来，其往往从各种经典表现手法中汲取养分。这就需要创编者有丰富的阅历，能够融会贯通。

有了足够的文化艺术修养就会不满足于对前人的重复，就会在此基础上求创新、求发展，就会敏锐地捕捉到时代的变迁、受众审美的变化。晚会类节目的艺术审美要具有时代性，要贴合受众日益增长的文化审美需求，编导只有准确感知这些细微的变化，才能适应时代要求。

三、组织能力

晚会类节目的编导除了要完成内容、形式的策划设计外，还要组织协调诸如演员、

---

① 吕艺生.大型晚会编导艺术[M].上海：上海音乐出版社，2004：202.

舞美、道具、灯光等工种的工作人员，方能完成相关内容的工作。

编制工作流程单、台本等工作，绝不是编导的主观想象，而是各工种工作人员经验和智慧的结晶。在整体的工作流程中，任何一个环节混乱或者不明晰，都会直接干扰节目的呈现，影响节目效果。

诸多实例证明，一个组织能力欠缺的编导，不仅会在排练中浪费时间，还会造成与演员或工作人员的对抗，致使总编导不得不面对不应产生的矛盾进行现场调解，花费大量时间去做个人甚至团队的思想工作，现场工作偏离预设轨道，节目排演进程停滞，最终影响节目的实际效果。

组织能力包括对自己领导下的工作人员的组织领导能力、计划协调能力、及时发现问题解决问题的能力、将艺术创作引向深入以提高质量的能力，当然也包括做思想工作的能力。

组织能力更重要的还有面对众多演员排练的能力，要有清晰的讲解、阐述问题的语言表述能力，要有鼓动、启发演员情绪，缓解疲劳的能力。

具备上述能力的先决条件是，编导本身要有稳定的情绪，面对现场繁杂且机动灵活的工作，除了要进行完善的前期准备工作，保证有备无患外，更重要的是在现场发现问题时能保持冷静，及时进行有效沟通，这样才能妥善地解决问题，保障现场工作顺利推进。

四、敬业精神

晚会类节目任务重、压力大，特别是直播晚会类节目往往需要抢时间、赶进度，主创人员加班加点在所难免。能否适应这种工作强度和进度，并保持旺盛的创作力和精力，这确实需要有足够的敬业精神和对艺术精益求精的精神。

足够的敬业精神包含着对艺术的执着、严格要求与创造的耐力，包含着高度责任感，对节目的整体效果要“锱铢必较”，严格要求。主创团队对全体工作人员有着巨大的感染力与带动作用，因此，他们是否具有高度敬业精神是非常重要的。他们必须使所有工作人员都有不达目的不罢休的劲头，才能保障节目的高质量。

五、市场观念

一档节目是否有生命力需要经过市场的检验，晚会类节目更是如此，编导在进行该类型节目制作时势必要将受众需求、市场规律等考虑在内。

内容为王，以受众为中心。随着互联网及新媒体平台的兴起，市场的选择和淘汰作用开始显现，任何介质的传播都开始由传者本位向受众本位转向。晚会类节目要想抓住受众，拥有市场，就必须先从节目形式、内容上贴近人民生活，把握时代脉搏，用喜闻乐见的表达方式满足广大受众的观看需要，讲好中国故事。

在多种媒体力量的交织融合下，当前中国电视业正式进入以产品为主导的多元化发展阶段，各种“垂类节目”在一定程度上消解了晚会类节目的娱乐功能，因此，晚会类节目在生产过程中要扬长避短，不断提高节目制作水准和呈现的品质、创新节目的表现形式，优化节目营销策略，在把控节目效果的同时严格控制成本，保证节目的经济效益。

第四节　晚会类节目案例分析

2022 年 2 月 4 日，在喜庆祥和的新春氛围中，我们迎来了举世瞩目的盛会——2022 年北京冬奥会开幕式（图 5-24）。开幕式由张艺谋担任总导演，蔡国强担任视觉艺术设计，沙晓岚担任灯光艺术总监，陈岩担任美术设计，以“构建人类命运共同体”为核心理念，通过融入科技创新、低碳环保和运动健康理念，向世界奉献了一场浪漫、唯美、充满现代感的盛会。

图 5-24　2022 年北京冬奥会开幕式现场

本届冬奥会秉承“简约、安全、精彩”的主旨，从一朵雪花的故事开始，通过 AI 算法、裸眼 3D、增强现实、影像动图等数字科技手段展现空灵、唯美、简约的现代艺术风格，传递冰雪晶莹剔透的浪漫感，呈现科技美学概念，空灵而浪漫，璀璨且精彩。

一、内容构思体现文化自信

在开幕式的内容构思中，编导们将中国元素的文化符号、人文自然、现代科技三者交织在一起，讲述了属于中国的故事，传播了中华传统文化，彰显了中国更深层次的现代化水平与文化自信。

在此次冬奥会开幕式中，雪花成为贯穿始终的主视觉元素。开幕式结束当晚张艺谋导演满含深意地揭示了开幕式当中的很多巧思。他表示，“一朵雪花”“和平鸽”的故事，其实源自这些深刻的思考。思考不再去秀肌肉，不再去炫技，不仅仅局限于好不好看，而要去想什么东西最能打动人，什么东西最能真实地反映中国人的情怀，反映我们所有的一切，也包括我们的美学理念。中国人常说，一叶知秋。如果你没有想象力，看见一片叶子那就是一片叶子。这种美学的理念给了我们底气，也是我们创作的源泉。

在开幕式表演过程中，处处透露着文化自信。比如，用晶莹剔透的冰雪雕刻出漂亮的门窗图案，铺在地上。人们透过门窗看到的是中国春夏秋冬的大好河山。这些有代表性的门窗，是中国传统文化的一种体现形式。

作为每届奥运会开幕式的规定环节，北京冬奥会开幕式的“五环升起”也独具中国特色。开幕式现场，一滴水墨从天而降，瞬间幻化成黄河之水，倾泻而下，铺满整个舞台，舞台画面完美地诠释了“黄河之水天上来，奔流到海不复回”的景观(图 5-25)，这是对中华母亲河的浪漫想象，蕴含了对母亲河的敬畏与赞美之情。

随后，翻腾的浪涛逐渐凝结成一片晶莹剔透的冰天雪地，“水立方”也就幻化成了“冰立方”。当冰球运动员敲击“冰球”撞向“冰立方”的那一刹那，奥运五环破冰而出，从舞台中央缓缓升起(图 5-26)。破冰而出的奥运五环把中国文化元素与奥林匹克体育冰雪运动完美结合，在传达奥林匹克精神的同时也寄托了世界将会打破隔阂、化解矛盾、走近对方、相互理解的美好愿望。

在“和合”思想引导下，北京冬奥会实现了各国文化的“和而不同，美美与共”。每个参赛国家的引导牌都是一片“雪花”。世界上没有两片相同的雪花，“雪花”指引牌意味着每个国家都是独具特色的。当一片片“雪花”自带光芒，飘散在舞台各处时，便是“不同”；当它们向中心聚合，融合成一朵代表“共同体”的“大雪花”时，就形成了“和”。这朵“大雪花”象征着“你中有我，我中有你”的世界价值观，讲述了从“我”到“我们”的故事，体现了中国“和而不同，美美与共”的传统思想，寓意人类需要携手共进，才能一起走向未来。

图 5-25　中国美学元素的呈现

图 5-26　冰立方“破冰”效果

北京冬奥会把“和衷共济”“和而不同”的“和合”思想与“世界大同，天下一家”的思想融入了整个开幕式现场。无论是北京冬奥会提出的口号“一起向未来”还是“破冰而出”的奥运五环，都在向世界传递“世界大同，天下一家”的主题，主题围绕“人类命运共同体”价值观而展开。奥运精神被中国文化如此独特地解读了出来。

开幕式的编导团队将中国传统文化、中国民族精神和中国传统智慧融于自然、融于冬奥、融于世界，最终为世界人民交出了一张满意的答卷。

二、技术手段呈现视觉盛宴

北京冬奥会开幕式的“黑科技”也是其亮点之一，编导和工程师们挖空心思、反复试验，只为了给全世界观众带来一场视觉盛宴。

北京冬奥会开幕式场地使用的地面屏幕覆盖国家体育场跑道内所有区域，总面积达 11,626 平方米，是目前世界上最大规模的 LED 舞台。整个地屏分辨率高达 14,880×7,248，整个地屏被分为 4 个 8K 播放区域，使用 8 台 8K 播放器播放素材，4 台主用，4 台备用。

鸟巢中央的超大 8K 地屏，由 4 万多块 LED 模块组成、面积为 10,552 平方米，其上方还竖立着一块 1,200 平方米的 8K LED 屏幕，两块屏幕构成了目前全球最大的超高清 LED 三维舞台。屏幕集成了智能播控系统，将超高分辨率的视频素材分秒不差地呈现在所有模块上，不仅完美展现了各种影像效果，还结合了数字科技、人工智能动作捕捉、虚拟现实技术等，颠覆了传统的舞台演出模式。北京冬奥会开幕式采用 5G+8K 技术进行直播，使观众能够在观看时融入真实场景，仿佛身临其境。

这次开幕式首次使用了我国具有自主知识产权的高可靠、低时延 EUHT 无线宽带技术，进行 8K 超高清直播无线传输。在此基础上，以北京广播电视台冬奥纪实 8K 试验频道作为信号源，通过我国自主研发的 AVS3 编码技术传输，让人们在国家大剧院的 800 寸超大电影银幕上，看到了这个“史上最清晰”的 8K 超高清开幕式直播。

三、艺术与技术融合，提高审美意蕴

艺术构思与现代科技相结合的“中国式浪漫”展现了中国五千年历史长河中形成的博大精深的文化思想和理念。在《二十四节气》《立春》《冰雪五环》《构建一朵雪花》等节目中所展现的理念创新与科技力量的完美结合，惊艳全球。

开场短片运用现代化手法，巧妙地把二十四节气与倒计时结合在一起(图 5-27)。用二十四节气代替阿拉伯数字，从大寒到立春，从 1 到 24，每一秒都伴随着一句能体现中华文明底蕴的古诗和一幅可搭配古诗的现代画面，其代表着中国传统文化和现代科技文明的碰撞。

在主题歌演唱环节，几百个孩子手举发光的和平鸽在鸟巢中央奔跑。随着孩子的奔跑，他们脚下的屏幕随即亮起雪花(图 5-28)。这给观众留下了深刻的印象，也是张艺谋最推崇的部分。

图 5-27　冬奥会开幕式开场倒计时

图 5-28 冬奥会开幕式主题歌演唱环节

有人以为雪花是提前做出来的，有人以为地屏有触感，踩到就有反应。而根据英特尔官微介绍，这种实时交互来自三维运动员追踪技术，它可以让地面的屏幕瞬间对演员位移做出实时反馈并呈现艺术效果。这个系统利用捕捉系统提供过来的位置信息，把预先设计好的视频效果，精准呈现在演员脚下，这样就能形成如影随形的效果。

若干台架设在 6 层观众席上的高清摄像机，对场上 670 人进行了实时跟踪，在大型演出中，基于人工智能的实时交互特效还是首次使用。同时，本次使用的 AI 实时特效系统不仅用于现场演出，也用于辅助演员进行节目排练，以及根据排练结果生成实时动画，以提高开幕式视频效果制作中拟人类角色动画的自然度、逼真度。

制作方在致敬人民环节中也使用了该特效(图 5-29)，24 位轮滑运动员滑到哪里，哪里的雪就会被清扫干净，崭新的雪路上映现出“中国结”元素和奥林匹克格言：更快、更高、更强、更团结。

图 5-29 冬奥会开幕式致敬人民环节

北京冬奥会开幕式在世界范围内刷屏，人们评价这次开幕式“每一秒都是‘中国式浪漫’”“所有的节目都很好看”“中国重要时刻的惊喜开端”“独特而壮观”。不过，很多人不知道的是，在这之前，在北京理工大学数字表演与仿真技术实验室研发的平台上，这个“史上最清晰”冬奥会开幕式曾排演过无数遍。

虚拟仿真系统是一个可以全方位模拟表演的全流程技术解决方案。通过这个平台，团队可以检验开闭幕式呈现的所有要素：从观众席、灯带、主舞台、竖屏、覆盖超大型 LED 地屏到这个空间内上演的所有节目的活动轨迹——演员如何上场、表演、退场以及其中的复杂调度。

另外，在模拟系统算法的支撑下，声音、演员和画面的配合，时间和空间的吻合以及多要素的卡点，也可以全流程地推进。而对于拍摄、转播、直播等不同技术指标的需求，它也可以模拟出不同机位在不同时间点的拍摄效果。

于是，不需要真人演员的呈现，通过这个平台，冬奥会开闭幕式团队就可以看到各种表演方案的三维呈现效果，协调演员、机器人、视频投影等要素进行排练，然后根据要求一次次推翻重来。这也从一定程度上解放了真人演员，用科技来降低“人海”战术的消耗，契合本届冬奥会“简约”的主旨要求。

这个全称为“冬奥会开闭幕式大型表演智能化创编排演一体化服务平台”的系统，正是科技冬奥的项目之一。除此之外，为了实现张艺谋等主创团队的理念创新，开幕式更是应用了燃料动能、屏幕显示、人工智能、5G、云计算、边缘计算、VR、AR、裸眼 3D 等数十种创新数字科技手段。至于开幕式技术保障单位——中国航天科技集团，则是“拿我们国家火箭发射和运行太空站的方式，来运行整个开幕式的舞台装置。他们的倒计时检测、安全性评估，包括现场下的口令，都跟发射火箭相似”。

与开幕式一脉相承，北京冬奥会闭幕式续写了关于“一朵雪花的故事”，12 辆晶莹剔透的十二生肖冰车以车轮痕迹压出“中国结”，直径 14 米的冰雕雪花悬挂在鸟巢中央熠熠生辉，365 束绿色 LED 杨柳枝表达折柳寄思的依依惜别，1,200 平方米的立面冰瀑垂直而下，2,195 立方米的冰立方被激光不断雕刻牵引，11,500 平方米的超大巨幕地屏，21,000 个 LED 灯珠组成的缓缓升起的“星光五环”……这一切基于人工智能、动捕追踪系统、燃料动能、激光、LED 装置、VR、AR、裸眼 3D、8K＋5G 转播、智能机器人等前沿科技力量的支持。奥运会开闭幕式的高科技特性、技术运用程度与运用方式，都成为国家科技创新力量的衡量标准。①

北京冬奥会开闭幕式是让世界感受中国的一个窗口，是彰显国力的一次盛会，它体现出中国在当今世界格局中的文化艺术水平和科技实力。不论动作捕捉技术、实时

---

① 田湉. 北京冬奥会开闭幕式表演艺术中的科技之光[EB/OL].(2022-02-23)[2022-10-22].https://mp.weixin.qq.com/s/gv1rfjnAKOIqh9nWY92qMA.

交互技术，还是虚拟仿真技术、VR、裸眼 3D 等，其目的都是支持、激活、加强开闭幕式现场的表演效果。

北京冬奥会开闭幕式独特的构思设计和技术运用无疑是一场大型试验，为晚会类节目制作提供了新的思路和可能性。

课后习题

1.完成一个晚会节目的策划制作方案，包含策划、节目内容脚本以及工作台本等。

2.为歌曲《一起向未来》设计舞台演员调度及舞美方案。

3.完成一个歌舞类节目的编创，并对其进行现场转播。

4.观看河南卫视“奇妙游”系列节目，分析其节目制作的优缺点。

5.根据本章所学知识，尝试总结晚会类节目创新发展趋势，并举例说明。

第六章　网络直播类节目制作

第一节　网络直播类节目的诞生背景

随着移动互联网时代的到来，我国的传播理念和传播形态都发生了巨大变化。从最初受限于 2G 网络的低网速和较低的手机智能化程度，用户只能通过使用短信、彩信、手机上网等模式享受移动互联网服务。2009 年，随着 3G 网络的大规模建设，各大互联网公司推出手机浏览器抢占移动互联网入口。2012 年，千元以下的智能手机大规模量产，推动了智能手机的普及。2014 年，我国开始大规模建设 4G 网络，截至 2016 年，中国移动互联网的用户已经接近 7 亿，网速的极大提升带动了用户更深层次的需求，促使一大批手机视频 App、直播 App 涌现，例如秒拍、花椒、快手、映客等。新技术、新应用、新服务的不断升级给整个社会带来了巨大的变化，这在给人们的生活带来便利的同时也催生了更多的需求，比如信息需求。从如何满足人们的信息需求到如何快速高效地满足人们的信息需求，我们迎来了一场“针对资讯创作方式的革命”①，一场传播领域的革命——2016 年移动网络直播爆发。只要拥有一台智能手机，每一个网民都可以进行一场“网络直播”，每个网民都可以成为信息的发布者，至此开启了全民直播的新阶段。

网络直播产业不断发展。2019 年 6 月 6 日，工信部向中国移动、中国联通、中国电信三大运营商和中国广电发放 5G 商用牌照，2020 年各大运营商已在多个重点城市的重点区域完成 5G 信号的覆盖，截至 2021 年年底，全国已累计建成 5G 基站 142.5 万个，5G 移动电话用户达到 3.55 亿户。② 5G 时代已经到来。

---

① 网易新闻发布“天网计划”　打造泛资讯直播平台[EB/OL].(2016-08-04)[2022-03-16].http://tc.people.com.cn/n1/2016/0804/c183008-28610124.html.

② 中国互联网络信息中心.第 49 次《中国互联网络发展状况统计报告》[R/OL].(2022-02-05)[2022-10-22].http://www.cnnic.cn/n4/2022/0401/c88-1131.html.

2021年11月，工信部发布《"十四五"大数据产业发展规划》和《"十四五"软件和信息技术服务业发展规划》，要求敏锐抓住数字经济发展的历史机遇，更好地推进大数据产业高质量发展，对数字生态建设进行全面部署。目前，5G技术、网络及运算技术、大数据、云计算、人工智能等新型信息技术加速发展，中国已经建成全世界规模最大的移动通信网络。截至2021年12月，中国网民使用手机上网的比例达99.7%，智能手机的广泛普及使得将近10.29亿手机网民可以享受5G技术的普及带来的便利。① 在此基础上，形态丰富多样的沉浸式、交互式传播方式——网络直播和短视频，成为信息的主要载体。

截至2021年12月，我国网络直播的用户规模达7.03亿，占网民整体的68.2%。② 网络直播市场格外红火，网络直播已经成为当下最热门的新兴产业和创业风口，一时之间越来越多的创业者涌入其中。网络直播这股趋势已经蔓延到各行各业、各个领域，深深影响了传统媒体、主流媒体、精英媒体、政务媒体甚至是国家机关、政府官员，不同性质的传播行为主体纷纷下场，试图通过开展网络直播活动进一步打造更先进的融媒体网络，进而提升自身的主动性、话语权、传播力和影响力。

一系列新型信息技术的进步促使网络直播产业实现升级换代，网络直播的质量也不断得以提升，例如直播的内容和形式由于更多主体的介入而得到拓展，直播的高清化与稳定性都得到大幅提升，极低的延时提升了用户与主播进行即时互动的体验感，同时也催生了24小时直播，直播的超长待机又进一步推动了"超级主播"的诞生，推动了个人IP的打造，等等。

国内的网络直播从2005年发展至今，已经有非常丰富的细分种类，其中体量较大的有电商直播、游戏直播、秀场直播、体育直播、综艺节目直播、演唱会直播等。蓬勃发展的网络直播产业为网络直播类节目的出现奠定了基础。

一、网络直播类节目的概念

网络直播类节目可以简单理解为基于互联网，以音视频形式向公众实时展示的经过创作者策划、编排、拍摄、传输才最终形成的文化产品。

网络直播类节目与电视直播类节目的本质区别在于媒介的不同，前者的媒介是网络，后者的媒介是电视；网络直播类节目与网络直播的区别在于是否将直播内容节目化，比如最早期的李佳琦卖货只是一种网络直播，后期的李佳琦卖货则根据不同主题布置不同的直播间环境，邀请不同的艺人，设置采访环节、游戏环节、表演环节、卖货环

①② 中国互联网络信息中心.第49次《中国互联网络发展状况统计报告》[R/OL].(2022-02-05)[2022-10-22]. http://www.cnnic.cn/n4/2022/0401/c88-1131.html.

节等，经过这一系列的策划编排，后期的李佳琦直播可以看作网络直播的节目化。

简单来讲，网络直播类节目可以分为两大类：一类是网络直播节目化，包括网络直播脱口秀化、综艺化、晚会化、访谈化等；另一类是电视节目的网络直播化，例如新闻类、晚会类、综艺类、演唱会类、真人秀类、访谈类等节目的网络直播化。需要注意的是，电视节目的网络直播化并不是将互联网直播形式与电视节目内容进行简单的物理叠加，而是要充分挖掘和利用网络直播的特性，将其作为一种建构元素纳入节目制作，让互联网直播与节目内容产生化学反应，这才称得上是在互联网直播这一新兴的媒介基础之上创造全新的节目形态，实现真正的创新和转型。

从网络直播过渡到网络直播节目，体现了幕后团队从创业者到创作者身份的转变，也体现了从用户生产内容（UGC，User-generated Content）到专业用户生产内容（PUGC，Professional User Generated Content）和专业生产内容（PGC，Professional Generated Content）的转变。大量在传统媒体、制作公司中从事策划、记者、编导、导演等工作的专业人员加入网络直播节目这一领域中，这一重要转变的背后不仅是网络直播内容自身升级换代的需求，更是一种势不可当的时代要求。技术的每一次进步都影响着信息传播格局的改变，当下的信息空间秩序已经发生了巨大变革，不同性质的媒体，比如自媒体、平台媒体、政务媒体、智能媒体、主流媒体等都在5G技术、云计算、大数据、人工智能、虚拟现实（VR）、增强现实（AR）等新兴技术的搭载下纷纷涉足内容生产、信息生产，这些行动逻辑、立场、优势、风格都大相径庭的媒体行动者们互相补位，通过生产不同类型、不同内容的网络直播类节目，共同编织着巨型的社会化传播网络。

二、网络直播类节目的发展脉络

网络直播类节目是随着信息技术的发展、网络资费的降低、互联网与智能手机的日益普及以及移动直播氛围日益浓厚而出现的一种新型节目形式。网络直播平台拥有优质流量却缺少优质内容，传统媒体重视内容却缺少渠道，在这样的背景下，网络直播类节目应运而生。

2005年，得益于工信部要求运营商对网络进行提速降费，越来越多的家庭有能力安装宽带，国内的网络直播开始兴起。初期的网络直播主要有四大类型（四大类型在时间存续上有重叠）：PC时代以9158、六间房为代表的视频直播平台大力发展的秀场直播；从PC时代过渡到移动直播时代，以YY直播、虎牙直播、斗鱼直播、熊猫TV为代表的直播平台大力发展的游戏直播（图6-1）；开启全民直播时代，依托映客、花椒、奇秀、陌陌、新浪微博、QQ等社交平台的社交直播；2016年之后以蘑菇街、淘宝、京东、苏宁易购、网易考拉海购为代表的电商平台大力发展的电商直播（图6-2）。后续这四类直播也逐渐出现综艺化、节目化趋势，实现了从UGC到PUGC和PGC的转变。

图 6-1 游戏直播

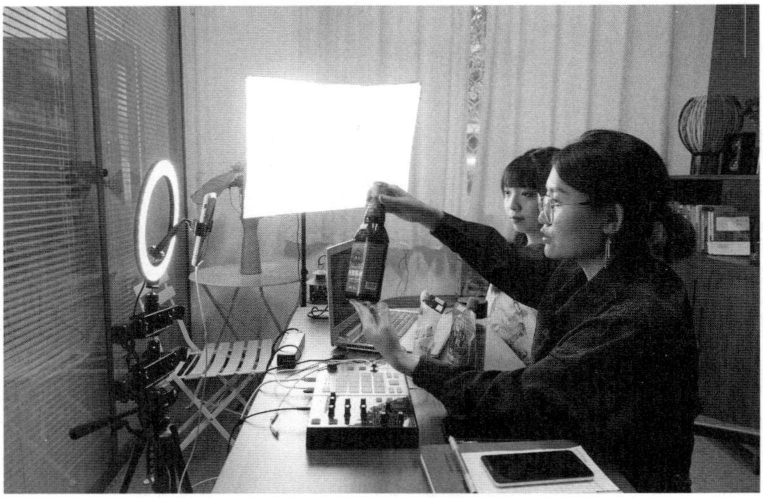

图 6-2 电商直播

伴随着直播产业的发展，用户接收信息的习惯被重塑，于是传统的长视频平台爱奇艺、优酷、腾讯视频等纷纷在自己的平台上打造直播板块。在这三家平台的直播频道内，除了 UGC 生产的网络直播内容外，还融入了电视台直播与非直播的内容，将原来只能在电视上观看的各类电视节目、电影、电视剧等转移到视频平台上进行网络直播；随着时间的推移，更多、更丰富的内容进入视频平台的直播板块，比如专门为直播平台研发的文化娱乐类节目、新闻类节目、访谈类节目、体育类节目等。

2016 年 5 月新浪微博也加入网络直播大战，推出“一直播”，并以“明星直播，就上一直播”为口号，利用入驻在自家平台上的明星、大 V 的巨量粉丝和号召力，依托自身的社交和用户存量，试图在覆盖范围、用户黏性、直播消费人群的丰富程度、盈利模式多样化等方面实现弯道超车。同样是 2016 年 5 月，腾讯新闻客户端率先推出独立的直播页面，标志着移动新闻客户端正式进入移动直播时代。其实在此之前，2016 年 2

月份的春运高峰期，腾讯、网易、澎湃等移动新闻客户端就已开设了 24 小时直播间，对当时的春运情况进行网络直播，揭开了移动新闻直播的序幕。随后一系列的移动新闻客户端纷纷学习腾讯新闻，将直播板块设置在客户端首页，并增加直播频道的权重。例如，网易新闻在 2016 年推出"天网计划"直播战略，该战略包括两部分：第一部分是打造直播栏目 IP，比如《网易星在线》《网易在现场》《网易纵横谈》，直播内容涵盖新闻事件、明星人物、体育赛事、美食体验等；第二部分是打造直播 PGC 内容，推出《明星调查局》《鲁豫@大咖》等独家 PGC 直播节目，并且推出"TOP100 伙伴计划"，与专业内容制作机构、职业媒体人和自媒体人进行合作，共同构建直播内容生态。

移动直播时代的到来也促使传统主流媒体纷纷进行自我革新，积极融入网络直播的大潮流。2017 年，新华社、《人民日报》、中央电视台都宣布推出自己的直播产品。《人民日报》与微博、一直播合作推出全国移动直播平台人民直播，目的是提高新闻传播效率，扩大传播范围，平台成员之间可以共享原创直播内容；央视新闻移动网上线，作为平台开展移动新闻直播，为用户提供更快、更多的新闻资讯，这标志着媒体直播时代正式拉开帷幕。

和网络直播几乎同时起步的是国内的真人秀节目。2005 年湖南卫视打造的《超级女声》开启了国内真人秀节目高速发展的阶段，直到 2015 年在对真人秀的内容题材进行广泛挖掘之后，传统广电将目光投向网络直播这一新兴媒介，尝试将真人秀节目与网络直播结合，开创了真人秀节目的新格局。这一年，东方卫视与腾讯视频联手打造了《我们 15 个》这档中国第一个网络直播综艺节目（图 6-3），其节目模式是完全根据网络直播的特性进行策划的。该节目采用 365 天的全天拍摄模式，每天 24 小时直播，全景式展现 15 个性格迥异的陌生人在"平顶之上"的生活过程，该节目被称为"互联网实验先锋节目"。在此之后出现了一系列的网络直播类综艺节目，比如《完美假期》《潜行者计划》等，标志着网络直播真人秀时代的到来。

图 6-3　《我们 15 个》节目海报

第二节　网络直播类节目的特征与基本类型

一、网络直播类节目的主要特征

马歇尔·麦克卢汉(Marshall McLuhan)在1964年出版的《理解媒介:论人的延伸》中提出“媒介即讯息”的理论。他认识到了媒介的决定性作用,尤其是在电子化时代媒介本身比媒介所传递的内容更重要,媒介不只是承载物质和信息的工具,它还可以引发“人间事物的尺度变化、速度变化和模式变化”①。马歇尔·麦克卢汉的观点对研究网络直播类节目的特征很有指导意义,网络直播类节目由于媒介的变化,与传统的电视节目相比呈现出截然不同的面貌。

(一)演播同步,强纪实性

传统的电视节目,都是在前期设计、拍摄之后,将素材进行后期剪辑制作,通过对原始素材的整理、提炼和重新组合(常用手段是去除冗杂内容、遮蔽某些内容、调整画面顺序、重构情节),并辅之以音乐、花字等包装形式进行情绪、氛围的烘托和主旨的明示,才最终形成可以播放给观众看的电视节目。在这一系列漫长的剪辑过程中,真实的细节、真实的情节、真实的情绪都会被不同程度地扭曲,与“真人真事真场景,真情实感真思想”形成一定程度上的偏离。网络直播类节目因其直播的形式,必须对正在发生的事情进行实时播出,故而体现出强烈的纪实风格。

由于网络直播类节目演播同步造成的强纪实性,我们在对这类节目进行前期研发时,务必要问一个问题:什么样的内容适合被直播?例如,对于以竞赛为主要模式的节目,观众因为对结果高度好奇和对公平性的追求,所以对比赛过程的完整性与真实性格外关注,这一类节目适合被直播;真人秀节目向观众展现主人公们真实的生活、真实的故事、真实的性格、真实的关系和真实的情感,观众对其充满兴趣,这一类的题材适合被直播;对稍纵即逝的新闻现场进行报道的新闻类节目必须强调时效性与真实性,这类节目也适合被直播。适合网络直播的节目题材还有很多,在这里不一一列举,作为创作者只需要确保直播元素、纪实风格可以成为节目的催化剂,就可以在这个思路的指导下大胆地创意策划。

---

① 麦克卢汉.理解媒介:论人的延伸[M].何道宽,译.北京:商务印书馆,2000:25.

（二）创作范围广泛与题材垂直细分并存

当网络直播改变了人们接收信息的方式并成为一种不可阻挡的流行趋势时，各行各业、各种各样的传播主体进入直播领域，他们基于自身不同的学习背景、职业背景和兴趣爱好，围绕自身 IP 打造出了题材迥异、风格鲜明的网络直播类节目。众多垂直细分题材的网络直播类节目共同形成了其创作范围广泛的特点。

移动互联网时代是一个信息丰富的时代，从另一个角度来说也是一个信息过载的时代，信息过于丰富以至于超过了个人和系统所能接受、处理、有效整合利用的范围，从而干扰了受众对有用信息的准确选择。基于这个背景，移动直播平台利用算法机制搭建了一个推荐系统，帮助用户发现内容，克服信息过载的弊端。

需要说明的是，现在的主流算法分为三类："其一是内容推荐。通过分析公众在网络中的浏览、互动、购物等行为痕迹信息进行标签分析，构建用户画像，实现讯息与用户画像的匹配，将相似度最高的讯息推送至消费者。其二是协同过滤推荐。通过计算多个公众的行为痕迹相似度，锚定与目标公众行为偏好相似的用户集群，将群中的讯息推荐给目标公众。其三，排行榜式推荐。以讯息的点击率、阅读、转发、评论、点赞为依据，推送相关的高频讯息，增进公众的接受度。"[①]不同的直播平台在不同的时期采用的算法推荐机制不同，比如花椒直播 App 早期的推荐系统是根据热度推荐的，热度高的直播间在内容质量有保障的同时也符合当下的流行趋势，因此可以脱颖而出。目前两个主流直播平台抖音和快手的算法推荐机制有所不同，抖音是"轻粉丝、重算法"，抖音会通过大数据算法给每个直播间打上标签，如美食、娱乐、美妆、萌宠、游戏、体育等，这个特征标签是根据每个账号的抖音直播定位来定的。这个算法机制也同样通过分析用户行为给用户打上标签，并对用户兴趣建模，从而预测用户的兴趣，在经过系统计算后，抖音会把不同标签的直播间分发给喜欢这类内容的用户，确保推荐精准到位，因此主播要给自己的直播间做好定位。快手平台的算法逻辑则是"社交＋兴趣"，快手重视的是私域流量[②]，主打"关注页"的推荐内容，优先根据每个用户的社交关注辅之以用户的兴趣来调控流量，这样的算法机制使得内容创作者与粉丝之间黏性更强，更有利于沉淀私域流量，从而产生信任度更高、黏性更强的"老铁关系"。快手平台设计的引导用户的路径为：点击右下角的"我"—点击添加图标—推荐朋友—关注朋友。打开快手 App，顶部导航栏的第一个标签也是默认选择的标签就是"关注"（图 6-4），如果用户关注的账号正在直播则会置顶显示。而用户打开抖音平台，顶部导航栏默认选

---

① 算法推荐在商业演进中的多重面向[EB/OL].(2020-04-21)[2022-03-16].https://finance.eastmoney.com/a2/202004211461735062.html.

② 私域流量是指从公域（internet）、它域（平台、媒体渠道、合作伙伴等）引流到自己私域（官网、客户名单），以及私域本身产生的流量（访客），典型特征为获取难度大但黏性高。

择的标签则是“推荐”，找到“直播”标签后，第一个显示的直播间是平台根据算法推荐的，用户点击“更多直播”后，直播广场上的众多直播间也是抖音推荐的（图 6-5），用户并不能通过这个页面找到自己关注账号的直播间，只能滑动顶部导航栏选择“关注”标签，在这个关注页会置顶显示正在直播的关注账号。

图 6-4　快手 App 默认首页

图 6-5　抖音 App 直播推荐页

从上述分析我们可以知道，大数据的内容分发给题材内容垂直细分的直播类节目赋予了宝贵的生存机会。中国网民的基数巨大，每个细分领域下都有着庞大的受众群体，因此，网络直播类节目通过深耕某一垂直领域、经营好圈层文化、利用好推荐算法和私域流量，能实现“垂直比通用的空间更大”。我们可以看到目前直播市场上出现了许多题材垂直细分的网络直播类节目，比如快手平台推出的关注睡眠问题的陪伴式“劝睡”直播综艺《11 点睡吧》(图 6-6)，该节目通过直播形式发出早睡挑战，嘉宾平行直播间直播入睡全过程；抖音平台推出的挖掘音乐主播，孵化短视频 BGM (background music，背景音乐)的竖屏直播综艺《音乐环游记》；快手出品的泛知识脱口秀节目《新知懂事会》，邀请嘉宾以脱口秀＋辩论的形式进行观点输出；专注狼人杀游戏、桌游文化的《饭局的诱惑》《熊猫杀》等。这些网络直播类节目都是以小切口为突破点，深耕垂直领域、圈层文化，最终引发共鸣的典型案例。

图 6-6　《11 点睡吧》海报

(三)即时互动性强，参与感强

直播的三大核心可以概括为实时性、现场感和互动性。前面已解释过实时性和现场感塑造了网络直播节目的强纪实性和真实感，现在我们来分析一下网络直播类节目的强互动性特征。互动实质上是一个信息交换的过程，就比如人们在现实生活中通过人际交流获取自己需要的信息。网络直播类节目的强互动性可以从两个方面来解读，第一个方面是用户/观众与主播/节目主人公有很强的互动性；第二个方面是用户与用户之间也存在较强的互动性，他们除了互动行为外，也会相互影响彼此的情绪。

网络直播平台通过设计弹幕留言框、打赏、围观提示、连麦、点赞、加关注、亮灯牌、分享按钮等功能为用户与主播之间的互动提供了技术支持。互动数据是评价一个直播间质量好坏的重要指标，平台为了最大限度地调动双方的互动进行了丰富的功能设计。

网络直播类节目是演播同步实时播出的，互动也是实时进行的，用户通过弹幕不仅可以表达自己的想法、观点和情绪，也可以实时提出问题，并且这些能得到来自主播/节目主人公的实时反馈，在顺畅输出信息和接收信息的同时也形成了一种良好的情感交流，使用户/观众感受到被尊重、被重视，进而增强用户/观众与该主播/节目中主人公的黏性。比如在2022年第二季度爆火的东方甄选直播间，主播董宇辉凭借较高的文化素养、乐观通达的思想、风趣幽默的说话风格迅速走红。董宇辉的直播已经不再是简单地卖货，而可以看作一种带货直播的脱口秀化，有着鲜明的风格、丰富的内容和有意识的流程设计。在这样的直播间中，用户通过弹幕与董宇辉高频互动，董宇辉则根据用户提出的问题或感受随机选择话题进行发挥。凭借着强大的知识储备和应变能力，即便在改变了既定流程的突发情况下，董宇辉依旧保持稳定的观点、笑点的输出，成功引发了一拨关注热潮。

除了弹幕，用户也常常通过对主播进行打赏、送虚拟礼物来表达自身的情感和心理诉求。虚拟礼物的精美设计和公开露出的形式以及主播/节目主人公对礼物以及送礼物的用户进行及时、公开的感谢，在一定程度上形成了良好的互动循环，在满足用户"虚荣心"的同时进一步刺激用户多次为主播打赏。这样的行为也在潜移默化中刺激其他围观用户的"从众心理"，引发用户之间的竞争或模仿，进而引发用户之间的"拼榜"或者交友行为。弹幕的公开化展示以及弹幕留言框中的@功能，也使用户之间的互动行为频繁发生，我们常常可以看到在直播间中，用户之间相互解答疑问、就某一观点表达支持或进行辩论等。这也从另一个侧面体现了网络直播类节目的强互动性特征，用户和主播都能有很强的参与感。

很多网络直播类节目在策划伊始，就把强互动性的基因融入模式设计中，例如花椒直播打造的《淋浴歌王》，邀请平台内的主播在由舞美搭建的浴室中一边淋浴一边唱歌，围观网友可在观看直播时点击屏幕上"温度计"两端的"冷""热"或为主播打赏专属礼物"火山""冰山"改变淋浴水温，进而决定主播是否晋级；天猫与阿里鱼联合出品的首档"双11"衍生类节目《九牛与二虎》，邀请9位网红与2位明星通过游戏环节进行PK，胜者可为支持己方的网友赢得更多红包和福利，在这样的福利刺激下，围观用户高频互动，节目也实现了电商、品牌与网红、艺人、观众的深度融合。

网络直播类节目的特征还有很多，比如陪伴性强，满足观众的陪伴需求；草根文化突出，素人大放异彩；相较于传统电视节目来说，成本低，门槛低；商业变现形式多样等。

二、网络直播类节目的基本类型

（一）从技术层面划分

目前市场上的网络直播类节目主要有两种：第一种是在网上提供电视信号的观

看。简单理解为，在网络上直播已经录制好的综艺节目，一般是网台同时播出。这类直播的原理是将电视信号通过采集、转换为数字信号输入电脑，实时上传直播平台供人观看。随着技术的进步和网络直播平台功能的开发，也可以直接使用类似于芯象（图 6-7 至图 6-10）这样的直播助手进行跨平台推流，实现直播的效果。需要注意的是，虽然直播的视频内容并不是真正的演播同步、实时播放，但是节目的主创人员依然可以在“直播”时与观众通过弹幕或连麦等方式进行实时互动。

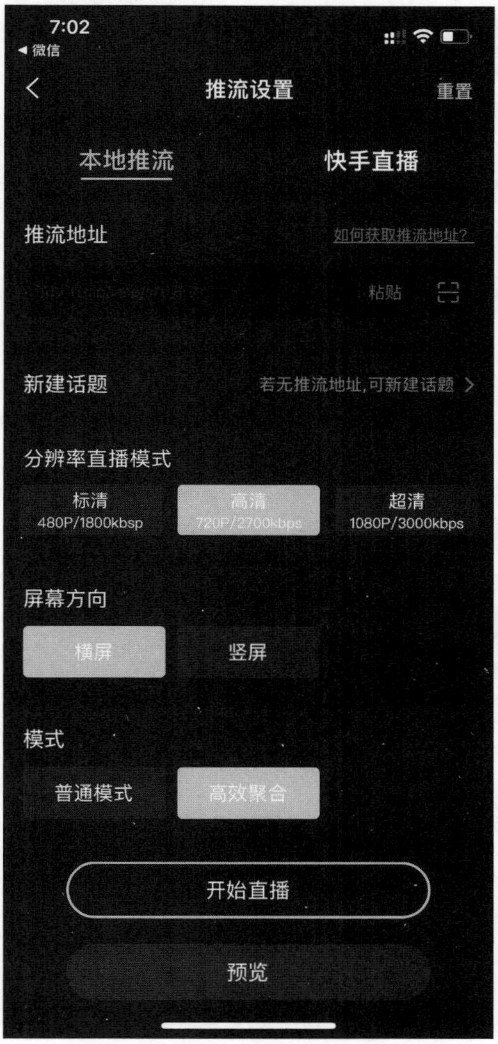

图 6-7　芯象 App 的推流设置页面

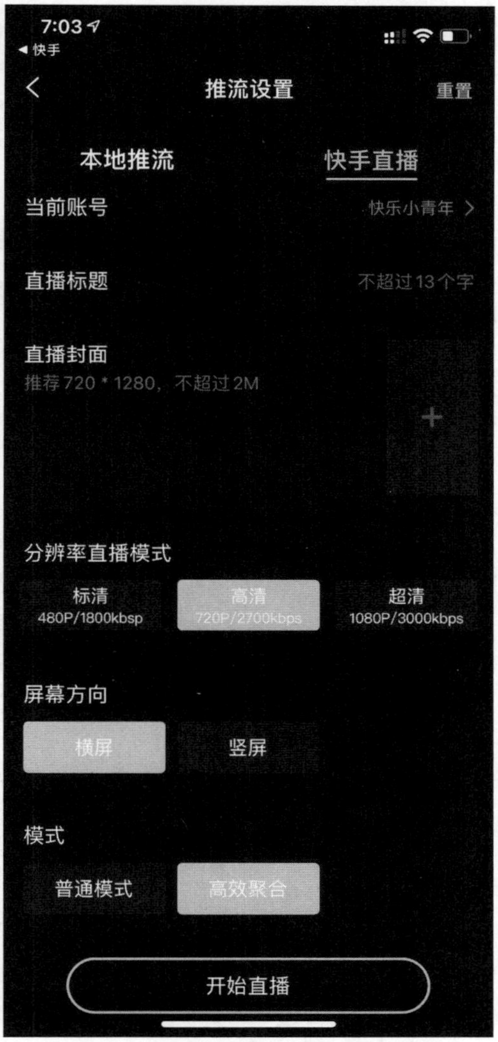

图 6-8　芯象 App 对快手直播进行的推流

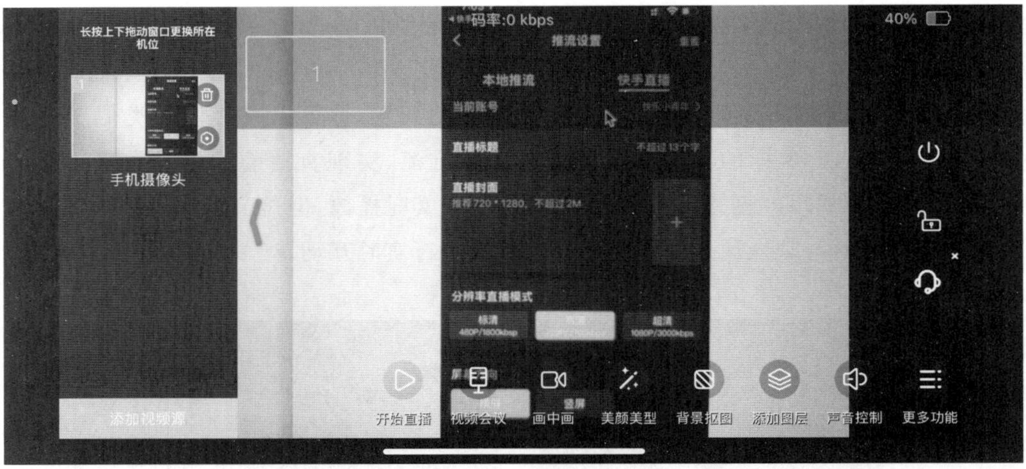

图 6-9　芯象 App 的直播画面

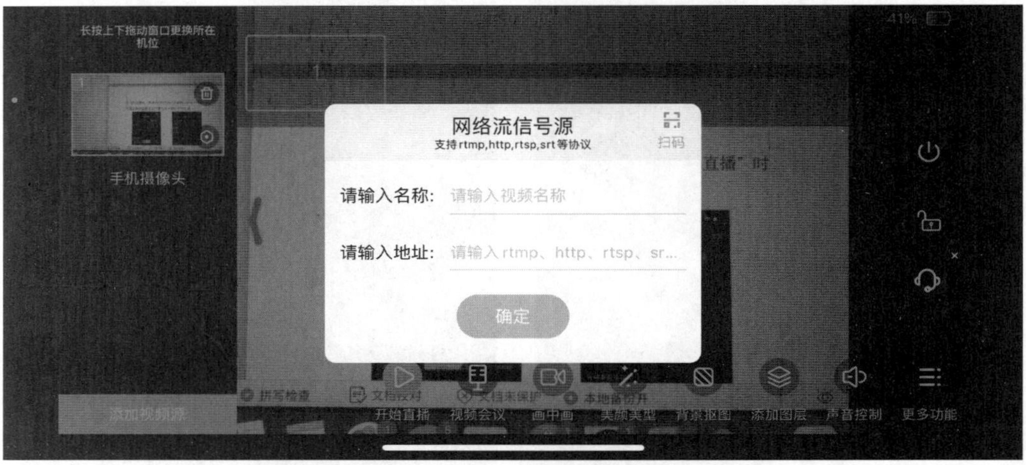

图 6-10　芯象 App 直播时添加视频源的设置画面

第二种则是真正意义上的网络直播节目，即在节目现场架设独立的信号采集设备导入导播端，再通过网络上传至服务器，发布至直播页面供用户观看。

（二）从题材类型层面划分

网络直播类节目可以分为两大类。

1.信息知识类

此类节目以信息的交流、获取为主要目的。这里的信息涉及方方面面、各个领域，节目中观众与主播围绕着若干话题进行实时互动。根据节目模式的不同和信息领域的不同，此类节目可以进一步细分为新闻类网络直播节目，例如《白·问》《等着我》等；访谈类网络直播节目，例如《观观会客厅》《小葱秀》等；知识问答类网络直播节目，例如《全能懂王》《冲顶大会》等；话题讨论类网络直播节目，例如《新知懂事会》《小哥喂喂喂》等。

第一，新闻类网络直播节目《白・问》。

《白・问》是一档于 2021 年 1 月 26 日在央视频客户端播出的新闻类直播节目，该节目也在中央广播电视总台新闻频道的《新闻 1＋1》中同步直播，实现大小屏联动（图 6-11、图 6-12）。这档节目的口号是“提问也是表达”，从中我们能看出该节目对提问者的重视。

图 6-11　《白・问》节目现场

图 6-12　《白・问》节目现场

这档节目的角色设置上有三大主体：主持人、节目嘉宾和观众，这三方作为共同的节目内容生产者，均为叙事主体。主持人白岩松作为引导者，把握每期节目的叙事线索和直播的节奏，适时地引导线上的观众通过留言的方式进行提问，与节目嘉宾（多为新闻事件的亲历者）就事件和观众提出的问题进行讨论和解答。主持人白岩松老练地协调三方叙事主体的表达时机和节奏，带领观众在直播现场挖掘事实真相。《白·问》利用网络直播的形式形成了独特的节目模式——新闻事件分析＋新闻实时问答，同时节目紧跟时事，就大众热议的新闻事件邀请亲历者讲述事件始末，解答用户疑问，新闻事件分析＋新闻实时问答的模式在引导观众对社会问题进行理性思考、深入思考的同时，也有效体现了新闻类节目的权威性和真实性，既满足了观众的好奇心，又赢得了用户的好评，也实现了破圈传播。

第二，访谈类网络直播节目《观观会客厅》。

《观观会客厅》是四川广播电视台旗下新媒体旗舰产品《四川观察》的直播栏目。《四川观察》自 2017 年创立之初就开始打造“短视频＋直播”的产品模式。《四川观察》的抖音账号爆火之后，短视频的流量开始反哺“直播”板块，促使其直播板块逐渐形成固定的模式和风格：慢直播＋热点直播的 24 小时直播模式，目前直播累计观看量已超亿次。《四川观察》“观四川，察天下”，除了直击新闻现场外，还打造《观观会客厅》这一直播访谈类节目，通过与热点人物连麦访谈，直击全网热点，抢占流量窗口。目前已经有十几位热点人物走进《观观会客厅》与记者进行深度交流，例如 2020 年刚刚爆火的丁真、火遍全抖音的潘周聃、反诈卫士老陈、《谭谈交通》的谭警官、音乐人樊桐舟(《听我说谢谢你》的创作者)等。这些话题人物的选取体现了传统广电媒体人在跨界网络直播节目时依然保持选题上的精准老练和深厚的职业素养。

2020 年 11 月 11 日，一条男孩丁真对着镜头微笑的短视频在全网爆火。第二天《四川观察》就开始跟进丁真相关短视频，同时也开始寻找丁真的联系方式，想对这个“甜野男孩”进行采访。在一番找寻无果之后，《四川观察》立刻派记者王立东驱车 17 个小时到理塘去寻找丁真，最终完成了对丁真的首次访谈直播。在直播中，记者就网友关注度较高的问题，比如自己未来的发展规划、会不会做网红、会不会离开家乡等对丁真进行采访提问。这是当时全网对丁真的第一场较为深入的直播访谈，有着非常强的时效性，这场直播为《四川观察》带来了非常多的粉丝。后来《观观会客厅》记者杨东昊又通过连线与丁真进行了一次长达 1 个多小时的访谈，这次访谈让观众进一步走进了丁真的内心，吸引了众多网民对丁真家乡理塘的向往，借由丁真的热度进一步拉动了理塘当地旅游业的发展(图 6-13)。

第三，知识问答类网络直播节目《全能懂王》。

以游戏直播为主要业务的斗鱼直播平台在 2022 年推出了一档名为《全能懂王》的游戏领域知识问答类直播节目。这个游戏领域的“一站到底”以游戏爱好者喜爱的礼物如索尼 PS5、微软 Xbox Seriers S 游戏机、任天堂 Switch 游戏机为奖励，刺激玩家加入节目进行知识问答挑战。

《全能懂王》的节目模式为：斗鱼平台邀请 5 位头部主播作为发起人，邀请全平台 20 余位主播共同参与游戏问答挑战直播。斗鱼直播平台面向所有玩家开放实时答题系统，所有玩家在线上进入官方直播间之后均可在专题页上进行线上答题，参与全民排位 PK。站内的主播除了加入直播间外，也可以通过线上连麦的方式进行答题(图 6-14)。

图 6-13　《观观会客厅》直播连线丁真

图 6-14　《全能懂王》直播问答页面

另外，问答挑战线上线下联动，全民玩家也可以在线下报名。斗鱼平台在线下特别设立了直播间，已经完成预报名并且经过筛选的线下玩家可以直接来到直播小屋进行挑战。

不同于之前同为知识问答类直播节目的《冲顶大会》《百万英雄》《百万赢家》，《全能懂王》不只是参与的用户进行实时答题，主持人出题也是真正地直播出题，并且出题的形式更多样化，例如猜测现场的 cosplayer① 玩家扮演的是什么角色，邀请线下的玩家进入直播间为参与者出题等。在这个过程中，《全能懂王》除了通过问答让玩家收获一些游戏领域的知识外，更能通过出题的过程展示游戏领域的圈层文化。

第四，话题讨论类网络直播节目《新知懂事会》。

《新知懂事会》是快手联合笑果文化共同推出的一档话题讨论类竖屏直播节目（图 6-15），这档节目用脱口秀＋辩论的形式，轻松有趣地讨论一些社会热议的话题，进行观点交锋。该节目的主持人是李诞，每一期节目都会邀请脱口秀演员、辩论赛辩手、学者、相关领域的专家共 6 位进行一段脱口秀表演并针对话题展开趣味讨论、自由辩论，节目最后都会根据嘉宾的表现和线上线下的投票情况，选出一位“懂事长”。《新知懂事会》是一档面向年轻群体的直播类节目，节目讨论的话题都是当下年轻人关注、困惑的问题，比如“内卷还是躺平”“一个人的命运，是原生家庭影响大还是自身努力影响大”“花出去的钱才是钱，还是存下来的钱才是钱”“长得好看是否更容易成功”。

图 6-15 《新知懂事会》直播页面

节目希望用一种喜闻乐见、寓教于乐的形式，将一些泛知识、学术观点、专家意见柔和地传递给观众，进而引起观众的思考。

① 扮装者，指的是通过穿上各种角色的服饰，扮演成作品中的角色，扮演范围包括动画、漫画、电玩、视觉系乐团等。

2.游戏娱乐类

游戏娱乐类节目顾名思义，指的是以娱乐为目的，以游戏为形式的节目。由于游戏形式的多样性，该节目类型又可以细分为：真人秀类网络直播节目，例如《潜行者计划》《我们15个》《2021 MOMO直播巡游记》；竞技类网络直播节目，例如《十三亿分贝》《hello！美少女》《淋浴歌王》《鱼塘星音乐》；演艺类网络直播节目，例如各类晚会、演唱会。

相比信息知识类节目，当网络直播这一媒介形式为游戏娱乐类节目赋能之后，用户/观众的互动性更强，对节目内容的参与度更深，进而呈现出情节多变、悬念感强、真实感强的特点。这类节目的组织难度更大、成本投入更多、对创作团队的能力要求更高。

第一，真人秀类网络直播节目《潜行者计划》。

《潜行者计划》是2016年优酷直播和上海聚脉文化联合推出的24小时网络直播真人秀(图6-16)。这是一个真正基于互联网特性、网络直播特性进行研发策划的节目模式：16位青年分别扮演追击者和隐藏者，在城市中20公里的范围内进行一场为期10天的猫鼠游戏，在限定的时间内，追踪者找到所有隐藏者即胜利，隐藏者“消灭”所有追踪者即胜利。50台摄像机在10天时间里对这16位选手进行全程跟踪拍摄。

图6-16　《潜行者计划》节目海报

在这10天内的追捕大战中，选手推进游戏所需要的线索和物资都通过网友的线上打赏获得。拥有了“上帝视角”和“上帝之手”的网友是选手取得胜负的关键，因此这也是一个“把命运交给网友”的游戏。

技术的进步是这档节目可以实现的基础。10天内24小时不间断地对50路画面进行传输，且延时不超过30秒，技术保证了网友参与的体验感，进而保证了节目的成功。

在盈利模式方面，《潜行者计划》也进行了创新。相较于传统的广告收入，该节目借鉴用户给主播打赏和电竞游戏中玩家购买道具的盈利模式，开创了“投资＋粉丝”的新型盈利模式。有数据表明，节目开播 4 天，网友累计充值虚拟币、购买观看视角共 2,000 多万酷币；购买道具 9 万次，购买日用品将近 4 万次，累计收入 20 多万元。这代表着这档真人秀类网络直播节目在内容模式和盈利模式的开发方面都取得了较大的成功。

真人秀类网络直播节目还有很多，比如《我们 15 个》《完美假期》《看你往哪跑》等。

第二，竞技类网络直播节目《十三亿分贝》。

竞技类网络直播节目指的是该节目通过比赛机制进行人员的筛选。由于比赛内容的多样性，很多节目都可归入这一类型中。这里选取了一个在比赛的选拔机制下，多元素复合叠加的音乐竞技类直播节目《十三亿分贝》（图 6-17）。

图 6-17 《十三亿分贝》节目画面

《十三亿分贝》的节目定位是寻找最美乡音，传播本土音乐，要求参赛者以“方言”为演唱形式，进行原创、改编和翻唱。该节目吸引了全国各地的音乐流派丰富多样的制作人前来参加。

比赛分为两大阶段。第一阶段是汪涵和大张伟分别在两个房间内和音乐人听歌聊天，如果志趣相投，两人则可以直接拉拢自己喜欢的音乐人加入自己的阵营。在这个阶段，两位主持人为了提升自己队伍的战斗力，需要通过直播实时在线与观众交流情况，听取线上观众的意见，拉近和观众的距离，增强观众的参与感。汪涵在直播中也会根据选手的情况实时向观众普及一些方言知识、民俗知识，增强了节目的互动性和观众的黏性。不仅如此，观众与主持人的互动也促使了很多意想不到的情节发生，比如汪涵的说唱和大张伟抢人的桥段，观众在参与节目内容生产的同时也为节目创造了更多看点。第二个阶段是汪涵和大张伟每期派出自己阵营的 6—8 名选手进行比赛，观众的支持率决定两队的输赢。

《十三亿分贝》"将致力于对方言文化保护的主持人汪涵、对本土音乐喜爱和猎奇的观众、参赛的音乐人聚集起来，共同组成了一个具有社交性、多样性的社会群体，促成了方言文化的集聚和传播，实现了受众的'参与式文化'"①。

第三，演艺类网络直播节目《快手 616 真心夜》。

这类节目以文艺表演为主要内容，各类晚会、演唱会都可以和直播结合变成演艺类网络直播节目。《快手 616 真心夜》就是这样一台文艺表演与电商带货相结合的台网直播晚会，体现了电商行业直播综艺化的趋势（图 6-18）。本场晚会以真心和信任为关键词，邀请 40 余位明星作为表演嘉宾，以 10 亿元好礼作为福利，为观众献上一场视听盛宴和购物狂欢。这种与电商带货相结合的复合型演艺直播节目，在帮助电商实现促销的同时，更重要的是可以柔和传递平台与品牌的价值观，帮助其在消费者心中塑造良好形象，进而提升行业影响力。

图 6-18　《快手 616 真心夜》节目画面

① 郭明."直播+综艺"：新媒介环境下综艺节目的模式创新[J].声屏世界，2019(6)：37-38.

除了各大晚会，许多个人演唱会、拼盘演唱会、主题演唱会也都通过直播找到了一条生存之路。

第三节　网络直播类节目的创作策略

据不完全统计，2016 年国内前十大网络直播平台共有 130 余档直播综艺上线，以 PGC 为导向的内容大战接盘了 UGC 时代的流量争夺，许多专业出创意、做内容的制作公司，例如灿星、光线等内容团队，迅速进入直播行业，一时间将直播综艺推向风口。

媒介即信息，由于媒介的特殊性导致网络直播类节目有区别于传统电视节目的显著特点：实时性、现场感、沉浸感、互动性，直播形式为电视节目带来了内容变革的又一个窗口，优秀的网络直播类节目是媒介与内容的深度融合。

本节将基于网络直播类节目的特点，从节目内容、盈利模式两大方面探讨网络直播类节目的创作策略。

一、节目内容设计

（一）直播形式影响节目内容设计

网络直播是网络直播类节目的播出形式，演播同步是这类节目的特点。直播形式与传统电视节目的结合让制作时间、逻辑、环节、节奏、尺度等都面临着巨大的挑战，这意味着内容创作者在策划时要考虑到这些挑战。这些挑战也决定了有些类型的电视节目适合与网络直播结合，有些类型则不适合。在节目时长层面，出现了伴随式直播综艺和直播微综艺；在题材类型层面，新闻报道类、竞技类、演艺类、社会实验真人秀类等节目纷纷跟上网络直播的潮流。

直播带来的优势是什么？直播兼容图文、音频、视频的能力和同步性，可以带来沉浸感、互动感、陪伴感和亲密感。下面我们将详细讨论在节目策划阶段可以采取哪些方法来强化网络直播类节目的沉浸感与互动感，进而使观众产生陪伴感和亲密感。

1.注重场景的营造，提升观众的沉浸感

网络直播是一种沉浸媒介，主播可以随时随地开播，用户也可以随时随地观看，完全突破了时空的局限；技术和设备的普及降低了直播的门槛，形成了人人皆可直播的氛围。因此，大量的直播、直播类节目充斥着人们的生活。在以沉浸传播为传播范式的第三媒介时代，人与媒介已经打破了界限，产生了沉浸在传播中的人，即"沉浸人"①。彭兰在《场景：移动时代媒体的新要素》中提道："与 PC 时代的互联网传播相比，移动时代场景的意义大大强化。移动传播的本质是基于场景的服务，即对场景（情境）的感知及信息（服务）的适配。换句话说，移动互联网时代争夺的是场景。对于媒体来说，亦是如此。因此场景成为继内容、形式、社交之后媒体的另一种核心要素。"②场景与沉浸传播伴随来临，并成为影响用户沉浸感的重要因素。

场景可以简单分为物理场景和互联网场景，构成场景的四个要素是空间与环境、用户生活惯性、用户实时状态、社交氛围。因此，提升用户沉浸感可以从以上几个方面入手。

通过直播时间的设定保证用户在观看直播节目时身处一个相对安静舒适的环境，避免嘈杂、易被干扰的环境影响用户进行沉浸式观看。同时也要依据直播节目的开播时间控制直播时长，如果直播时间过长，则会使用户因为影响自己的现实生活，而放弃对直播节目的观看，这样不利于培养用户的收看惯性。

通过节目的场景设置，比如舞美设置、嘉宾服装设置、道具设置、灯光设置等，体现该节目的文化、宗旨，进而让观众/用户产生代入感，给他们更好的沉浸式体验。比如在《白・问》中，可以展示用户实时留言的大屏幕。熊猫 TV 制作的《熊猫杀》（图 6-19），节目的场景设置都是神秘风格，并且每一季特别篇中嘉宾的服装都要与场景的主题、风格相符，从而全方位地营造一种狼人杀的文化。而且数据表明，《熊猫杀》每一季的特别篇（图 6-20）的观看量比日常篇更高，这也能证明场景设置的质量一定程度上可以让用户更有代入感，进而提升观看量。

图 6-19　《熊猫杀》第一季日常节目画面

① 李沁.沉浸传播：第三媒介时代的传播范式[M].北京：清华大学出版社，2013：128.

② 彭兰.场景：移动时代媒体的新要素[J].新闻记者，2015(3)：20-27.

图 6-20 《熊猫杀》第四季特别篇节目画面

节目可以通过创造优质的弹幕场景，刺激用户的社交欲望，提升社交氛围，进而影响用户的沉浸感。通过设置互动环节、设置引发讨论的话题、设置奖励、邀请观众提问等方式刺激观众，观众通过弹幕反馈节目内容或者积极与其他观众互动、讨论。值得注意的是，网络直播类节目需要设置专门人员对弹幕秩序进行维护。

2.在节目内容设计上加强挑战感

挑战感指的是节目内容设置的难易程度与观众自身的能力之间的差异度。正如著名导演斯皮尔伯格所说“我们永远领先于观众，但只领先一小步”，因此，节目策划人员在内容设置上要提升挑战感，做到永远领先于大部分观众的认知和能力但也只能领先一小步，让观众全神贯注地在节目流程或嘉宾的引领下完成节目设置的问题和任务，进而提升沉浸感。但同时要注意的是挑战感的程度，挑战感过高会使观众完全不能理解节目的内容，无法跟随下去，从而使观众在观看节目时产生放弃的心态。

仍然以竞技类网络直播节目《熊猫杀》为例，该节目模式为大型狼人杀游戏，节目组通过调整传统狼人杀的游戏规则、开发新的游戏角色来提升用户的新鲜感。在节目嘉宾的选择上，节目组选择了 12 位水平较高的狼人杀游戏玩家，高水平的比赛过程，真假参半、玩弄逻辑的发言使观众必须高度集中注意力才能跟上玩家的思路和节目的进程，这也是提升挑战感的一种方式。这要求节目策划人员对节目嘉宾的选择要格外重视，单个嘉宾的水平如何、风格如何，哪些嘉宾之间可以产生冲突、产生火花、产生关系，都需要节目组在前期进行模拟和演练。《熊猫杀》最具创意的一个节目设置是，每一期节目最开始都会通过系统随机选择一个玩家的视角作为用户可观看的视角，该视角可能是村民、狼人或其他有身份的好人，不同的视角都有各自的局限性，因此用户在观看直播时必须跟随已有视角一起思考，这在无形中增加了游戏的挑战感与沉浸感。后续节目组可以通过平台的功能开发，增加不同的视角供观众选择，以实现观众的不同诉求，例如增加全知上帝视角，用户可以选择这个视角享受智力碾压的快感，并实现娱乐与学习的目的；也可以增加“狼人”视角，用户如果对狼人如何在“夜晚”与同伙打手势、交流制定战术这样的剧情感兴趣，则可以通过这个视角来实现；还可以为用户提供每一个玩家的视角，因为每一个玩家都是不同领域的 KOL，拥有大量的支持者，用户可以自行选择感兴趣的玩家，跟随他们一起进入游戏，享受并肩作战的快感。每个视角都是有局限性的，这能在一定程度上起到提升挑战感与沉浸感的目的。

3.从用户层面入手，提升观众的互动感

有学者做过用户属性（性别、年龄、受教育程度、收入）对网络直播互动性影响的分析，分析显示：年龄在 20—29 岁的用户更愿意参与互动；高等职业学院和高等专科学校及以下和本科生群体更愿意参与互动；月收入在 5,000—10,000 元的用户更有互动意愿。因此，节目策划人员在节目题材的选择、节目话题的选择、节目形式的设计、嘉宾的选择等方面要有意识地向互动意愿强烈的人群倾斜。

除了用户属性，社群影响和控制性也是影响网络直播类节目互动性的重要因素。

社群影响是指由于“从众心理”，周围人/其他用户的行为会对某一用户产生影响，在观看直播时，用户容易受到直播氛围、互动氛围的感染，从而产生一些从众行为。因此，在直播时，可以设置一些内部人员适当地引导互动节奏，这些人类似于传统晚会中设置的领掌员，也可以给予这些人员一些特权，使其他用户可以注意到他们与主播或者与节目的互动行为，从而带动其他用户也积极参与互动。主播或者节目主持人、嘉宾等要有意识地设置一些问题或做出互动行为，积极与用户进行互动。这些问题要相对简单、不涉及隐私、目标用户感兴趣、以封闭式问题为主，要能激发每一位围观用户的存在感，使他们实现“虚拟在场”。只有当社群成员感受到其他参与者，尤其是感受到其他人的情绪变化时，才能够形成集体兴奋，建立群体符号，产生情感连接。

控制性指的是用户对主播/节目的影响。要想用户与主播/节目在观看直播的过程中建立起稳定的社交关系，需要通过主播的积极反馈，给予用户奖励福利、“特权”，允许用户影响节目内容，以此来培养用户与主播的良性循环及用户对主播的信任。

此外，还可以搭建多条互动通道，通过线上其他平台或线下活动建立社群，并进行社群运营，比如在社群中培养意见领袖。意见领袖通过吸引普通用户的注意力引导用户行为，最终与普通用户形成一定的秩序和相对稳定的关联，进一步促使社群文化、身份认同和追随行为产生。社群运营可以提升用户互动的积极性。要注意给予社群内意见领袖一定的“特权”，比如进入直播间时明显的身份标示、主播的特殊对待、节目组给予的特殊福利等，从而刺激更多的普通用户通过高频率、高质量的互动成为新的意见领袖。

4.从节目层面入手，提升观众的互动感

有研究表明，内容质量和感知有用性是提升用户互动意愿的重要因素。优质内容是吸引用户点击、留存的重要原因，这是互动的基础。感知有用性指的是观众在观看完直播节目后，是否感觉这个节目“有用”，是否达到了自己的目的。这个目的多种多样，可以是获得了新知识、解决了疑惑、获得了娱乐放松、获得了身份认同等，感知有用性越高，用户互动的意愿越强。

这两个影响观众互动意愿的因素都指向节目制作方在创作过程中务必要以内容为王。在鱼龙混杂的网络直播节目市场，优质内容才是节目立于不败之地的基础，优良的制作团队也是内容质量的保障。网络直播类节目的受众细分化明显，在内容制作时务必要考虑受众的喜好，进行“量体裁衣”，进行垂直化、个性化、定制化的制作。涉及小众文化题材时，节目创作者要对该领域文化进行深耕，由于网络直播节目的实时性与互动性，节目中出现的错误无法掩盖，也很容易被对该文化有深入了解的用户直接指出，从而伤害节目的权威性。

节目策划者可以通过节目模式的设置直接刺激用户参与互动。例如，在竞技类节目中，不断设置比拼对抗环节，引导观众参加竞猜、通过弹幕和礼物打赏为支持的选手加油打气，甚至依托弹幕、网络投票、GPS 定位、连麦等技术，使围观用户提供的信息可以直接影响情节走向和比赛胜负。又如像千万粉丝级别的龙飞律师婚恋问答直播间一样，做一档以问答为主要形式的信息知识类节目。每一期节目关注不同的领域，邀请该领域的专家为直播间的观众答疑解惑，这样的节目模式设置可以直接提高用户的互动频率，提升用户的互动质量。

（二）直播元素融入节目模式

直播与电视节目的结合，除了将直播作为播出形式外，还有一种玩法，就是将直播元素深度融入节目模式中，至于播出形式则根据不同的节目需要采取直播前置，正片录播或者演播同步，实时直播。

2016 年英国推出了一档户外生存探险类直播真人秀《糊涂男人与智能手机》（*Stupid Man*，*Smart Phone*）（图 6-21、图 6-22），这是一档将直播元素深度嵌入节目模式的录播真人秀。节目的玩法是坚信智能手机可以帮助人们解决任何实际问题的喜剧演员拉塞尔·凯恩每期都和一位网红一起，在未知偏远的地区、条件恶劣的极端环境下完成节目组设置的任务并进行生存挑战，他们没有过硬的生存技能，对每个地区的风土人情、语言习俗一无所知，但是他们拥有一部随时可以连接网络的手机，他们通过手机搜索信息，通过直播和网友互动、找寻答案，通过手机渡过难关。这档真人秀的目的是想要验证互联网是否可以对抗一切。因为参加节目的网红都有大量的粉丝支持，因此在挑战过程中嘉宾通过直播向场外求助，世界各地的粉丝通过弹幕与网红积极互动，为他们提供许多有用的信息和方法。这种把嘉宾命运交给用户的玩法非常大胆，非常真实，也极大地调动了用户的沉浸感和互动性，同时用户主导嘉宾命运这一方式也极大地增强了节目的悬念感,更加引人入胜。

图 6-21 《糊涂男人与智能手机》节目画面 1

图 6-22 《糊涂男人与智能手机》节目画面 2

二、盈利模式策划

直播给传统电视节目在商业盈利模式层面带来了巨大的改变,颠覆了内容必须面向企业的商业模式,打开了直接面向普通用户的变现场景。目前,网络类直播节目的盈利模式主要有以下 6 种。

(一)广告

除了传统的冠名广告、片头片尾广告、中插广告、口播广告外,网络直播类节目中的广告越做越软,越来越有趣,甚至可以广告场景化,“内容即广告”。举一个极端的例子,微综艺直播节目《百变大大大店》是一个品牌定制综艺,借综艺之名行广告之实。

在这档综艺中，某汽车品牌联合 20 余个不同行业的跨界品牌共同打造了一家“百变大大大店”，顺应当时“地摊经济”的潮流。商店的场景被放置到该品牌汽车的后备厢中，一边进行综艺环节，比如明星讲脱口秀、做互动游戏，一边进行带货和汽车的品牌推广。

（二）增值服务

增值服务指的是超出常规服务范围的服务，也就是通常说的购买虚拟道具进行礼物打赏。打赏是直播最基本的变现手段，从最初的秀场直播、游戏直播到泛娱乐直播、甚至带货直播，礼物打赏一直是用户习惯的互动形式。这一互动、变现形式可以顺畅地嫁接到网络直播类节目中来，并且可以将其功能进一步丰富化，例如在真人秀节目中打赏可以成为对节目嘉宾的实际支持，帮助他们完成任务；在公益类直播节目中，打赏可以最终作为用户对公益事业的捐助，等等。对增值服务的包装，既可以提升用户的互动积极性，又可以帮助节目实现商业盈利。

（三）边看边买

这类变现形式适用于综艺化带货直播节目。节目题材不管是美食、美妆、服饰，还是日用品都可行，在直播场景下营造的稍纵即逝感，特别容易让用户产生不愿失去的规避损失心理，即有效的直播有一种从本源上驱动用户消费的能力。

（四）赛事竞猜

这种变现形式适用于竞技类直播节目，节目组根据比赛进程设置竞猜环节，吸引用户前来投注，以此达到盈利的目的。竞猜环节有助于提升用户的沉浸感，吸引其对竞技过程的持续关注，并借此增强直播间的互动性和趣味性。节目策划者在策划此类环节时一定要注意尺度，不要将竞猜变成赌博游戏。

（五）版权

一些节目为了兼顾直播形态的互动性、真实感和录播形态的后期效果，采取了非常创新的播出形式，例如同一节目输出直播和录播两个版本，在不同性质的平台播放，或者将节目分为两个部分，适合直播的部分放到直播平台进行播出，不适合直播的部分则经后期剪辑，将剪辑后的节目内容放到视频平台或者电视台进行播出。2016 年米未传媒制作的《饭局的诱惑》，创新性地将节目版权“一鱼两吃”，将狼人杀的游戏部分与斗鱼合作进行直播；经过后期剪辑的录播版本则与腾讯合作，在腾讯平台上进行播出。这种将直播内容进行沉淀的方式放大了节目的版权收益和商业价值。

（六）付费直播

付费直播，顾名思义是一种需要付费才可以进行观看的直播，这里的费用可以理解为观看线下演出、活动需要购买的入场券。付费直播所涉猎的题材非常广泛，例如已经出现的体育赛事直播、演唱会直播、各个领域的知识培训直播、脱口秀直播等。

付费直播的本质是内容付费、知识付费。艾媒咨询数据表明，国内知识付费行业虽然总体量不大，但是一直在发展，中国知识付费用户规模从 2015 年的 0.48 亿人增长至 2020 年的 4.18 亿人。2020 年快手平台开辟了“付费精选”页面，其中就包括付费直播、付费录播、付费短视频等多种形式。付费直播正在成为直播平台、短视频平台新的发力点，2021 年中国知识付费用户规模达到 4.77 亿人。中国青年报社调查研究中心的一项调查显示，有 63.6％的受访者支持为知识付费，而且 90 后、00 后等新生代消费者已经养成和具备为版权或者知识付费的习惯。[①] 从以上数据可以看出，付费直播是一个新的变现风口，不管是主播个人还是专业的节目制作公司都可以抓住这个机会，实现商业盈利。

如何抓住这个机会呢？最关键的还是打造优质内容，内容永远是眼球经济的资本，是吸引用户、吸引流量的法宝。内容创作者要将付费直播的内容做得有看点、有亮点，甚至有爆点，同时也要学会拓宽眼界寻找新的内容题材和内容组织模式。

网络直播类节目的一个显著特点是创作范围广泛与题材垂直细分并存，直播用户基数大，每一个细分领域都有大量受众，因此，节目内容创作者务必开阔眼界，去了解各种各样的小众文化，并通过自己的专业知识将其系统化、节目化。

例如，受众群体较为狭窄的戏剧领域，依然可以通过线上付费直播的方式成功变现。2022 年 7 月 21 日，由于受新冠肺炎疫情影响，计划在四川大剧院实景演出的舞剧《醒・狮》改为云端直播，线上门票只需 1 元，最终演出共有 320 多万人观看，并且收获了许多好评。这表明优质的内容、合理的定价是可以盘活小众文化的商业价值的。受此启发，内容制作团队是否可以打造一个戏剧表演类真人秀节目呢？节目模式为真人秀＋戏剧舞台演出，播出节奏为一期排练过程真人秀＋一期成品演出，其中排练过程真人秀可以作为录播节目播出，成品演出则可以作为付费直播的内容，这样排练过程的真人秀部分反而成了为付费直播内容进行宣传、引流的重要环节。

除了打造优质内容外，还需要继续培养直播用户的付费习惯以及进行精细化运营，吸引精准用户。

网络直播类节目发展到今天，有过野蛮生长的阶段。在虚拟的网络直播间内，身

---

① 短视频三巨头都在发力，付费直播“钱景”几何[EB/OL].(2022-03-24)[2022-10-22].https://36kr.com/p/1668586096303876.

体的离场使所有人都被抽象为符号，现实社会中既有的差序格局不复存在，基本的道德规范也变得模糊。在国家对直播行业的监管尚未完善时，有些平台或主播为了吸引流量、赚取暴利，利用人性弱点进行直播内容设计，因此出现了许多低级庸俗、色情暴力、打擦边球的网络直播节目。

尼尔·波兹曼曾为我们留下“娱乐至死”的警世箴言，我们作为专业的内容策划者，应该时刻警惕不要成为娱乐至死的帮凶，因此不管在什么样的大环境下必须坚持自己的职业操守，“做有意思、有意义的内容”应该是我们永远的追求。

网络直播类节目从2016年井喷式出现一直到今天，我们仍在等待一个爆款，在这个领域内类似于《爸爸去哪儿》《奇葩说》这样的出圈节目还未出现，希望广大内容创作者们不断学习提升，抓住机遇，迎接时代的挑战。

课后习题

1.分析一下网络直播类节目诞生的心理动力是什么？

2.网络直播类节目除了书中提到的三大特点外，你认为还有什么显著特征？

3.根据所学知识，请你策划一档网络直播类节目。

第七章　优秀案例赏析

第一节　虚拟交互 视觉再造

元宇宙的爆发、赛博朋克的兴起、3D＋VR 技术的革新、5G＋云计算的赋能……新兴的虚拟技术掀起了影视传媒的一个又一个浪潮。虚拟技术的运用，打破了“时空”限制，突破了创意的边界，只有想不到，没有做不到。

随着 2009 年著名导演詹姆斯・卡梅隆的作品《阿凡达》的面世，好莱坞资本大量涌入科幻电影。所谓科幻电影，其实就是虚拟技术在视听语言中的运用。大众对视觉冲击力的需求，使我们不断去研发“超时空感”的影视节目。2012 年，国内推出了首个虚拟偶像“洛天依”(图 7-1)，获得了前所未有的热捧和质疑。当时，某位导演大胆猜测：未来在影视传媒圈最先消失的一个职业，必定是演员。因为通过虚拟技术的引进，

图 7-1　虚拟偶像洛天依

可以生产出一个又一个完美偶像。中央广播电视总台也在不断探索、创新“虚拟”制作。在《奋斗的青春:2022 年五四青年节特别节目》中(图 7-2),中央广播电视总台携手腾讯音乐虚拟世界(TMELAND)推出首个数字融合虚拟音乐世界节目,在央视综合频道、综艺频道播出。依托于 TMELAND 端云协同 3D 技术,可容纳 10 万用户同屏互动。在节目中,虚拟人和演员们一起舞蹈,在变化多端的虚拟场景设计中互动。大型文艺节目《从延安出发》(图 7-3、图 7-4)利用全包围的 AR+VR 技术,打造了高低错落的移动舞台,塑造了宏伟的博物馆,让观众穿越了时光长廊,缩短了历史距离,重现了壮丽诗篇。

图 7-2 《奋斗的青春:2022 年五四青年节特别节目》画面

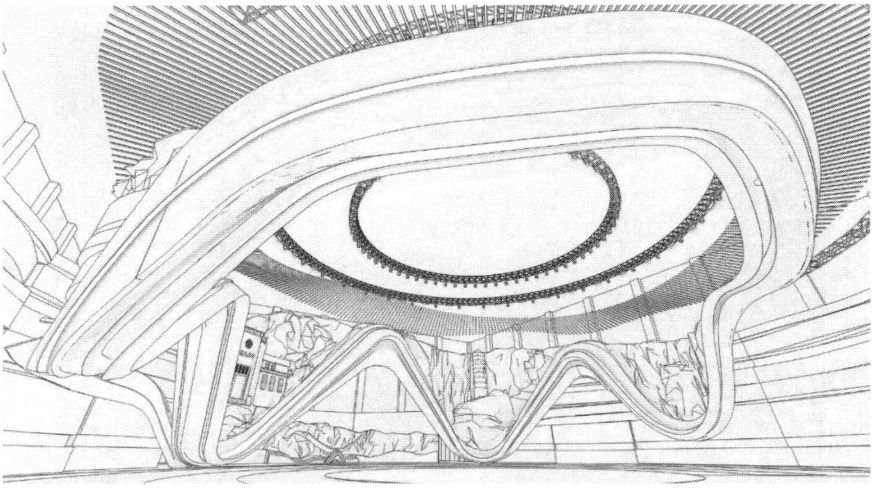

图 7-3 《从延安出发》效果图

图 7-4　《从延安出发》播出画面

虚拟技术在影视节目中的运用主要在三方面：第一，虚拟偶像的打造；第二，虚拟场景的设计；第三，交互系统的运用。这三大虚拟技术引入影视节目的创作中，将会是新媒体时代不可或缺的一环。虚拟技术给观众带来视觉、听觉、触觉等感官的模拟感受，也将带给观众更多沉浸式＋超现实感的体验，实现现实与虚拟联动，有效延伸新媒体屏幕的表现空间，创造了全新艺术价值，塑造了节目的科技感、现代感。

一、虚拟偶像的打造

我们在追溯虚拟偶像开端时，一直在思考早期的二维动画片中的角色，比如说《大闹天宫》里的孙悟空、《宝莲灯》里的沉香，他们算不算虚拟偶像的鼻祖呢？没有官方去考究，也不必去定义，每一个新事物的诞生和发展，一定需要很多能量的储备和延续。2002 年美国安德鲁·尼科尔导演的电影《西蒙妮》讲述了一个虚拟偶像的诞生及其命运的故事。在《西蒙妮》中，好莱坞导演维克多曾经在比弗利山呼风唤雨，甚至获得奥斯卡奖提名。可现在，他的好日子似乎一去不复返了。新片《日出日落》的女主演，一名 A 级大明星弃他而去，他一时间找不到满意的人来代替，濒临绝望的导演用计算机虚拟合成的新女星西蒙妮来代替这个位置。意料之外的是西蒙妮居然一炮而红。从这部电影中可以看出，一个虚拟偶像的蹿红需要具备两个特点：一是偶像的形象和人设满足大众审美，即艺术塑造；二是需要强大虚拟技术做支撑，即技术支持。

接下来，我们主要分析江苏卫视《2060》和瑞典超级组合 ABBA 的数字虚拟音乐会。

(一)江苏卫视《2060》

《2060》(图 7-5)是江苏卫视推出的动漫形象舞台竞演节目,由白举纲、宋雨琦、曹璞担任“明星引航员”,林永民担任“见证官”,节目共 10 期。该节目由三位明星引航员根据 26 位 V-life 初次亮相、双人合作舞台等表现,组建自己心目中的最强战队。节目于 2021 年 10 月 22 日起每周五 21:20 在江苏卫视播出,于 2021 年 12 月 24 日收官。

江苏卫视《2060》虚拟节目组搭建了一个看似简陋,其实是全球顶级的动作捕捉室,调动 50 台 Vicon V16 动捕摄像机全方位、高精度地实现完美动作捕捉。最震撼的是 V-life 的精彩演绎环节,这一环节让最普通的绿屏抠像演播室幻变出无限可能。《2060》保留了综艺节目“娱乐至上”的风格,还把国内动漫制作+虚拟场景运用得淋漓尽致。节目设计出了国内虚拟场景的天花板——“星环城”,其世界观设定对标硬科幻题材影视作品,符合天文和物理学的常识,集科幻与艺术于一身。全季演出舞台分布在卡冈图雅 · 小剧场、水滴 · 苍穹、长安 · 未央城、长安 · 智慧城、赫尔辛根默斯肯天空竞技场等地标性虚拟场景。全息投影、线上 AR 直播等最新技术的保驾护航,多机位超高清直播系统的引入,是国内虚拟综艺节目中,不得不赞的大胆尝试。

图 7-5 江苏卫视《2060》演播室现场

首先,来看《2060》的艺术塑造。我们先来看看《2060》节目中的虚拟偶像。节目中的 26 位 V-life 来源主要有三类。一类是来自大厂,例如星瞳、七海、云悠悠,她们具备一定的知名度;二是由知名动画/游戏公司打造的形象,例如无限少女、聆秋、浓密仙、点赞仙等,她们在特定的群体中有一定的影响力;第三类则来自个人漫画家、插画师的 CG 角色作品,这类作品艺术水平虽高,但较少为人所知(见表 7-1)。

表 7-1 《2060》节目中的代表人物

序号	派别	特 点	代表人物
1	歌舞派	唱跳全能，业务能力 MAX	星瞳
2	国风派	毛笔做武器	无限少女
3	时尚派	潮流先锋，只要登台就是全场焦点	ZOZO
4	治愈派	治愈小能手	七海 Nana7mi
5	搞怪派	古灵精怪，强势吸引你的目光	电视鸡
6	功能派	实力过硬，多的是你不知道的知识	天气阿准
7	脑洞派	创意无限，迸发思维的火花	点赞仙
8	未来派	科幻赛博，一起穿梭时空缝隙	弦

该节目的总导演唐焱，毕业于中央美术学院，他本人就是一位科幻迷，曾创作过漫画《宇宙》。导演在推选虚拟偶像时，认真地考察了当前国内的综艺市场，从受众的角度出发，为每一个 V-life 嘉宾打造自己的个人 IP。节目组不仅在形象设计上满足了大众的审美要求，还努力打造每一个虚拟偶像"背后的故事"，编剧团队不仅设计虚拟人物的 IP，还去挖掘幕后制作人的故事。整个节目温暖的文案"让中国的电视观众能够看到中国的原创动漫艺术家所做的努力"，成为节目营销中的点睛之笔。《2060》中的 26 位 V-life 作为艺术创作来说，也是比较成功的。

其次，《2060》节目中的技术支持。该节目的虚拟技术总监龚义钊曾说，在虚拟节目中虚拟偶像的一般技术设计流程是：(1)设计概念稿。就是设计师最开始手绘出人物和场景的初稿。(2)模型设计。根据设计师的手绘版人物和场景，用制作软件建立相关联的模型。(3)动作捕捉。真人演员穿上"电子捕捉衣"捕捉细节(图 7-6)。"电子捕捉衣"本身会有很多的关键帧，摄像机以一定频率传送坐标给软件计算，动作会被

图 7-6 动作捕捉

实时传输到电脑，就有了不同时间的 Marker 坐标数据，时间与坐标是动捕系统能得到的两个原始数据。肢体动作捕捉和面部表情捕捉可极大缩短虚拟制作的时间。(4)动画修饰。导入 UE4 引擎，再用 Maya 修饰人物和场景的细节，还原更多的真实感。(5)进入直播系统。将合成素材和直播系统链接，根据不同机位的构图和位置进行调整，实现多机位的同步直播。

(二)瑞典组合 ABBA 的数字虚拟音乐会

在瑞典乐队 ABBA 的数字虚拟音乐会 *Voyage* 中，技术人员根据已全部 70 多岁的 ABBA 团员，设计了虚拟形象重现他们 40 多年前刚出道时的模样，上演的可谓是怀旧大戏(图 7-7、图 7-8)。

图 7-7　ABBA 组合成员虚拟形象

图 7-8　ABBA 组合成员

这场音乐会被称为“独一无二的音乐会”，ABBA 成员以虚拟化身的方式降临在伦敦伊丽莎白女王奥林匹克公园专门建造的可容纳 3,000 人的新 ABBA 竞技场进行演出。他们看上去是那样年轻、充满活力。但观众看到的他们并不是真人，而是年轻版的数字虚拟化身。ABBA 的 *Voyage* 数字音乐会代表了虚拟技术的巨大飞跃，处于虚拟音乐会的最前沿。为了制作 ABBA 四位成员的数字虚拟形象，年过七旬的 4 名乐队成员，穿着紧身动作捕捉套装，在特效公司技术人员的指导下进行拍摄。160 台摄像机扫描了他们的身体，记录了他们的一举一动和面部表情，然后将其用于驱动现场表演化身。在动作捕捉过程中还使用了身体替身，为乐队赋予更年轻的能量。20 台激光装置和 500 多盏移动灯增添了全息投影真实感，创作出了视觉奇观，营造了一种 ABBA 的 4 名成员在观众面前的舞台表演，有种穿越时空的错觉(图 7-9 至图 7-11)。

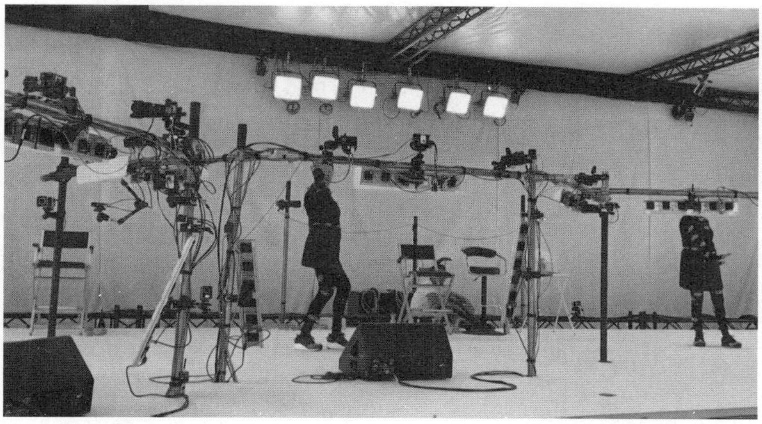

图 7-9　ABBA 动作捕捉

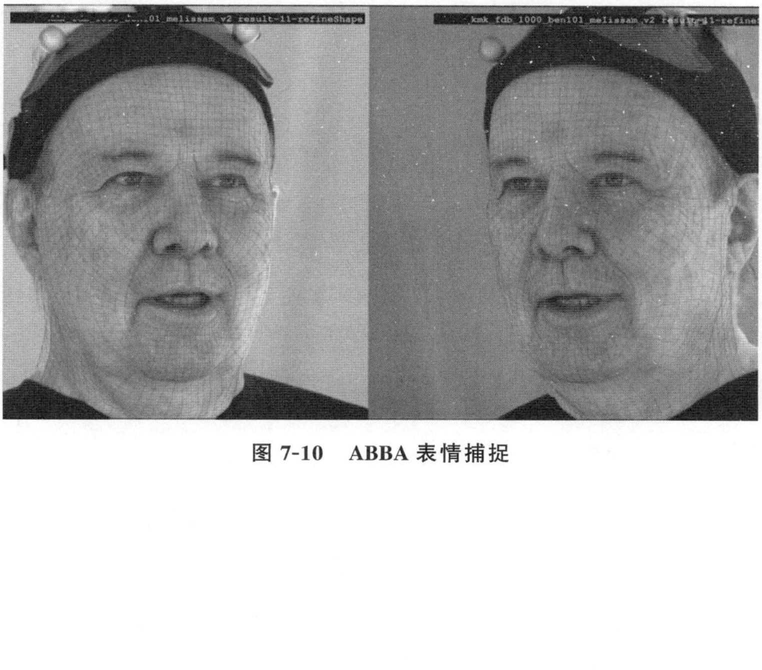

图 7-10　ABBA 表情捕捉

图 7-11 ABBA 音乐会现场

这场数字虚拟音乐会大获成功，虚拟偶像的塑造掀起了热议狂潮。人是会随着时光老去的，但记忆不会。随着虚拟技术的进步，节目可以重现记忆中的偶像，粉丝们可以追溯偶像曾经的辉煌。在 ABBA 数字音乐会中，虚拟偶像的塑造完全是根据粉丝们的记忆去创作的，满足了大众的审美诉求，也是艺术塑造的重要依据。这次数字虚拟演唱会首次在室外进行演出，整个团队耗时 4 年进行策划制作，给现场和屏幕前的观众朋友带来了前所未有的视听感受。由于受到场地和设备的限制，ABBA 虚拟偶像尚未实现和粉丝在现场进行互动，这也将是虚拟偶像交互技术发展的下一步需求。

虚拟偶像的催生，是新媒体技术发展的重要一环。它具备可塑性、时空性、艺术性等优势，为电视节目的多样化、科技化、创新化发展提供了保障。相信在不久的将来，虚拟偶像还会活跃在更多的舞台上。期待越来越多的影视创作者、动漫设计师聚力生产出更多、更完美、更精致的虚拟偶像。

二、虚拟场景的设计

虚拟场景在电视节目中的应用，应该是从天气预报相关节目开始的。主播站在绿幕前，根据背景的变化进行播报。随着节目的多样化，虚拟场景的使用，逐渐出现在新闻节目、军事节目、法制节目以及体育节目中，主要目的就是还原新闻现场、作战实况、案件场景以及模拟比赛等。随着虚拟技术的不断发展，目前在市场上，大型的文艺晚会、综艺节目中也出现了很多虚拟场景的制作。我们一起来分享案例《中国诗词大会》以及四川传媒学院学生自制节目《军事新闻》。

（一）《中国诗词大会》

《中国诗词大会》已成为中央广播电视总台央视的品牌节目（图 7-12、图 7-13）。

历经多年，节目努力打造中国文化 IP 视听享受，如今已家喻户晓。每一季节目在团队成员共同努力下，均获得了掌声，也赢得了市场。2022 年《中国诗词大会》锚定了突破点的核心词——“穿越”，实现借古喻今，达到情感共鸣。我们一起来看看虚拟舞台设计的亮点。

图 7-12　《中国诗词大会》画面 1

图 7-13　《中国诗词大会》画面 2

1.透视设计

这一季的舞美使用了环绕型设计。舞美设计共计 3 层，每层 2 组的移动屏幕，在虚拟设计中多维度、多角度立体建模，营造立体真实的透视关系。节目录制过程中两套虚拟视觉系统的使用，分别为千人团虚拟和意境虚拟。飓风形千人团虚拟不仅是视觉效果的呈现，还有连线、投票和数据呈现等功能。虽然是录播节目，但也是按照直播要求来完成的，因涉及节目氛围的营造，需表现出千人团的阵仗和气势，以及现场互动的流畅性。其背后的系统工作非常复杂，难度也非常大，现场至少需有 30 个人、7 个工种的团队配合才能完成。而且其中一路虚拟信号是在三维索道上完成的。这是在整个 2,400 平方米演播室中，实现 360°旋转、全方位移动的虚拟信号，其操作难度和设备调试难度都很大，尤其跟踪信号的保障，需要突破很多技术壁垒方能实现。

“云中”千人团环节利用 XR 技术，以“气吞万里如虎”之势旋风般席卷而出，螺旋式上升的整体结构直指圆形天顶，配以群星灿烂，若诗海苍穹；五湖四海的凝聚互动，若辽阔江山，气势如虹，震撼无比。层层环状结构则象征着团结和向心力，将场外“云中”观众的热情与现场热烈的共情烘托到极致。

整个舞台使用了将近 4,000 平方米的 LED 屏幕，根据拍摄不同景别的要求，分别使用 P1、P2、P3 来组合。屏幕视频素材量 50 多组，而且素材的播放具有随机性，还要和评分系统、虚拟系统交互对接，这样增加了素材的制作、渲染和播控的难度，非常具有挑战性。

2.机位设计

这一季《中国诗词大会》有 3 个小舞台。分别是百人答题区、主持人＋选手中心区、诗词小剧场表演区。百人答题区的开合效果，营造选手亮相氛围；由 3 层屏幕组成了开合门的效果，营造舞台从古到今的穿越感（图 7-14）。360°环形屏幕可以达到与 XR 视效无缝连接的呈现效果，从而打造出无边际感和高度纵深的空间。震撼的环绕屏幕带来的困扰便是机位的设置，在与导演和导播沟通后，摄像团队通过在百人席中暗藏“移动的定点机位”和安装环形轨道摄像机来解决相关机位问题。

图 7-14 《中国诗词大会》画面 3

机位设计除了注意“隐藏”外，还需要考虑和虚拟技术营造的氛围无缝衔接。将传统的AR虚拟技术进行创意方面的升级，运用虚拟引擎里的Opaque Holdout技术，将现场舞台进行放大延伸，并在虚拟引擎中进行全新的360°创意视觉的场景搭建，彻底呈现出一个全方位、无死角的沉浸式视觉盛宴。导播在设计机位和构图时，必须照顾虚拟技术部门的可实施方案。此次节目使用了固定三脚架、摇臂和飞猫共3个虚拟机位，同时对应3台虚拟引擎负责虚拟千人屏的AR合成。另外3台引擎负责输出一部分千人屏的画面给现场的LED大屏，在现场虚拟机位中可以看到AR和LED大屏融为一体的XR效果。6台引擎在同一网络下由一台播控主机统一控制，实现虚拟效果的实时呈现(图7-15)。

图7-15　《中国诗词大会》画面4

3.灯光设计

在虚拟场景设计中，灯光的布局、变化和照明会直接影响到虚拟场景的实施。所以，灯光设计除了考虑节目的美观效果外，还需要顾及虚拟场景的搭建。

在2022年《中国诗词大会》的灯光设计中，“以万紫千红总是春”为理念，营造了花瓣环开的氛围。灯架的搭建环抱中心舞台，为机位隐藏提供暗场，也为虚拟营造空间立体感(图7-16)。

《中国诗词大会》从内容策划来说，是可圈可点的经典制作；从影视技术来讲，每一季的大胆尝试和创新都值得肯定。期待《中国诗词大会》越来越好。

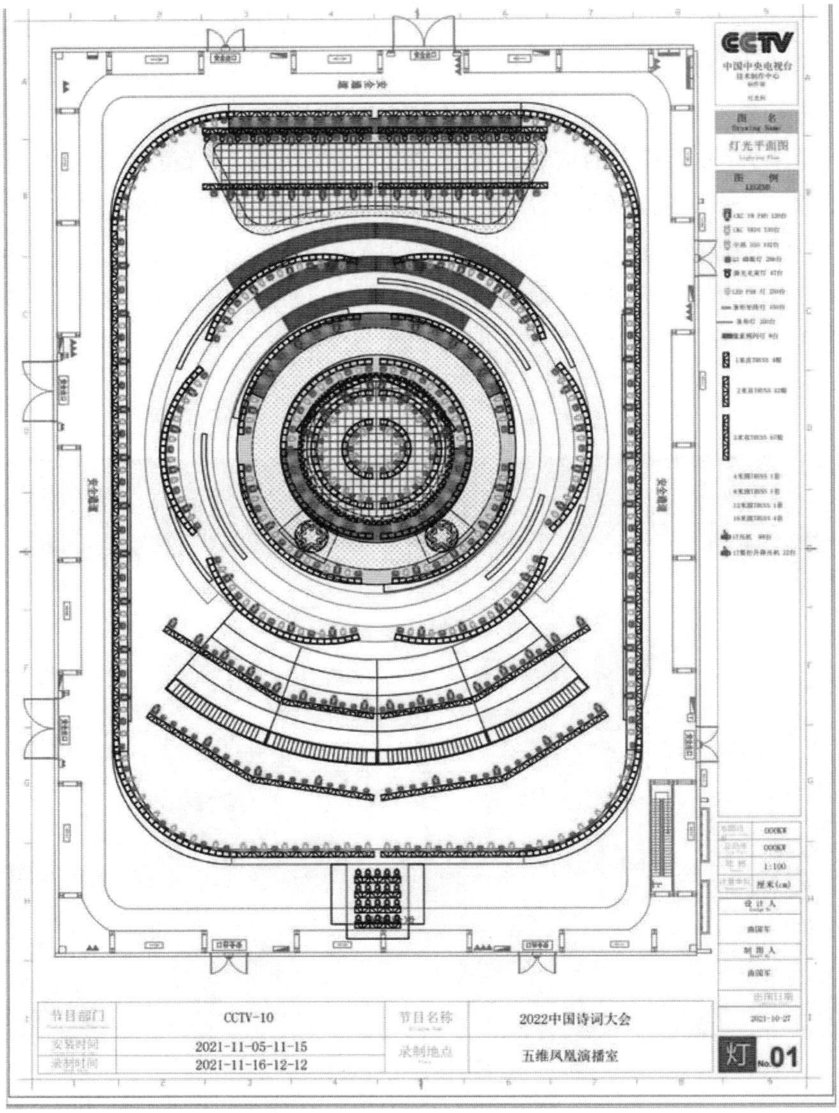

图 7-16 《中国诗词大会》灯光平面图

(二)四川传媒学院自制节目《军事新闻》

四川传媒学院学生自制节目《军事新闻》是课堂实践的作业。学生需在全媒体演播室内完成该档节目的转播。

在节目直播前,学生先通过 3D 建模,把新闻播报里涉及的军事场景和武器装备提前通过 3D 建模进行渲染。由于在 Maya 合成时,只用了一个摄像机视角,导播提前设计了机位的位置和构图,并做好了精准的打点。再通过艾迪普公司提供的运用软件,叠加到绿幕摄影机画面上,最终才呈现了图 7-17 中的画面。

图 7-17　四川传媒学院《军事新闻》

在四川传媒学院的全媒体交互中心，除了可以完成背景绿屏抠像，还可以完成前景虚拟。在前景虚拟建模时，要考虑摄影机的点位和视角，还需要考虑主持人的点位。在直播过程中，主持人其实是面对“空气”，凭空想象虚拟模型的位置，因此，主持人稍有不慎，就容易导致穿帮。

由图 7-18 大家可以看出，为了营造虚拟的真实感，主持人与摄像机的位置、主持人和虚拟模型的位置都必须精准，因此，节目会经过反复彩排和打点。

图 7-18　四川传媒学院全媒体交互中心 1

学生还在课堂上尝试了构建“真实”的空间场景。首先，抠像的空间大小和建模数据比例密切相关；其次，要保证空间的立体感，上、中、下、前、中、后的模型设计也是关键；最后，如果是多机位拍摄，那么在前期建模的时候，必须和机位联动，否则就会失真。如图 7-19 中的银行大厅，主持人和虚拟人之间的比例计算需要进行反复的数据核对，主持人调度的范围也必须提前彩排和打上关键帧。

图 7-19　四川传媒学院全媒体交互中心 2

本次四川传媒学院学生的课堂作业(图 7-20)，受到单机位虚拟合成的限制，虚拟场景设计缺少立体感和艺术感，导播在转播过程中也受到了限制。但作为新媒体时代的传媒人，大胆完成了作业的新尝试，可喜可贺。

图 7-20　四川传媒学院全媒体交互中心 3

三、交互系统的运用

虚拟交互是指虚拟现实技术，又称灵境技术，是 20 世纪 90 年代被科学界和工程界所关注的技术。它的兴起，为人机交互界面的发展奠定了基础，为智能工程的应用和影视传媒的VR、MR提供了新的界面工具，为各类工程大规模的数据可视化提供了新的描述方法。这种技术的特点在于，利用计算机构建一种人为虚拟的环境，这种虚拟的环境是通过计算机图形构成的三度空间，或是把其他现实环境编制到计算机中去产生逼真的"虚拟环境"，从而使用户在视觉上产生一种沉浸于虚拟环境的感觉。这种技术的应用改进了人们利用计算机进行多工程数据处理的方式，尤其在需要对大量抽象数据进行处理时。[①]

在影视节目中，我们所指的交互更多是虚拟和现实之间的融汇，使观众有似真似幻的观感，也就是所谓的"真亦假时假亦真"。

(一)2021年中央广播电视总台央视春晚歌舞节目《山水霓裳》

《山水霓裳》是李宇春、何穗、张梓琳、奚梦瑶等出演的特殊的时装走秀节目。在节目中，流行时尚元素和虚实交互的舞台十分吸睛。节目最大亮点是李宇春用镜子作为一种穿越的介质（图7-21），节目追求的是一种沉浸式体验，带领观众进入沙漠、湖泊、森林、麦田，最后到了天坛。现在很多博物馆其实都在营造这种沉浸式观看体验，让观众移步换景、身临其境。

图7-21　《山水霓裳》画面

整个节目偏向于电影制作方式，有完整的分镜和剧本。分镜用以解说一个场景将如何构成，人物以多大的比例收入镜头成为构图、做出什么动作，摄影机要从哪个角度切入或带出、摄影机本身怎么移动、录影多少时间等。分镜表现形式可以有两种：一种是分镜头剧本（文字形式）；一种是分镜头绘画（绘画形式），用于电影广告的摄影机Milo Motion Control（图7-22）。Milo Motion Control采用可以同时同步控制摄影机、拍摄物、灯光等运动动线及拍摄底片速度的交互式摄影控制系统。

---

① 周晓成，张煜鑫，冷荣亮.虚拟现实交互设计[M].北京：化学工业出版社，2016：173.

图 7-22 《山水霓裳》使用的摄影机 Milo Motion Control

《山水霓裳》节目制作难点在三项虚拟交互技术中：第一，借用电影特效技术来拍摄(用的是电影分镜拍摄手法)。第二，使用 Milo Motion Control 设备，实现克隆加变装，如李宇春出现的时候，李宇春瞬时变成 8 个穿着不同服装的李宇春。第三，其他超模、北京服装学院学生等演员也必须准确融入沉浸式场景里，如在沙漠、森林、湖泊、麦田等场景里完成走秀，将现场拍摄和 3D 建模素材有序结合起来，打造一种沉浸式观感。导播在切换的时候，按照电影分镜，将前期制作的虚拟素材和现场拍摄的素材有机组合，最后后期制作人员再细化关键帧，使三维立体模型的宇宙场景蓝紫色交相呼应，左右两个造型独特的 T 台秀也有种游戏画面的观感。梦幻的背景，独具特色的传统服装，尽显中国传统服饰之美。

除此之外，2021 年中央广播电视总台春晚还应用了其他新技术，如超高清的“云”视频技术、8K 超高清视频技术、AI＋VR 裸眼 3D 演播室技术等，多维技术的联合应用呈现了总台“5G＋4K/8K＋AI”战略迅猛发展的最新成果。

(二)河南卫视舞蹈节目《唐宫夜宴》

2021 年火出圈的河南卫视舞蹈节目《唐宫夜宴》成为大家讨论的话题，点击量超过千万次。《唐宫夜宴》以夜宴的乐师们为主角，展现了唐朝少女们从准备、整理妆容到夜宴演奏的过程，并借助现代科技将《捣练图》《簪花仕女图》《千里江山图》及出土于河南的妇好鸮尊、莲鹤方壶等文物宝藏元素融入其中，再现“大唐之美”。14 名年轻舞者身着齐胸衫裙，扮成丰腴的唐宫乐伎，神态娇憨诙谐，与众不同。《唐宫夜宴》串联起多件国宝级文物和古代名画，被网友形容为“唐朝少女的博物馆奇妙夜之旅”(图 7-23)。

该节目采用录播形式，根据舞蹈创作者的初衷，设计出整套舞蹈的分镜画面，虚拟技术部门根据舞蹈的起伏，不断改变虚拟场景，实现交互设计。

图 7-23 《唐宫夜宴》画面 1

由此可见，在交互式舞蹈节目的编排中，首先，需要根据编导创意，进行分镜的设计。其次，在演播厅内录制舞蹈演员们的舞蹈部分，在录制的过程中，后期虚拟技术部门还要提出调度、灯光、景别、LED 屏和 XR 的互动等要求。最后，后期根据分镜和现场录制情况，融入虚拟场景(图 7-24 至图 7-26)。

电视节目从实景拍摄到虚拟制作，再到沉浸交互式呈现，VR、AR、MR 等虚拟技术会不断打破壁垒，虚拟现实、人工智能技术不仅在晚会类节目和综艺节目运用，还将在电视专题节目制作、新闻现场报道、产品发布会等多个领域开辟更丰富的运用场景，实现人的身体与虚拟环境手、眼、行相协调的自然交互；突破时空局限，体验者可以沉浸在历史或未来、宏观或微观的逼真虚拟环境中。技术在不断进步，科技在不断发展，作为新时代的传媒人，不能脱离时代的发展，更不能遗忘创作的初心。

图 7-24 《唐宫夜宴》画面 2

图 7-25 《唐宫夜宴》画面 3

图 7-26 《唐宫夜宴》画面 4

第二节 国内外真人秀节目

真人秀节目是从国外引入国内的，直到湖南卫视《超级女声》全民选秀拉开了国内真人秀节目的序幕。“真人秀”三个字也特别有意思。欧美国家的真人秀都很讲究“真”，真实的故事、真实的人物、真实的比赛结果……纪实挑战类的真人秀节目偏多；日韩的真人秀节目很会包装“人”，去发现人的另一面，去挖掘人物的内心感受，冲突故事类的真人秀节目偏多；国内的真人秀更在意“秀”，虚拟技术的推广，偶像明星的参与，娱乐至上的包装，选秀演绎类的节目比较盛行。

“真”是非虚构的，一些普通人或者非普通人的正常的生存状况，用纪实的手法去反映。节目创作者只是通过镜头语言将之真实地记录下来。真人秀节目缺乏“真”，只能是一个普通的戏剧类节目，它肯定无法跟剧情片或者故事片相提并论。剧情片或者故事片的篇章布局更精巧，节奏控制也更好。

“人”是真人秀节目的核心。人性、人格是通过节目呈现的，简而言之，一档真人秀节目看下来，里面的人性、人格没有突显，没有引发观众的共鸣，没有激发观众的感染力，这样的节目即使成功，也是有限的。

“秀”是渲染或美化。为了增加真人秀节目的观赏性、冲突性以及趣味性，编剧设计出新的桥段，摄像师变魔术似的通过镜头语言将真人秀节目里的人物或者嘉宾进行重塑，这样的真人秀节目只能称作“综娱节目”，脱离了真人秀节目的本质。

一、欧美真人秀节目

欧美国家的广播影视艺术比国内发展得早，早在 20 世纪 50 年代，拍摄真人生活的《公正的镜头》(*Candid Damera*)就是美国真人秀节目的雏形。由于自身发展历史和国家国情，欧美群众喜欢对自然界发起挑战，不断追求人类极限，这些因素也都会影响真人秀节目的策划和生产。加之欧美国家的资本涌入媒体，影视传播者受利益的驱使，制作出面向市场、谋求经济效益的真人秀节目。当然，以市场为检验标准，也是广播影视艺术的助推器，会促进广播影视行业的发展。

(一)真人秀《老大哥》

《老大哥》系列节目是影视传媒从业人员必须认真钻研的真人秀作品。《老大哥》1999 年 9 月在荷兰一家电视台首次亮相，随后在 19 个国家出现了《老大哥》的克隆版，这些克隆版不断在原版基础上进行升级。《老大哥》在每个国家都取得了相当骄人的收视率，获得了各国观众的一致好评。《老大哥》这档节目具备借鉴的意义。我们要思考《老大哥》为何不断被模仿和复制，如何去寻找新的突破口。

1.荷兰版本《老大哥》

10 名参赛选手在一幢房子里共同生活 10 周左右时间。房子的每个角落都安装了摄像头，记录选手的一举一动。在此期间，选手们不能与外界联系，房子里没有电视、电话、收音机、因特网和其他任何的通信设施，甚至连写字的东西也没有。唯一可以交流的外界对象是心理医生。节目由 4 个基本元素构成：最原始的生活条件、竞争淘汰制、每周布置的任务和一个秘密的谈话室。谈话室供选手们表达各自的想法、情绪，并说出他们希望淘汰的对象。在简陋的生活条件下，选手们还要完成各种各样的家务以及临时安排的任务，这些任务通过一个看不见的“老大哥”，传达给选手们，目的是考验选手们的团队精神和凝聚力。选手每周可以获得一笔津贴，用来购买食品和生活必需品。选手任务完成的情况和获得的津贴多少直接相关。每一周，每名选手要匿名选出两名希望被淘汰的室友，得票最多的3个人的名字将被公布在电视上，观众可以拨打热线电话或发短信，投票选出他们最想淘汰的选手。在计票结束后，被淘汰出局的选手要接受电视采访。最后一个留在屋子里的人，将成为节目的优胜者，并获得一笔丰厚的奖金。

2.澳大利亚版本《老大哥》

12名背景不同、性格各异的素不相识的选手从全国上万名的报名者中被挑选出来。其中6名青年男性、6名青年女性，他们共同生活在一个有花园、游泳池、豪华家具的大房子里，大家共享一间卧室、一套起居室和卫生间。《老大哥》设置了25台摄像机、32个话筒和40公里长的电缆，一天24小时地记录选手的一举一动。节目每天半小时或1小时时长，向电视观众展示屋内发生的大事小情。观众可以登录该节目的网站，追踪屋里的实时状况。

澳大利亚版本的《老大哥》有了赞助商，节目录制的环境更加舒适。每日向公众发布节目动态，是多机位直播类节目的雏形，也是广播影视技术发展的重要标志之一。

3.英国版本《名人老大哥》

《名人老大哥》是全名人阵容的《老大哥》。11位名人参赛者入住布满监视镜头的屋里23天，他们的生活将展现在观众眼前。这些人是盛传与某名人有染的女郎、性感模特儿，甚至有家里发生命案的电视明星等。节目特别青睐那些和名人发生过绯闻的女星，贝克汉姆的绯闻女友丽贝卡凭借该节目走红，埃里克森的秘密情人法里亚克拉姆成为该节目的参加者。类似这样的名人是节目的看点。名人们施展浑身解数"博出位"，为的就是人气(图7-27)。2006年1月25日在当季大结局获得了40%的观众份额。

图7-27 《名人老大哥》

英国版本的《名人老大哥》从栏目名字看，多了两个字"名人"。第一，这些所谓的"名人"并不需要过高的出场费，不会增加栏目组的成本费用。相反，他们会借助自己的绯闻进行炒作，为栏目组带来更多的曝光率。第二，根据英国的国情，民众也更愿意为高质量节目买单，或者说他们更希望窥视上层人士的私密生活。因此，英国版本的《老大哥》尝到了“明星”效益。

（二）美国《幸存者》

哥伦比亚广播公司从近万名应征者寄来的录像带中挑选出16名参赛者，把他们送到一个荒岛参加“幸存者”游戏。按游戏规则，首先16名选手迎接自然界的挑战，在漫长的3个多月时间里，他们无法得到外界的帮助，不能依靠现代文明技术，他们会经受热带风暴的洗礼，要克服热带雨林的种种障碍，靠一双手来搭起遮风避雨的小屋棚，靠吃海边捡来的贝类、丛林中的野果和树上的小幼虫充饥……任何缺乏意志或者身体不够强健者将很快被淘汰出局。其次是人性的挑战。16名“鲁滨逊”将定期召开“部落会议”，商量把谁驱逐出小岛，每次以投票的形式驱逐他们中的一个人（图7-28）。

图7-28　《幸存者》

美国《幸存者》多年来持续热播。《幸存者》的规则设置符合美国观众对自然界发起挑战的心理，有悬念冲突，有知识科普，有奖金刺激……制作难度不高，成本回收较快，《幸存者》衍生效益已逐步凸显。

（三）法国《阁楼故事》

法国的《阁楼故事》与美国哥伦比亚广播公司的《幸存者》几乎一样，唯一的不同是把场景从户外搬到了室内。10 名年龄在 20—29 岁的青年男女将共同生活在巴黎市北部圣丹尼斯区的一处拥有室内健身房、豪华家具、花园、泳池和篮球场的住所。在长达 70 天的时间里，他们不需要做什么事，可以尽情“培养感情”。设置在各处的 26 台摄像机将对他们进行每天 24 小时不间断拍摄，然后通过自己的频道向观众进行不间断的播出。观众根据他们的日常起居等诸多方面来对他们的言行举止进行评估，参赛者彼此也将进行互相评价，不合格者将失去参与资格，被“逐出”阁楼。一直坚持到最后的一对男女将获得位于巴黎市内的一套价值 40 万美元的“梦幻住宅”，如果他们俩能在这所房子里继续共同居住 6 个月，还会额外获得一笔丰厚的奖金。

法国是一个浪漫的国度，在模仿《老大哥》时，也体现自身优势，把速配元素融入节目中，用“爱情”的线索去贯穿真人秀节目，吸引了大批法国民众对该节目的喜爱，还包装出了很多“模范夫妻”，带来了不一样的新体验。

二、日韩真人秀节目

日韩的真人秀节目受众群体主要是青少年，以整蛊类、游戏类、竞技类、征婚速配类的真人秀节目居多。韩国老牌真人秀节目有 *Running Man*、《两天一夜》、《情书》等。经久不衰的日本真人秀节目，包括《超级变变变》《整蛊大赏》等。

（一）韩国真人秀节目

韩国的综艺节目，打“明星牌”比较多，这也和韩国的造星运动有关。韩国艺人需要经过经纪公司长期的培训和严格的考核才能出道。受到韩国国内结婚率的影响，韩国征婚速配类真人秀节目又卷土重来，如《我们结婚了》《换乘恋爱》《心脏信号》《我们离婚了》等。

1.《我们结婚了》

《我们结婚了》是韩国颇受欢迎的节目之一，是韩国文化广播公司（MBC）推出的一档真人秀节目，是一档明星假想结婚节目。节目每季邀请男艺人和女艺人搭档组成“夫妇”，进行为期 1 年的拍摄。拍摄过程包括两人初次见面、拍拖、结婚以及最后随着节目的结束分手。当然这些都是根据节目需要而进行的扮演，不是真正的明星夫妇。

该节目创造了很多对明星“夫妇”，例如“亚当夫妇”“维尼夫妇”“酒窝夫妇”等，是一档颇受欢迎的节目。

《我们结婚了》是韩国速配真人秀节目中很成功的案例，衍生了《我们离婚了》，中国版《我们相爱吧》等一系列节目。《我们结婚了》以青春靓丽的明星嘉宾吸引流量，用“爱情”的浪漫营造出节目氛围，以纪实的手法进行拍摄，矛盾冲突设计符合大众心理，满足了观众的好奇心。

2.《换乘恋爱》

《换乘恋爱》（图 7-29）是 2021 年韩国的恋爱实境节目，已经分手的五对情侣重新入住在同一套房子里，重新朝夕相处。然而每个人目的都不一样，有的是旧情难忘，希望和前任复合，有的已放下旧爱，勇敢寻找崭新的恋情。节目中最刺激、最博人眼球的是，节目嘉宾会看到自己的前任与别人互动或暧昧的模样。该节目既虐心又浪漫的情节，比许多浪漫爱情剧更吸引人。

图 7-29 《换乘恋爱》节目海报

3.《心脏信号》

6 位年轻男女于 1 个月的时间里在合租房中生活的点滴信号，进行推理爱情线的节目。高配素人+任务推动，《心脏信号》（图 7-30）展现未知走向恋爱的故事。国内近年也出现了相似的节目《心动的信号》。

Friends 是《心脏信号》的衍生综艺，参加 *Friends* 的成员大多参与过《心脏信号》。与《心脏信号》不同的是，*Friends* 更重视写实、日常的友情与爱情故事，偏向出演者分享生活、成为朋友的过程。

图 7-30 《心脏信号》第三季

(二)日本真人秀节目

由于日本的影视节目有等级制度,所以日本在节目制作中的尺度比韩国影视节目的制作尺度要大。日本主要有 6 家电视台:一家公共媒体机构日本放送协会(NHK)以及 5 家民营电视台,包括日本电视台、TBS 电视台、朝日电视台、富士电视台、东京电视台,各大民营电视台背后都有报社为大股东。就日本媒体而言,竞争要比中国小得多,电视节目的收视率基本为 5%—10%,人气较旺的节目能高达 15%—20%,这和中国的状况不一样,生产出来的节目必定也不一样。

韩国的真人秀节目,更多是编剧创编剧本,嘉宾进行演绎。日本的真人秀节目,以策划吸粉,以不可思议的规则设计引发热议,嘉宾身在其中,发挥自我的创造力和娱乐精神。

《超级变变变》自 1979 年 12 月 31 日开播以来,每年将会举办一至三届。它是日本广播电视节目历史上,播出时间最长久的一档节目。在东京奥运会开幕式上,被作为日本的特色节目向全球观众进行推送。每年的播出,就像全民盛会一样,成为日本民众关注的焦点。日本的扮装文化起源于江户时代,人们在各类祭祀活动中,会把自己装扮成各种稀奇古怪的样子。后来日本的扮装文化在西方文化的冲击下更加发扬光大,成为日本独树一帜的亚文化之一。由于日本文化的开放性和包容性,装扮的方式没有限制,逐渐就成为大家喜闻乐见的一种娱乐活动。《超级变变变》兼顾了日本传统文化，也给普通草根提供了展示的舞台，从录播到直播，从奖金到荣誉，一步一步见证着日本广播电视节目的发展（图 7-31）。

图 7-31　《超级变变变》画面

在节目中，参演者可以利用观众的视觉差和道具，装扮成动物、植物或者恶搞某一热点新闻，现场进行打分评选出获奖选手。参演者可以团队形式参赛，也可以个人形式参赛，没有年龄和性别限制。只要你足够有创意，能够博人一笑都有可能夺冠。

《超级变变变》很难被其他国家模仿，首先，《超级变变变》是日本文化的延伸，这是由国家的国情所决定的；其次，日本影视作品的分级制度，使节目的研发、生产、运营有更强的针对性；最后，日本传统媒体的相互竞争并不大，导致对创新性的影视节目研发投入不高，“守正”成了日本媒体人的出发点。即媒体人延续制作影响力大的节目，可保证效益产出。

三、国内真人秀节目

国内的真人秀节目可谓是“百花齐放”。如选秀类节目的《快乐男声》《偶像练习生》《明日之子》；纪实类节目《向往的生活》《中餐厅》；歌舞类节目《乘风破浪的姐姐》《声入人心》《蒙面歌王》；游戏类节目《奔跑吧兄弟》《全员加速中》等。就目前中国真人秀节目的产出量和效益而言，已经远远超出了一些国家。即使中国电视节目制作技术起步较晚，但经过一代代传媒人的努力，中国的电视节目早已不再落后。我们既不能骄傲，又不能故步自封，未来我们还需要创作更多具有“中国文化”标签的电视节目，让全世界都能看到更多有中国特色的影视节目。

（一）《你好，生活》

《你好，生活》是中央广播电视总台自制的一档慢旅行真人秀节目（图 7-32）。通过音乐、美食和美景，联系亲情、友情和青春，富有思想的火花、人生的感悟、励志的动能。节目倾听青年人的心声，用青年人乐于接纳的方式走入其内心，给予引导，提供人生动力。主持人尼格买提担任制作人兼总导演，提出制作理念：“人生三分之一的时间用来好好生活，才能让另外的三分之二，充满前进的动力。”

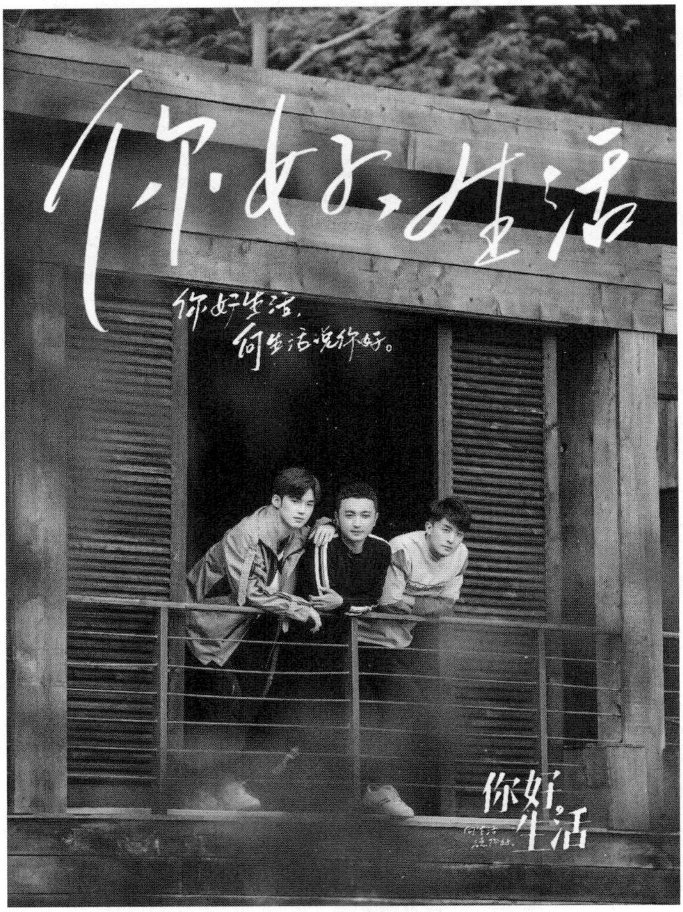

图 7-32　《你好，生活》节目海报

《你好，生活》主要汇聚了中央广播电视总台央视老中青三代主持人担任嘉宾，节目未播先火，多次出现在热搜榜榜首。接下来，一起来分析《你好，生活》成功的经验。

1.有诗意的文案

每一集的开篇，都会有一段电视散文。文字清新却别有一番风味，道出了生活，也悟出了生活，成为朋友圈鸡汤文案的首选。热心观众自发整理出了《你好，生活》所有的开篇文案，成为百度文库、知乎的强推。治愈系的文案配上书写体的字幕，就像一封书信、一篇日记，体现一段慢时光。下面分享几段开篇散文。

第三季 第一集

心是最遥远的风景
为你敞开心门的人
此生能有几个
一起看过风景
才能抵达内心
阳光照进海底
撒在路上
我的天
落在田间
最后出现在你的嘴角
怎么见彩虹

第三季 第二集

为什么会如此不舍
是透过窗户看到的那座青山
还是脸上留下的汗水和油漆
或是那栋简单而美好的白房子

爱像 一条河流缓缓流淌 没有尽头
流过之处 万物生长
那一声再见是 说不出口的挂念
只愿这一点点的改变
也是你们幸福的起点

第三季 第三集

偶尔想逃离
哪怕只是短暂地离开
去一片宽广的天地
我只想伸开腿脚的时候
碰不到钢铁和水泥
我还是会回来
带着清新的泥土和呼吸
我还是会回来
就像我从未离去

《你好，生活》将普通的田野生活表现得诗意朦胧。在当今快节奏的生活中，人们忙忙碌碌地工作，疲惫地度过每一天，错过了许多美好的风景，偶尔慢下来体验自己真正的状态，探寻生命的意义，领悟独特的生活哲学，成为很多人的向往。《你好，生活》正好给来来往往的都市男女一个慢下来的时光，让他们可以思考生活、感悟生活。

2.有质感的画面

导演把每一帧画面都提升了质感，视觉效果丝毫不低于电影画面。哪怕是雨天抓拍、水下跟拍都要进行高质量的补光。考究的镜头语言，诗意般的文案，电影感的画面，谁能不爱呢？在真人秀机位设计中，最难的就是跟拍机位的穿帮问题、采音问题以及后期画面越轴等问题。《你好，生活》摄制组对机位进行了严密的部署，做到了几乎没有穿帮镜头。哪怕是"慢"叙事方式，但节奏有张弛，情节有起伏。真人秀节目拍摄会产生大量的视频素材，《你好，生活》的后期包装不像其他综艺节目那般融入过多的特效，肆意地进行渲染，而是真正用镜头语言和屏幕前的观众对话。央视品牌这样的顶流媒体不得不让人折服。

3.有情感的输出

第一份情感来自央视打出的"亲民"牌，关注最简单、最普通的生活，这拨接地气的操作，受众很买账。第二份情感是"跨平台、跨资源、跨优势"的融合，电视台与新媒体资源的整合，央视也步入了融媒体的新浪潮。

在节目中，嘉宾们聊父母、聊爱好、聊天气、聊美景……观众们也听着、看着、想着、哭着、乐着……

（二）《喜欢你　我也是》

《喜欢你　我也是》是爱奇艺自制的一档聚焦都市单身男女爱情生活的真人秀节目。节目于 2019 年 4 月 11 日起每周四晚 8 点在爱奇艺首播，截至 2022 年已播出了三季。

节目中的素人嘉宾在职场上挥洒豪情，生活中却有孤独内敛的一面。复活恋爱细胞，获得恋爱的可能是素人参加节目的契机。而演播室横跨三代的明星嘉宾则起着观众传声筒的作用，每一个年龄层在节目中都能找到自己的声音从而获得共鸣，上一辈可以理解下一辈的选择，年轻人可以获得探索世界的勇气，走出舒适圈，去爱去生活。

《喜欢你　我也是》由两个主要场景完成拍摄，分别是演播厅＋恋爱小屋。

在演播厅，明星组成推理观察团。观察团观看"恋爱小屋"里的动向，分析素人嘉宾的情感走向，用锐利的眼光对素人嘉宾的言行进行细节捕捉，犀利地分析"寻爱"信号，再总结归纳"恋爱秘籍"，引导观众正确的恋爱观和择偶观。

节目组选出的精英男女，在"恋爱小屋"共同生活一个月左右，他们在这里体验精彩的“同居生活”，展现恋爱中的“推拉之术”，寻找“真情实意”的爱情。

《喜欢你　我也是》从2018年6月开始筹备，共200多位工作人员，历时6个月在北京面试了4,300名单身青年男女，提供了58个男女生约会场所，找寻了近150套别墅。同时节目全方位布置固定机位，减少了游机的使用，尽可能减弱镜头对素人的干扰，镜头存在感的弱化，给予了嘉宾足够的自由，使素人在节目中能够呈现真实的自己。节目设置了恋爱手账的环节，每天素人都需要亲手写一封信，投递到有好感的素人的邮筒中。在素人拍摄完成后，节目组没有马上投入演播室的录制，而是耗时2个多月去整理剪辑素人的部分，反复观看确保从海量素材中找寻更多的细节，进而不断丰富素人的故事线，提高节目完整度。

爱奇艺是由龚宇于2010年4月22日创立的在线视频网站，短短10余年时间的发展，已成为中国在线视频网站巨头之一。《喜欢你　我也是》作为爱奇艺的自制节目，每一集点击率丝毫不输给星级卫视节目，投射出中国民营媒体的发展进入了繁盛时期。特别是在以互联网为代表的新媒体时代，传播效率越来越高，传播范围越来越广。网络视频平台的内容越来越丰富，越来越多样，中国网络视频注册用户已近10亿人。网络视频平台必须建立完善的审核制度，建立完善的利益分成制度，建立完善的技术网络，这样才能形成可持续的良性发展。中国新媒体从业人员要做到高质的内容、高频的输出、高效的传播，把好舆论关，站好服务岗，担负起新的使命和责任。

第三节　新媒体时代下的演唱会

演唱会节目制作，是投资方喜闻乐见的形式之一。演唱会一般都以较为成熟的艺人或有一定号召力的明星为主要角色，临时搭建舞美，完成“唱＋演＋互动”的展现形式。演唱会从制作上来讲，具备了制作周期短、收益效果好、投资成本低的特点。《2022年中国文化演出发展现状调研及市场前景分析报告》对文化演出行业进行了具体调查、研究、分析。数据显示，国内演唱会市场受到新冠肺炎疫情的影响，以及互联网＋的催化，开始尝试线上演唱会的方式。

国内摇滚教父级人物崔健于2022年4月15日在微信视频号举办了线上演唱会《继续撒点野》，虽然直播迟到了一个小时，但依然跻身热搜榜榜首。5月27日，罗大佑和孙燕姿两大实力派歌手选择在同一天举办线上演唱会。直播间现场都较为简陋，没有绚丽的舞台、耀眼的灯光，只有简单的录音棚，加上乐手的现场伴奏。罗大佑拥有3,000多万的点击量，孙燕姿获得2.4亿的点击量。可见，喜欢演唱会的观众是没有流失的，新媒体时代下的演唱会是有前景的。

演唱会是明星艺人保证曝光率和市场存活率的重要途径。受到近年来疫情的影响，线下演唱会市场惨淡，但各大卫视的跨年演唱会是吸睛＋吸金的重要时段。演唱会是电视节目制作不能忽略的一环。在一般情况下，演唱会的制作和电视晚会的制作有异曲同工之妙，演唱会更加突出“主角”人物的包装，电视晚会的形式更多样。接下来我们分析两场演唱会。

一、时代少年团《循梦》

时代少年团是由时代峰峻推出的男子演唱组合，由马嘉祺、丁程鑫、宋亚轩、刘耀文、张真源、严浩翔、贺峻霖 7 人组成。这次的《循梦》以音乐电影形式推出的演唱会，从形式上来讲，有别于其他演唱会的包装。从技术层面来看，引入了虚拟现实交互技术，视觉效果很赞。

《循梦》(图 7-33)是总导演郭妍带领源自无限团队策划并执行的演唱会。此次演唱会由国内顶尖制作团队携手打造，用 7 个故事把 7 首曲目串联起来，既像电影质感的 MV，又是以歌手演绎为主的演唱会。2022 年 5 月 21 日节目上线后，1 小时内相关话题拿到微博热搜榜第一，B 站热播榜第二的好成绩，并广受好评。

图 7-33 时代少年团《循梦》

(一)策划

从整体策划而言，演唱会呈现了关于舞台的 7 个故事，总导演郭妍表示，这 7 个故事展现了 7 层梦境、7 种色调、7 段舞台人生。一是希望每位少年能各展所长；二是呈现 7 个不同层面、不同立意的舞台。解读或许各有千秋，重要的是，从黑暗到光明，不管在梦境的哪一层，愿每一个有梦的人都拥有璀璨的未来。

转场设计突显了电影叙事质感，使舞台更加连贯。多组衔接性镜头，利用舞台空间、镜头调度和特殊道具等方式，完成丝滑转场。同时，演唱会采用电影机型拍摄，提升镜头质感，将 7 种色调的舞台进行无缝衔接，加强节目的观赏性与艺术性。导演组与硬体工种进行了多次头脑风暴，力求镜头语言、灯光、视觉、美术、特效等各工种相辅相成，互相成就，以达到最好的节目效果。

（二）导播

本次演唱会的拍摄是由导播刘睿带领 iPLUS 导摄团队负责，由常规讯道团队和电影机拍摄组协同完成。在舞台拍摄方面，演唱会使用 CuePilot 自动切换系统来进行前期分镜设计和现场制作。前期通过该软件与秀导团队、视觉、灯光部门随时同步镜头设计的内容，保证所有设计都呈现在有效的画面里。在彩排期间实时录制节目视频并自动添加到软件时间线上，便于导播及各工种第一时间调整和修改。

针对此次拍摄难度最大的节目《孤勇者》，导播通过 CuePilot 来设置切换台的实时特技，现场完成特效画面的拼接。导播在前期工作中，先根据秀导的编排设计完成电子脚本，再把电子脚本生成到 CuePilot。导播与后期导演能够在现场实时确认效果及构图，保障了后期特效制作的精准。在讯道部分，现场共设置了 10 个机位，包括电轨、摇臂、高速慢动作机位、斯坦尼康等多种设备，同时设置了 3 个竖拍机位用于直拍。

对于成片中的部分场景、转场及特殊效果的拍摄，这次还单独设置了电影摄制组。由摄影指导刘海舰带队，采用 Sony 系列电影机 FX6 与 FX9 搭配丰富的电影镜头进行拍摄，采用 4K 和 6K 分辨率录制，优异的色彩宽容度及大画幅带来的高清晰度，后期制作提供了足够的处理空间，为画面质感带来了明显的提升。

CuePilot 现场导播系统减少了虚拟卡点以及录制拍摄过程中的失误，可以提前设计好每个镜头的成像效果。

（三）美术

本次舞台美术指导由于乐担任，舞台置景、美术陈列均由于乐视觉工作室设计并制作完成。舞美及相关硬体部分由舞美总监郝秀杰带领团队制作完成。于乐表示，本次舞台以“梦”为基准，以不平衡的菱形空间创造分层的梦境，运用不同材质对感情进行表达。添加巨物场景，以整体视觉加以烘托，形成强冲击感舞台效果。这次演唱会做得最多的就是抽离元素，用于营造梦境，把梦境幻化成现实。

（四）灯光

本次演唱会的灯光由灯光设计师黄涛和灯光师祖立龙完成。他们采用硬光与柔光配合的方式来满足《循梦》的灯光设计需求，利用灯光色彩的转化，调整节目之间的情绪，每个节目的瞬间是即时产生的。为了让这些“瞬间”效果优化，对播出视觉形成优质画面，他们牢牢把控住了“瞬间”的力量感、迷幻感、青春感的灯光视觉元素，这些元素互相之间产生切换的灯光效果，让整个画面趋于变化，这些灯光效果的变化和舞台空间的结合，使得每个节目的情感层次分明(图 7-34)。

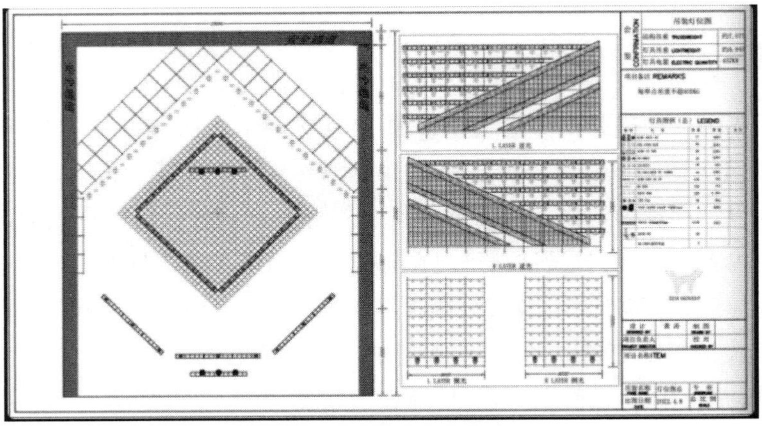

图 7-34　时代少年团《循梦》灯光设计

(五)视觉

本次舞台的视觉效果由视觉总监黎桂玫带领团队完成。全程多次多点高密度的精准把控，将导演组提出的节目调性、节目风格，通过细节一一精确展现了出来。每一个 cue 点的切换，每一帧闪过的画面，都在不断打磨中成型，最终将一台视觉盛宴呈现在观众面前。

《因“我”而起》视觉文学本

> 少年们英勇地站在具有岩石质感的地屏上向邪恶宣战，在斗争的过程中，不时会有石头跌落，残垣断壁；少年们通过自己的勇敢战胜了这一切，最后归于平静的海面。

时代少年团《循梦》演唱会的形式，是新媒体时代下的产物。通过线上演唱会，受众不仅仅是买了票的歌迷粉丝，还有更广泛的云端用户。近几年在新冠肺炎疫情的影响下，线下演唱会转向线上演唱会方向，成本的投入更低，面对的受众却更广。或许在未来，新冠肺炎疫情消失后，线上演唱会也将成为一种独立形态存在，而不再是现场演唱会的代餐而已。随着新媒体技术的不断革新，线上演唱会的展现形式将更加丰富多彩。

二、《2022 年欧洲歌唱大赛》

欧洲歌唱大赛（简称“欧歌赛”）自 1956 年创办以来，一直是世界上公认的歌唱盛事之一，也是广播影视技术的“行业标杆”。每年欧洲歌唱大赛的演出，一定聚集了全球顶级的制作团队——最前沿的技术指导、最豪华的舞美设计（图 7-35 至图 7-37）。2022 年也不例外，欧洲歌唱大赛北京时间 5 月 15 日在意大利都灵奥林匹亚体育馆（Pala Olimpico）落下帷幕。来自 40 个国家的代表团参加本届大赛，高达 1.8 亿观众同步观看。最终乌克兰的“卡卢什乐团”凭借极高的观众支持率，以 631 分夺得了总冠军，英国的萨姆·莱德（Sam Ryder）和西班牙女歌手查妮尔（Chanel）分别获得亚军和季军。

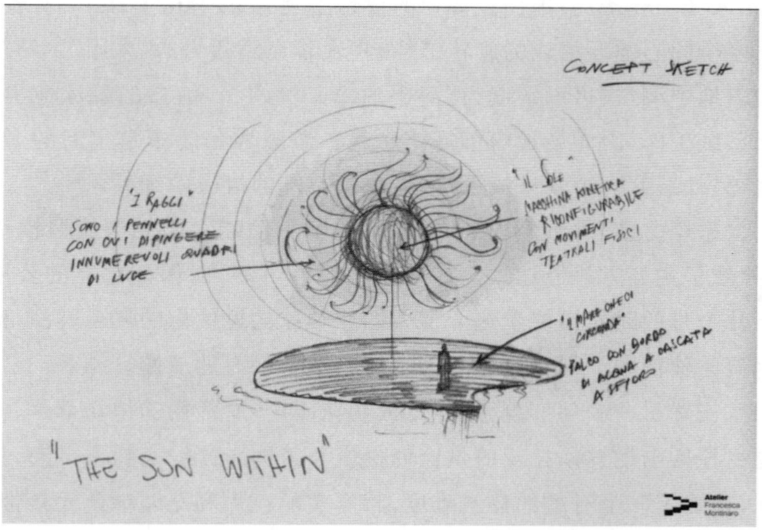

图 7-35　《2022 年欧洲歌唱大赛》舞美设计草图

图 7-36　《2022 年欧洲歌唱大赛》舞美设计 1

图 7-37 《2022 年欧洲歌唱大赛》舞美设计 2

(一)舞美设计

2022 年的舞美设计由意大利本土多媒体艺术家、舞台设计师弗朗西丝卡·莫蒂纳罗(Francesca Montinaro)担任。舞台的设计主题“The Sun Within”有着诸多寓意。主舞台是由多个同心圆环组成的旋转结构,代表着充满活力的“太阳”。环绕在舞台前方的瀑布代表地中海,也可以解读为“海中的每一滴水”。前方的游泳池里装满了水,它采用封闭系统工作,因此场地内不需要水箱。游泳池和瀑布是定制的,使用了过滤器来清洁水,另外还有一个紫外线系统,可以用特殊的灯去除细菌。

在第一次排练之前,舞台出现了“技术性故障”,动能太阳无法按照预计的速度进行旋转,这导致了主办方只能让太阳在舞台上保持不动,以保证比赛的公平性。许多代表团花了几个月的时间围绕着这个巨大的移动球构思他们的舞台表演,他们不得不在最后一刻调整他们的计划。这也成为本届欧歌赛最大的遗憾。

代表团区安置了一个郁郁葱葱的“意大利花园”。所使用的植物都是真实的,整个花园的植物由托斯卡纳皮斯托亚的供应商提供。植物与光线交织在一起,悬浮在现实与幻想之间,构建了一个有趣的建筑维度,将真实的意大利花园绿色元素带入现场。

(二)灯光设计

本届欧歌赛舞台采用了 150 吨悬浮物、440 个扬声器、4 公里电缆、3,000 台投影仪、10 层楼高的 LED 墙。

马里奥·卡塔帕诺(Mario Catapano)担任本届欧歌赛的灯光总监。现场共使用了 2,821 台灯,比 2021 年多了 1,000 多盏。灯具主要选择 Clay Paky、Ayrton Digital、Robe、DTS 和 GLP 品牌,追光则继续采用 Robe RoboSpot 远程遥控追光系统,灯光和音频都经过 Luminex 网络系统进行控制。总部位于意大利的国际著名灯具厂商 Claypaky,历年都是欧歌赛灯光设备的主要供应商,2022 年提供了约 400 只灯具,其中 120 只 Sharpy X Frame,64 只采用激光光源的 Xtylos 和 25 只 Mini Xtylos,42 只 Arolla Profile HP,25 只 Stormy CC 频闪,144 只 Sharpy Wash(图 7-38、图 7-39)。

图 7-38 《2022 年欧洲歌唱大赛》灯光设计 1

7-39 《2022 年欧洲歌唱大赛》灯光设计 2

Ayrton 则提供了 250 台 Magic Blade FX 摇头条形灯，其中 40 台被安装在舞台"太阳"拱门上，除了条形灯，拱门上还间隔安装 Robe 的灯具。"太阳"拱门的最内圈，安装了一款很特别的设备，这款设备是由 GLP 公司的 180 个 KNV Cube 模块化灯具组成半圆形屏幕墙，每组模块包含 1 个白光 LED 和 16 个 RGB LED，每一个模块输出超过 50,000 流明。

在整个比赛过程中，因为太阳不能旋转，这款设备充当了 LED 屏幕，中间那颗白光 LED 频闪，其超高的亮度，表现非常亮眼，只可惜安装面积比较小。每个旋转灯架上装有 6 个 Jorgos R2 Lights 复古灯，和 8 个 Pointe Robe 电脑灯，Jorgos 是一款高度模块化的三角灯，组合得越多，获得的照明效果就越好。这盏灯的独特和美丽之处在于通用的形状和设计灯光效果的极大自由度。这款灯具由波兰著名舞台设计师乔戈斯(Giorgos)设计。AMG International 公司为大赛提供了 91 个 Cyberhoist II 数控葫芦，由两个控制台控制。数控系统主要负责舞台顶部多组灯具的升降效果。

(三)转播系统

欧歌赛 2022 年首次采用了 4K 超高清播出，意大利广播公司 Rai 向所有广播公司提供了 4K 信号，但只有波兰和荷兰决定采用 4K 播出。转播设备再次由 NEP 瑞典和 NEP 荷兰提供，他们各自派出了一辆 4K 转播车。

2022 年现场一共使用了 24 台摄像机，其中 4 台用于增强现实拍摄，NEP 选用的是 Grass Valley 的 LDX 86n 和 C86n，大部分配有佳能 Digisuper 的 4K 箱式镜头。自 2018 年以来，它们一直是欧歌赛转播的首选摄像机。随着 4K 转播的升级，它们仍然是欧歌赛拍摄的主力机型。

从 2014 年开始，欧歌赛就使用 CuePilot 的自动导播系统，该系统以电子化分镜脚本为基础，将导播编写分镜头脚本通过一个硬件控制单元，主动控制切换台，通过相应的同步系统来实现脚本运行和舞台表演的完全同步，从而实现可以精确到“帧”的“完美切换”(图 7-40)。

图 7-40 《2022 年欧洲歌唱大赛》CuePilot 转播系统

乌克兰已连续 5 年为欧歌赛提供特种设备，这是一个总部位于乌克兰基辅的特种设备团队。这家公司的特种拍摄设备有较高的技术实力，拥有性能优异的拍摄设备，他们为本次比赛提供了运行速度高达每秒 10 米的 2D 飞猫系统搭配 Active Magna Head 稳定器，来完成空中拍摄。此外，比赛还配备了双头 Active Dolly 轨道机器人，和两台配备 Active Head 和 Active Head Milli 稳定器的伸缩式 Moviebird 50XL 重型摇臂。

2022年欧歌赛主舞台“太阳”无法旋转，LED地屏划痕严重，灯光设计、镜头切换缺乏创意……略显粗糙的舞台效果，以及越发浓烈的政治色彩，遭到了全球观众的吐槽。但第一次采用4K超高清全流程直播，在线观看人数刷新历史，超速的换场时间都是行业的标杆。欧歌赛已经不再是一个地域性比赛，也不仅是歌手们才华的展示，而是每年顶级、最前沿技术的展示，值得我们持续关注和学习。

课后习题

1.观看本章提到的所有案例视频，并画出机位图。

2.观看三档近期高收视率的国内综艺节目，并分析其成功的原因。

3.对本课程学习进行总结。

参考文献

程晋.电视导播教程[M].北京:北京大学出版社,2015.

高鑫.电视艺术学[M].北京:北京师范大学出版社,1998.

韩斌生.电视编导基础[M].北京:中国传媒大学出版社,2014.

何志武,石永军.电视新闻采写[M].武汉:武汉大学出版社,2008.

胡智锋.电视节目策划学[M].上海:复旦大学出版社,2006.

黄楚新.媒介融合背景下的新闻报道[M].杭州:浙江大学出版社,2010.

李良荣.新闻学概论[M].上海:复旦大学出版社,2011.

李林,刘万军.电视编导实务[M].北京:中国传媒大学出版社,2013.

李沁.沉浸传播:第三媒介时代的传播范式[M].北京:清华大学出版社,2013.

李岩,黄匡宇,张联.广播电视新闻学[M].2 版.北京:高等教育出版社,2010.

刘习良.中国电视史[M].北京:中国广播电视出版社,2007.

吕艺生.大型晚会编导艺术[M].上海:上海音乐出版社,2004.

孟建,祁林.广播电视新闻写作[M].北京:中国广播电视出版社,2000.

彭菊华.广播电视写作教程[M].北京:中国传媒大学出版社,2011.

项仲平.电视节目策划[M].北京:中国广播电视出版社,2002.

徐帆,徐舫州.电视策划与写作十讲[M].杭州:浙江大学出版社,2009.

尹鸿,冉儒学,陆虹.娱乐旋风:认识电视真人秀[M].北京:中国广播电视出版社,2006.

张君昌.超媒体时代:新世纪电子传媒经营与创新[M].北京:新华出版社,2003.

赵化勇.中央电视台发展史(1998—2008)[M].北京:中国广播电视出版社,2008.

赵振宇.现代新闻评论[M].武汉:武汉大学出版社,2005.

周建青.新媒体视听节目制作[M].北京:北京大学出版社,2014.

图书在版编目(CIP)数据

一体化节目制作/赵耘曼，王苗苗 ，王孟广主编. --北京：中国传媒大学出版社，2023.3
ISBN 978-7-5657-3263-8

Ⅰ. ①一… Ⅱ. ①赵… ②王… ③王… Ⅲ. ①节目制作—教学研究 Ⅳ. ①G222.3

中国版本图书馆 CIP 数据核字(2022)第 152426 号

一体化节目制作

YITIHUA JIEMU ZHIZUO

主　　编	赵耘曼　王苗苗　王孟广		
副 主 编	刘蔚然　莫诚成　金煜斌　王佳丽		
策划编辑	李水仙		
责任编辑	李水仙		
特约编辑	李明远		
封面设计	拓美设计		
责任印制	李志鹏		
出版发行	中国传媒大学出版社		
社　　址	北京市朝阳区定福庄东街 1 号	**邮　　编**	100024
电　　话	86-10-65450528　65450532	**传　　真**	65779405
网　　址	http://cucp.cuc.edu.cn		
经　　销	全国新华书店		
印　　刷	北京中科印刷有限公司		
开　　本	787mm×1092mm　1/16		
印　　张	14		
字　　数	290 千字		
版　　次	2023 年 3 月第 1 版		
印　　次	2023 年 3 月第 1 次印刷		
书　　号	ISBN 978-7-5657-3263-8/G・3263	**定　　价**	58.00 元

本社法律顾问：北京嘉润律师事务所　郭建平